유럽계약법

—『유럽계약법의 원칙 제3부』를 중심으로 —

조승현 지음

에피스테메
EPISTEME

유럽계약법
- 『유럽계약법의 원칙 제3부』를 중심으로 -

초판 1쇄 펴낸날 | 2018년 12월 10일

지은이 | 조승현
펴낸이 | 류수노
펴낸곳 | (사)한국방송통신대학교출판문화원
　　　　03088 서울시 종로구 이화장길 54
　　　　대표전화 1644-1232
　　　　팩스 02-741-4570
　　　　홈페이지 http://press.knou.ac.kr
　　　　출판등록 1982년 6월 7일 제1-491호

출판위원장 | 장종수
편집 | 이현구·김경민
본문 디자인 | (주)동국문화
표지 디자인 | 이선주

ⓒ 조승현, 2018

ISBN 978-89-20-03225-7　93360
값 20,000원

이 도서의 국립중앙도서관 출판예정도서목록(CIP)은 서지정보유통지원시스템 홈페이지(http://seoji.nl.go.kr)와 국가자료공동목록시스템(http://www.nl.go.kr/kolisnet)에서 이용하실 수 있습니다. (CIP제어번호: CIP2018040282)

머리말

이 책은 Ole Lando가 대표 집필한 『유럽계약법의 원칙 제3부 (Principles of European Contract Law Part Ⅲ)』(The Hague, London and Boston, 2003) 주석서를 기초로 하고 von Bar 등이 대표 집필한 『유럽사법공통참조안 주석서』(Principles, Definitions and Model Rules of European Private Law. Draft Common Frame of Reference Full Edition) 중 해당 부분(DCFR Ⅲ~Ⅳ 중 해당 부분)을 참고하여 번역한 것을 요약 정리한 것이다. 『유럽계약법의 원칙 제3부』는 2001년도까지 시행된 법이나 제도들을 기준으로 하고 있다. 예를 들어 독일 민법(BGB)은 2002년도부터 새롭게 전면 개정되어 시행되었는데 이 책에 반영된 내용은 개정 전의 내용들이다. 개정된 법조문들은 추적하여 현행법을 기준으로 각주를 달아 주어야 하지만 시간적 제약으로 인하여 처음부터 시도하지 않았다.

이 책은 한국방송통신대학교 학술연구지원 프로그램에 의해서 계획되었다. 원래의 계획은 한국 민법과 비교하는 것이었으나 시간에 쫓겨 단순한 요약 정리에 그치고 말았다. 더구나 필자의 능력이 한참 부족하여 번역상 오류가 상당할 것이라 짐작된다. 그 모든 책임은 필자에게 있다. 앞으로 독자들의 질타와 지적을 반영하여 오류를 계속해서 수정해 나갈 것을 약속드린다.

2018년 8월
조승현

이 책의 각주나 본문 중 인용된 저서나 논문 등을 약어로 표시하였다. 예를 들어 Ole Lando/Eric Clive/Andre Prüm/Reinhard Zimmermann, Principles of European Contract Law Part Part Ⅲ, 2003, 99면은 Ole Lando, 99면으로 표기하고 Ole Lando 가 대표 집필한 『유럽계약법의 원칙 I, Ⅱ』, 100면은 Ole Lando I/Ⅱ, 100면으로 표기 하였다. 그 외에 가령 Christian von Bar and Eric Clive (Ed.), Principles, Definitions and Model Rules of European Private Law. Draft Common Frame of Reference (DCFR) Full Edition, p. 976은 von Bar, 976면으로 표기하였다. 그리고 각주에서 약 어로 표시된 논문이나 참고문헌들은 Ole Lando의 『유럽계약법의 원칙 제3부』에 나 온 내용을 그대로 인용한 것이다.

ABGB	Allgemeines Bürgerliches Gesetzbuch (Austrian Civil Code)
A.C.	Appeal Cases (1891-) (Law Reports, England and Wales)
AcP	Archiv für die civilistische Praxis
AJCL	American Journal of Comparative Law
All E.R.	All England Law Reports (1936-)
A.P.	Areios Pagos (Greek Supreme Court in civil matters)
art(s).	article (s)
BAG	Bundesarbeitsgericht
BAGE	Amtliche Sammlung der Entscheidungen des Bundesarbeitsgerichts
BGB	Bürgerliches Gesetzbuch (German Civil Code)
BGB-KE	Draft provisions of the German Civil Code, as proposed by the German Commission on Reform of the Law on Obligations
BGB-PZ	Draft provisions of the German Civil Code, as proposed in the report by Peters and Zimmermann
BGBl	Bundesgesetzblatt (Federal Law Gazette, Germany)
BGH	Bundesgerichtshof (German Supreme Court)
BGHZ	Entscheidungen des Bundesgerichtshofs in Zivilsachen

Bull.civ.	Bulletin des arrêts de la Chambre Civile de la Cour de Cassation (1792-)
BW	Burgerlijk Wetboek (Netherlands Civil Code)
C.A.	Court of Appeal
Camb.L.J.	Cambridge Law Journal (1921-)
Cass.	Cour de cassation (Belgium, France, Luxembourg); Corte di Cassazione (Italy)
Cass.civ.	Cour de cassation (Chambres civiles)
Cass.com.	Cour de cassation (Chambre commerciale et financière)
Cass.req.	Cour de cassation (Chambre des requêtes)
Cass.soc.	Cour de cassation (Chambre sociale)
CB(ns)	Common Bench (new series) (England and Wales law reports)
CC	Civil Code (Belgium, France, Greece, Italy, Luxembourg, Quebec, Portugal, Spain, Switzerland)
Chron.	Chronique
CISG	United Nations Convention on Contracts for the International Sale of Goods
Comm.C.	Commercial Code (Belgium, France, Spain, Portugal)
D.	Recueil Dalloz (France)
Danske Lov	Kong Christian den Femtis Danske Lov 1683 (Danish Code)
DCFR	Draft Common Frame of Reference
D.L.R.	Dominion Law Reports (Canada)
ELR	Edinburgh Law Review
ERPL	European Review of Private Law
EU	European Union
EvBl	Evidenzblatt der Rechtsmittelentscheidungen (Austria – part of Österrreichische Juristenzeitung)

ff.	and following (page or pages, article or articles, etc.)
Fs	Festschrift
Foro It.	Il Foro italiano
Foro pad	Il Foro padano
Giur. It.	Giurisprudenza Italiana
Giust. civ.	Giustizia civile
H.L.	House of Lords (United Kingdom Supreme Court in civil matters)
Hell.Dni.	Helliniki Dikaiosyni
HGB	Handelsgesetzbuch (Austrian and German Commercial Codes)
HR	Hoge Raad (Netherlands Supreme Court)
IECL	International Encyclopedia of Comparative Law
I.L.R.M.	Irish Law Reports Monthly (1981-)
I.R.	Irish Reports (1894-)
JBl	Juristische Blätter (Austria)
J.Cl.	Jurisclasseur
JZ	Juristenzeitung (Germany)
K.B.	King's Bench Division (1891-) Law Reports (England and Wales)
Lloyd's Rep.	Lloyd's List Reports (1951-)
LM	Lindenmaier/Möhring (Nachschlagewerk des BGH)
M	Macpherson (Series of Scottish law reports 1862-73)
Mass. Giur. It.	Massimario de Giurisprudenza Italiana
MLR	Modern Law Review
NGCC	La nuova giurisprudenza civile commentata
Ned.Jur	Nederlandse Jurisprudentie
NJA	Nytt Juridiskt Arkiv (Swedish Supreme Court Annual, 1874-)
NJW	Neue Juristische Wochenschrift
NoB	Nomiko Vima (Greece)

NTBR	Nederlands Tijdschrift voor Burgerlijk Recht
ÖBA	Österreichisches Bankarchiv
OGH	Oberster Gerichtshof (Austrian Supreme Court)
O.J.	Official Journal (of the European Communities)
OR	Obligationenrecht/Code des Obligations (Switzerland)
ÖRZ	Österreichische Richterzeitung
Pas.	Pasicrisie (Belgium)
Pas. Lux.	Pasicrisie (Luxembourg)
PECL	The Principles of European Contract Law
PNA	Promissory Notes Act (Nordic countries)
Q.B.	Queen's Bench Division (1891-) Law Reports (England and Wales)
Q.B.D.	Queen's Bench Division (1875-1890) Law Reports (England and Wales)
R	Rettie (Series of Scottish law reports 1873-98)
RabelsZ	Rabels Zeitschrift für auslandisches und internationales Privatrecht
Rep.Droit civ.	Répertoire Dalloz de droit civil
RIDC	Revue Internationale de Droit Compare
Riv.dir.comm.	Rivista del diritto commerciale 1903-
Riv. Notar.	Rivista del notariato
R.W.	Rechtskundig Weekblad
Russ	Russell (English Reports 1823-29)
S.	Recueil Sirey
SC	Session Cases (Scottish law reports)
SCR	Supreme Court Reports (Canada)
STJ	Supremo Tribunal de Justiça (Portugese Supreme Court)

STS	Sentencias del Tribunal Supremo (Spain)
SZ	Sammlung der Entscheidungen des Österreichischen Obersten Gerichtshofes in Zivil- und Justizverwaltungssachen
TPR	Tijdschrift voor Privaatrecht (The Netherlands)
TR	Tijdschrift voor Rechtsgeschiedenis (The Netherlands)
UCC	Uniform Commercial Code (United States of America)
WBl	Wirtschaftwechtliche Blatter (Austria)
WPNR	Weekblad voor Privatrecht, Notariaat en Registratie (The Netherlands)
ZEuP	Zeitschrift für Europaisches Privatrecht
ZPO	Zivilprozeβordnung (Austria and Germany)

차례

제3장 ｜ 채무자의 대체 및 추가 그리고 계약의 양도

제6장 | 위법성

제 **1** 장

다수당사자
채권채무관계

I 연대채무에 관한 PECL과 DCFR의 개요

　유럽계약법의 원칙(Principles of European Contract Law: 이하 PECL)은 제3부 10:101조에서 10:111조까지, 그리고 유럽공통참조기준안(Draft Common Frame of Reference: 이하 DCFR)에서는 Ⅲ.-4:101조부터 112조까지 다수의 채무자에 관한 준칙을 마련하고 있다.

　PECL과 DCFR(이하 모델법)에서 연대채무란 "각각의 채무자가 채무를 전부 이행할 의무를 부담하고 채권자는 완전한 이행을 받을 때까지 어느 채무자에 대해서도 전부의 이행을 청구할 수 있는 경우"를 말한다.[1]

---

1) PECL 10:101조 1항, DCFR Ⅲ.-4:102조 1항 참조. 한국 민법상 절대적 효력사유로 규정된 채권자의 이행청구(제416조), 경개(417조), 채권자지체(제422조)에 관한 내용은 모델법에서 찾아볼 수 없다. 나아가 구상요건으로서의 통지(제426조)나 상환무자력자의 부담부분(제427조)은 그 취지가 어느 정도 반영된 것이라고 해석될 수는 있지만 명시적으로 표현한 규정을 모델법에서는 찾아볼 수 없다. 반면 한국 민법 규정에는 없는 분할채무, 공동채무에 관한 내용과 화해나 판결의 효력이 규정되어 있다. 그리고 연대채무자의 항변사유로서 무효와 취소만을 언급한 한국 민법과는 달리 모델법에서는 연대채무자의 항변사유를 다른 연대채무자가 채권자에 대하여 원용하거나 아니면 구상청구권자의 구상청구에 대하여 자신의 인적 항변을 주장할 수 있도록 하고 있는 점이 차이점이라 할 것이다.

1. 연대성에 대한 해석

(1) 당사자의 의사

모델법에서는 연대채무를 분할채무나 공동채무와 구별하는 중요한 특징으로 연대성을 들고 있다. 계약상의 연대성은 일차적으로 당사자의 의사 내지 채무의 내용에 따라 결정된다.[2] 연대채무라고 파악되면 다음 사례와 같은 기본적인 법적 효과가 발생한다.[3]

> **연대채무 사례** A는 1만 유로를 B와 C에게 대여했다. 계약에는 연대채무라는 취지의 조항이 포함되어 있었다. 이때, A는 자신의 선택에 따라 B 또는 C에게 대여금의 변제를 청구할 수 있다.

사례는 계약내용에 연대채무로 합의되어 있는 경우이다. 채권자는 어떤 채무자에게든 이행을 청구할 수 있기 때문에 선택한 채무자가 이행하지 않을 경우에는 본 모델법이 규정하는 불이행에 대한 각종 구제수단을 바로 행사할 수 있다. 따라서 선택한 채무자의 불이행이 중대한 경우에는 채권자는 PECL 9:301조에 근거하여 계약을 해소할 수 있다. 마찬가지로 채권자가 선택한 채무자가 이행(또는 이행의 제공)을 하지 않는 동안 채권자는 이행을 유보할 수도 있다(PECL 9:201조의 준칙 적용). 하지만 다른 연대채무자가 계약의 해제 또는 이행의 유보(동시이행의 항변)를 저지하기 위해 불이행채무자를 대신해서 이행할 수 있다(PECL 7:106조를 참조). 다른 채무자가 이행과 관련하여 법률상 이익을 가

---

2) DCFR III.-4:103조 1항.

3) 이하 사례들은 유럽계약법의 원칙 간행위원장 Ole Lando가 대표 집필한『유럽계약법의 원칙 제3부(Principles of European Contract Law Part III)』(2003)에 나온 사례들을 번역하여 편성한 것이다.

지고 있는 경우 채권자는 다른 채무자의 이행을 거절할 수 없다.[4)]

(2) 채무의 성질이나 정황의 해석으로 쉽게 파악할 수 있는 채무

채무가 연대채무인지 분할채무인지 아니면 공동채무인지에 관하여 특별한 의사표시나 해당 법률이 없다면 이는 채무의 성질과 정황에 따라 해결된다. 예를 들어 길거리에서 행위예술가들이 모두 일시에 인간피라미드를 쌓기로 하였다면 이는 그 속성상 공동채무에 속한다.[5)]

📑 **채무의 성격이나 정황에 대한 해석 사례** A와 B는 1건의 계약에 따라 일정량의 연료를 주문하고 각각의 탱크로 배달하라고 주문하였다. 일괄해서 주문한 것은 할인에 따른 이익을 얻기 위해서이다. 만약 계약에서 각자가 절반의 대금만을 각각 책임지기로 하였다면 이는 분할채무이다. 공급자가 A와 B 각자에게 개별 청구서를 보내는 취지를 3자가 합의한 경우에도 같은 결론이 된다. 연대성을 배제한다는 당사자의 의사가 묵시적으로 표명되어 있기 때문이다.

(3) 판단하기 쉽지 않은 채무

대부분의 경우 채무가 연대채무인지 분할채무인지 판단하기가 쉽지 않다. 예를 들어 A와 B가 X에게 1,000유로를 지불하기로 하였다고 했을 때 분명한 것은 X는 1,000유로는 받는다는 사실이다. 그런데 그 채무가 연대채무인지 아니면 분할채무인지는 분명하지 않다. 이에 대해서 어떤 기본원칙이 필요한데 그에 관하여 DCFR Ⅲ.-4:103조 2항 전문에서는 "채무의 내용이 이를 정하고 있지 아니하는 때에, 둘 이상의 채무자가 동일한 채무를 이행할 책임은 연대채무로 한다."고 정하고 있다.[6)] 유럽 각국은 이런 문제에 대하여 서로 다르게 접근

---

4) Christian von Bar and Eric Clive (Ed.), Principles, Definitions and Model Rules of European Private Law. Draft Common Frame of Reference (DCFR) Full Edition, p. 976.

5) von Bar, 977면 참조.

6) DCFR Ⅲ.-4:103조 2항 참조. 이에 해당하는 PECL 10:102조 1항에서는 다음과 같이 정하고 있다. "다수의 채무자가 같은 계약에 따라 하나의 동일한 이행을 하여야 할 경우, 계약이나 법률에 달리 정함이 없는 한 그들은 연대하여 책임을 진다."

하고 있는데, 분명한 것은 채권자의 관점에서는 연대채무가 확실히 유리하다는 점이고 하나의 채무에 대하여 다수가 책임지도록 하는 것이 자연스러운 해석이라는 생각을 바탕으로 위 규정이 마련된 것이라고 말할 수 있다.[7]

만약 A와 B가 "우리들이 X에게 통틀어서 1,000유로를 지급하겠다."고 말한다면 그것은 X에게 1,000유로가 지급될 때까지 각자가 모두 책임을 지겠다는 의미로 해석하는 것이 합리적이다.

만약 그들이 각자의 지분에 대해서만 책임지길 원한다면 그 부분만을 이야기해야 한다. 따라서 DCFR Ⅲ.-4:103조 2항은 전적으로는 아니지만 법률에 의해서 발생하는 채무에도 적용될 수 있다.[8]

▤ **연대채무로 해석되는 사례** 친구끼리 모여서 집주인과 남프랑스에 있는 별장을 빌리는 계약을 체결했다. 이때, 집주인은 DCFR Ⅲ.-4:103조 2항(또는 PECL 10:102조 1항)에 따라 임차인 중의 한 명에게 임대료 전액을 청구할 수 있다.

▤ **법률상의 연대채무 사례** 몇몇 학생들이 산행을 떠나 스위스풍의 오두막을 주인의 허락 없이 무단으로 2주 동안 점유하였다. 그들은 부당이득법에 따라 임대료에 해당하는 금액에 대하여 책임을 부담하는데 그 책임은 연대채무이다.

(4) 연대성의 추정

EU 회원국의 입장은 다양하지만 셋으로 분류할 수 있다. 첫째, 독일 민법 (427조),[9] 이탈리아 민법(1294조, 다만 상속에 관한 사항을 제외한다) 및 북유럽 제국에서는 PECL 10:102조 1항에 포섭되는 상황과 같은 경우에 채무의 연대성을 추정하는 일반준칙을 두고 있다. 둘째, 그리스 민법(480조), 네덜란드 민법 (6:6조 1항), 스페인 민법(1137조와 1138조)에서는, 계약상의 채무에 대해 연대성은 추정되지 않으며 그 취지의 규정을 두지 않는 한 연대채무가 인정되지 않는

---

7) von Bar, 977면 참조.

8) von Bar, 978면 참조.

9) **독일 민법 427조(공동의 계약상의 의무)** 수인이 계약에 의하여 공동으로 가분급부의 의무를 지는 경우에, 의심스러운 때에는, 그들은 연대채무자로서 책임을 진다.

다. 셋째, 몇몇 국가의 법제도에서는 민사채무와 상사채무가 구별되며 전자의 경우 연대성이 추정되지 않지만 후자에 대해서는 연대성이 추정된다(예를 들면 프랑스 민법 1202조(다만, 상관습이 우선한다), 포르투갈 민법 513조 및 상법 100조를 참조). 잉글랜드 법에서 이 문제는 계약해석의 문제이다.[10]

2. 분할채무(Divided obligations)와의 구별

(1) 분할이행청구

PECL 10:101조 2항[11](DCFR DCFR Ⅲ.-4:102조 2항)에서는 분할채무에 대해서 규정한다. 분할채무는 각 채무자가 이행의 일부에 대해서만 채무를 지는 점에서 연대채무와 다르다. 따라서 채권자는 채무자 중 한 사람에게 전부의 이행을 청구할 수 없고 반드시 청구를 분할해야 한다.

🔖 **분할채무 사례 1** A는 1만 유로를 B와 C에게 대여했다. 계약에서는 B가 8천 유로를, C가 2천 유로를 변제하기로 되어 있었다. 이때, A는 각자에게 합의된 부분에 대해서만 청구할 수 있다.

(2) 채무자 일부 불이행 시 채권자의 일부해제의 원칙

채무자 중 한 사람의 불이행이 있는 경우 원칙적으로 계약의 일부를 해제할 수 있는 데 그친다.

🔖 **분할채무 사례 2** A, B, C 세 명의 농장주는 종묘업자 D에게 겨울밀의 종자 12 포대를 대금 9천 유로에 주문했다. 계약에서는 각 구매자가 3분의 1의 부분(3천 유로)에 대해서만 책임을 지는 것으로 했다. A가 지급불능에 빠졌다. 이때, D는 계약의 일부만을 해제할 수 있다.

---

10) von Bar, 979면 참조.

11) **PECL 10:101조(연대채무, 분할채무, 공동채무)** (2) 각 채무자가 일부 이행의무를 지고 채권자가 채무자 각자의 부담부분에 대해서만 청구할 수 있는 채무는 분할채무이다.

(3) 채무자의 채권자에 대한 반대급부로서 불가분채권의 유보

채권자의 이행이 불가분인 경우 채무자들은 공동으로 권리를 행사해야 하기 때문에 유보는 필연적으로 전체에 미친다.

☞ **분할채무 사례 3** A, B 두 명의 농장주는 농기구회사 C에게 농경기계를 주문했다. 계약상 구매자 두 명은 대금에 대해 분할채무를 지고 인도와 동시에 지불해야 하는 것으로 했다. 이때, A와 B는 C에게 기계의 인도에 대해서 공동으로 행사해야 할 권리를 갖고 있기 때문에(PECL 10:201조 3항, DCFR Ⅲ.-5:202조 3항 참조), C는 대금 중에서 A가 지불해야 할 부분이 지불되지 않는 동안은 농경기계의 인도를 유보할 수 있다.

3. 공동채무(Communal or joint obligations)와의 구별[12]

(1) 공동채무의 일체성

PECL 10:101조 3항,[13] DCFR Ⅲ.-4:102조 3항에서 공동채무를 정의하고 있다. 공동채무의 특성은 다수채무자가 부담하는 채무의 일체성에 있다. 실무상 연대채무나 분할채무에 비해서 드문 편인 공동채무는 다수채무자가 공동으로 이행하여야 하며 채무자들은 하나의 계약에 근거해 채권자에게 의무를 진다. 공동채무는 채권자가 모든 채무자에 대해서 동시에 이행을 청구하여야 한다는 점에서 연대채무와 다르고, 각 채무자의 이행이 별개의 독립된 것이 아닌 점에

---

12) Ole Lando의 PECL 주석집에서는 공동채무와 합유적 채무(또는 부부공동부채: community debt)를 구별하고 있다. 즉, 후자는 다양한 법제도에 있어서 부부공동재산제의 경우에 사용되고 있는 용어이다. 부부공동부채는 독립부채와 대비되는데, 채무가 부부공동부채인지 독립된 부채인지는 배우자가 부담한 채무의 담보가 되는 재산의 성질(공유재산인지 고유재산인지)에 따라 정해진다. 본 원칙에 있어서의 공동채무는 총재산 또는 채무자가 공유하는 재산의 존재를 전제로 하지 않는다. 채무의 공동성을 뒷받침하는 것은 채무의 변제에 대한 책임이 일정한 재산의 집합에 결부되고 있는 것이 아니라 채무자들이 집합적으로 관여하고 있는가에 달려 있는 것이다.

13) **PECL 10:101조(연대채무, 분할채무, 공동채무)** (3) 모든 채무자가 함께 이행할 의무가 있고 채권자가 모든 채무자에게 이행을 청구하여야 하는 채무는 공동채무이다.

서 분할채무와 다르다.[14] 공동채무를 부담하는 채무자 중 한 명의 불이행은 필연적으로 계약 전체에 영향을 미친다. 그 결과 채권자는 그 불이행이 채무자 중 한 명의 책임으로 돌아가야 할 경우에도 중대한 불이행에 따라 계약을 해소할 수 있다(PECL 9:301조 참조). 마찬가지로 채권자는 채무자들이 주거나 또는 제공해야 할 이행의 해태가 채무자 중 한 명에 의한 것이라도 전부의 이행을 유보할 수 있다(PECL 9:201조 참조).[15]

> ▣ **공동채무 사례 1**   어떤 음반회사가 다수의 음악가와 하나의 계약을 맺었다. 음악가들은 음반을 제작하기 위해 교향곡을 연주하게 되었다. 불이행이 있을 경우 음반회사는 음악가 전원에 대해 권리를 행사하여야 한다.

> ▣ **공동채무 사례 2**   1필지의 토지를 공유하는 자들이 집을 짓기로 했다. 공유자들이 다수의 건축업자와 개별로 교섭해서 하나의 이행(집의 건축)을 의뢰하고, 이에 대해서 각 건축업자가 그 결과의 달성을 위해 공동으로 일을 하는 데 동의했다. 이때, 채무는 공동채무이다.

(2) 입법례

공동채무의 개념은 유럽 각국의 국내법에서는 거의 알려져 있지 않다. 공동채무의 효과는 부분적으로는 성질상 불가분인 채무의 효과와 겹친다. 독일의 학설과 판례에서는 공동채무의 개념이 보이고, 에스토니아법(LOA: the Law of Obligations Act §64: 2002년 7월 1일부터 시행됨)에서 위 3항과 같은 조문이 법전화되었다.[16]

(3) 공동채무의 불이행에 대해서 금전지불이 청구되는 경우의 특칙

PECL 10:104조, DCFR Ⅲ.-4:105조는 공동채무의 전부 또는 일부의 불이행에 대해서 금전이 청구될 경우 채무자들은 채권자에게 연대하여 책임을 진다

---

14) von Bar, 973면 참조.

15) von Bar, 974면 참조.

16) von Bar, 976면 ; Ole Lando, 66면 참조.

는 원칙을 분명히 하고 있다. 이에 따라 채권자는 어느 채무자에 대해서도 손해배상을 청구할 수 있다. 이 규정은 다음의 두 가지 측면에서 정당화된다. 첫째, 이는 공동채무의 연장선상에 있다. 채무자들은 공동으로 책임을 지기 때문에 채무자 중 한 명의 행위로 인해 불이행이 발생했을 때는 각 채무자가 전체에 대해 책임을 진다고 생각하는 것이 논리적이다. 둘째, 손해배상청구권은 일차적인 이행청구권과는 다르고 일정액의 금전에 대한 권리이며, 나눌 수 있기 때문에 이 권리는 한 명의 채무자가 단독으로 만족시킬 수 있다. 따라서 각 채무자가 전액에 대해 책임을 져야 한다.[17]

자신이 이행해야 할 부분을 이행하거나 또는 이행할 준비를 한 채무자는 불이행의 책임을 지는 채무자가, 가령 PECL 8:108조[18]에 근거하여 이행이 면책되지 않는 한 PECL 8:101조[19]에 근거해 그 채무자에 대해서 불이행에 대한 구제수단을 갖는다. 이에 따라 채무자들이 입은 모든 손해를 전보하기 위해 손해배상을 청구할 수 있다.[20] 이 손해배상액은 불이행채무자가 채권자에게 지불할 금액을 초과하는 경우도 있을 수 있다.

공동채무의 개념은 대부분의 법에서 채용되지 않기 때문에 공동채무의 효력은 거의 찾아볼 수 없다. 그러나 PECL 10:104조(DCFR Ⅲ.-4:105조)는 불가분채무와 관련하여 대부분의 법에서 볼 수 있다.[21]

---

17) von Bar, 974면 참조.

18) **PECL 8:108조(장애에 의한 면책)** (1) 일방의 불이행은, 만일 그것이 그 당사자의 지배를 넘어선 장애이고, 계약체결 시에 그러한 장애를 예측하거나 혹은 그 장애나 결과를 회피 또는 극복하는 것을 합리적으로 기대할 수 없을 경우, 면책된다. (2), (3) 생략. (DCFR Ⅲ.-3:104조 참조)

19) **PECL 8:101조(이용 가능한 구제수단)** (1) 일방 당사자가 그 계약상의 채무를 이행하지 않았거나 그 이행이 8:108조에 의해서 면책될 수 없을 때는, 피해당사자는 언제나 제9장에 정해져 있는 어떤 구제수단도 이용할 수 있다. (2) 일방 당사자의 불이행이 8:108조에 의해서 면책될 때는, 피해자는 이행청구 및 손해배상청구를 제외하고 제9장에 정해져 있는 어떤 구제수단이든 이용할 수 있다. (3) 일방 당사자는 상대방의 불이행이 자신이 행위로 인해 발생했을 때는 그때에 한해서 제9장에 정해져 있는 어떤 구제수단이든 이용할 수 있다. (DCFR Ⅲ.-3:101조 참조)

20) 가령 PECL 9:502조(손해배상의 일반적 산정기준) 및 9:501조에 근거.
    PECL 9:501조(손해배상청구권) (1) 피해자는 상대방의 불이행이 8:108조에 의해 면책되지 않을 때, 그 불이행으로 인해 발생한 손해에 대하여 배상을 청구할 수 있다. (이하 생략)

21) 독일의 판례에서는 그 문제에 대해서 견해가 나뉘고 있다. 독일연방상사법원은 불이행의 경우

📑 **공동채무 불이행 연대채무자에 대한 이행 연대채무자의 구제수단 사례 1** A는 미장업자 B 및 목수 C와 별장을 건축하는 계약을 체결했다. B와 C는 공동으로 이행할 공동채무를 인수했다. B는 일을 마쳤지만 C는 일을 마치지 못했다. A가 손해배상을 청구하는 경우에 B는 자신이 해야 할 부분을 완료했다는 사실을 주장할 수 없다. 한편 B는 C에 대한 자신의 구제수단으로 이 사실을 주장할 수 있다.

📑 **공동채무 불이행 연대채무자에 대한 이행 연대채무자의 구제수단 사례 2** 연주 공동채무를 부담한 음악가들 중 한 명이 나오지 않았다. 음악가 전원이 모이지 않으면 녹음을 할 수 없기 때문에 약정한 날 현장에서 연주준비를 하고 있던 음악가는 다음날 채권자가 채무자들에게 소송을 제기하는 경우 연주준비를 갖추었다는 사실을 주장할 수 없다. 그러나 연주준비를 갖추고 있던 음악가는 현장에 오지 않은 음악가에 대한 자신의 손해배상청구소송에서 이 사실을 기초로 할 수 있다.

4. 부진정연대채무

(1) 동일한 손해에 대한 다수의 책임과 연대성

PECL 10:102조 2항(DCFR Ⅲ.-4:103조 2항)은 다수가 동일한 손해를 야기한 경우 그 피해자에 대한 손해배상의무를 연대채무로 규정한다(한국에서의 개념은 부진정연대채무). 따라서 피해자는 그 손해에 대해서 책임을 지는 가해자 누구에 대해서도 손해배상을 청구할 수 있다. 이러한 (부진정)연대채무는 책임의 성질이 무엇인지 의심스러운 모든 경우에 적용된다. 책임을 지는 자 중 한 명이 계약상의 책임을 지며 그 밖의 자는 계약 외의 책임을 지는 경우에도 연대채무가 될 수 있다(연대채무자의 구상에 대해서는, PECL 10:106조, DCFR Ⅲ.-4:107조를 참조).

📑 **손해에 대한 연대채무 사례** 고용자 A와 피용자 B는 적법한 경업금지조항이 규

각 채무자는 연대책임을 진다고 판시하고 있다(BGH, 18 October 1951, LM § 278 no. 2/3). 한편, 연방노동재판소는 불이행의 책임을 지는 채무자만이 채권자에 대해서 책임을 진다고 판시하고 있다(BAG, 24 April 1974, BAGE 26, 130).

정된 고용계약을 체결했다. C는 A·B 사이의 계약위반이 되는 것을 알면서 B를 고용했다. 이때, B와 C는 A에 대해 연대해서 책임을 진다. B는 경업금지조항의 위반에 따른 계약상의 책임을 지며, C는 계약위반을 부당하게 유도한 것에 대해서 책임을 진다.

(2) 책임의 조건이 동일하지 않은 다수의 채무자

PECL 10:102조 3항(DCFR Ⅲ.-4:103조 3항)은 연대채무가 되기 위한 요건은 충족되어 있지만 일부 채무자의 채무는 조건이나 기간제한과 같은 부관이 달려 있는 경우에 대해서 규정하고 있다. 부관의 존재가 채무의 연대성에 방해되는 것은 아니다. 채무 중 하나에는 담보가 첨부되어 있지만 그 밖의 채무에는 담보가 첨부되지 않는 경우도 마찬가지이다.[22] 책임의 조건이 동일하지 않은 채무자 사이의 연대성은 EU 내에서 일반적으로 인정되고 있으며 각국의 법에 명문화되어 있지 않아도 적어도 학설에 의해 인정되고 있다.[23]

☞ **조건이나 담보가 첨부된 연대채무 사례**　A·B·C는 건물을 구입하기 위해 D에게 자금을 차입했다. B에게는 1년 이내에 현재의 집을 살 사람을 찾지 못하면 변제의 책임을 지지 않는다는 조건이 붙어 있었다. 이 조건은 B의 채무에는 영향을 끼치지만 A·B·C의 채무가 연대채무가 되는 것을 방해하지 않는다. 마찬가지로 A의 채무에는 담보가 첨부되어 있지만 B와 C의 채무에는 담보가 첨부되지 않은 경우라도 이러한 채무는 연대채무가 된다.

(3) 공동불법행위자 사이의 연대성

동일한 손해에 대해서 책임을 지는 자들 사이에서 채무의 연대성은 상당히 널리 인정되고 있다.[24] 주목해야 할 것은 배상의무자 간 배상책임의 분담방법

---

22) von Bar, 978면 참조.

23) 예를 들면 스페인 민법 1140조, 프랑스 민법 1201조, 이탈리아 민법 1293조, 포르투갈 민법 512조 2항을 참조하라.

24) 예를 들면 독일 민법 840조 1항, 오스트리아 민법 1304조, 스페인 민법 107조, 그리스 민법 926~927조, 아일랜드의 1961년의 민사책임법 11조 1항, 12조 1항과 21조, 이탈리아 민법

은 국가마다 다르다는 것이다(PECL 10:105조 2항 참조).

연대채무자 간의 내부 부담비율과 구상

1. 연대채무자 사이의 부담비율

(1) PECL과 DCFR의 비교
DCFR Ⅲ.-4:106조[25]는, PECL 10:105조[26]와 비교할 때 1항에서 계약과 법률에 다른 정함이 없는 경우를 굳이 규정할 필요가 없다고 보고 삭제하였고 2항에서는 "그 책임을 성립시키는 사건을 규율하는 법" 대신에 구체적으로 그 기준을 제시하고 나아가 그러한 규정이 없는 경우 손해배상책임자들 사이에 균등부담원칙을 정한 점에서 차이가 난다.

(2) 균등의 원칙
① 일반원칙
DCFR Ⅲ.-4:106조 1항은 DCFR Ⅲ.-4:104조(분할채무의 책임원칙)와 같은

2053조, 네덜란드 민법 6:102조, 포르투갈 민법 497조 1항 및 507조 1항, 잉글랜드의 1987년의 민사책임법(부담부분) 1조 1항. 프랑스, 벨기에 및 룩셈부르크에 있어서는 동일한 손해에 대해서 책임을 지는 자의 전부의무가 판례로 인정되고 있다.

25) DCFR Ⅲ.-4:106조(연대채무자 간의 내부 부담비율, **Apportionment between solidary debtors**) (1) 연대채무자들 상호 간에는 균등한 비율로 책임이 있다. (2) 2인 이상의 채무자들이 동일한 손해에 대해서 연대책임을 부담할 경우, 그들 상호 간 부담비율은, 손해에 대한 각자의 (특히 과실, 지배 위험원, 기타 제반사정에 따른) 기여도를 고려하여 적절한 부담비율로 하되, 그것이 없는 한 균등하다.

26) PECL 10:105조(연대채무자 간의 내부 부담비율, **Apportionment between solidary debtors**) (1) 연대채무자는 내부관계에 있어서는 계약 또는 법률에 특별한 규정이 없는 한 평등의 비율에 있어서 책임을 진다. (2) 다수의 채무자가 10:102조 2항에 따라 동일한 손해에 대해서 책임을 부담할 경우, 내부관계에 있어서 책임의 부담비율은 그 책임을 성립시키는 사건을 규율하는 법에 따라 규정된다.

선상에서 균등부담원칙을 채택하고 있다.

　📖**사례 1**　A는 B와 C에 대해 1만 유로를 대여했다. 계약에는 연대하여 채무를 부담하는 취지의 조항이 있다. 이 경우에 B가 채권자에게 1만 유로를 지불했다고 하면 B는 C에 대해서 5천 유로를 구상할 수 있다.

② 계약과 다른 법률의 규정

　부담비율평등의 원칙은 일반준칙으로 규정되어 있는 데 그친다. 명시 또는 묵시의 계약상의 규정 또는 법령이나 채무 관련 준칙에 의해 평등하지 않은 부담비율이 채택되는 경우도 있을 수 있다.

　📖**사례 2**　A와 B는 C에게 일정량의 연료를 주문했다. 주문한 연료는 용량이 다른 2개의 탱크에 급유되어야 하는 것으로 되어 있으며 계약에는 연대조항을 두고 있었다. 계약에서는 A에 대해서는 1만 리터, B에 대해서는 5천 리터의 연료를 인도하기로 되어 있었다. C는 A에게 대금지불을 요구해 A는 전액을 지불했다. 이때, A는 B에 대해서 구상권을 가지지만 상기의 사실관계에서 A의 구상권은 5천 리터분의 대금에 한정되는 취지의 묵시의 계약조항이 존재한다.

　📖**사례 3**　D는 A, B와 C에게 6만 유로를 대여하고 A 등 세 명은 연대하여 책임을 지기로 했다. 계약에서는 A가 3만 유로를 수령하고 B와 C가 각각 1만 5천 유로를 수령하는 것으로 되어 있었다. 이때, A는 전액을 변제하고 B와 C의 각 부담부분에 대해서 두 사람의 이름으로 구상할 수 있다. 이때도 상기의 사실관계 아래에서 B와 C에 대해서 A가 각각 구상할 수 있는 금액은 B와 C의 차입분(즉, 각 1만 5천 유로이며, 각 2만 유로가 아니다)에 한정되는 취지의 묵시의 계약조항이 존재한다.

(3) 손해배상에 관한 규정

　PECL 10:105조 2항은 동일한 손해를 야기한 데에 따른 책임의 부담비율에 관하여 그 책임을 성립시키는 사건을 규율하는 법에 완전히 맡기고 있다. 손해배상책임의 부담비율에 관한 내용은, 각국의 국내법에 있거나[27] 또는 장래 타인에게 손해를 야기한 데에 따른 민사책임에 관한 통일법을 규율하는 국제문서 안에 규정되어 있을 가능성이 있다. 손해에 대해 책임을 지는 자의 이 책임은 계약상의 책임인 경우와 계약 이외의 책임인 경우가 있을 수 있다.

📑 **사례 4** 세 회사가 부정경쟁행위로 인해 다른 회사에게 발생한 손해에 대해서 책임을 지고 있다. 이 세 회사는 분쟁을 중재에 붙였다. 세 회사의 과책(위법성)의 정도는 동등하지 않다. 그들은 그들의 분쟁을 중재에 붙였다. 중재인은 세 회사의 각각의 예상되는 위법행위의 중대함의 정도에 따라 내부적인 책임의 부담비율을 결정할 수 있다.

2. 연대채무자 사이의 구상(Recourse between solidary debtors)

(1) 개요

PECL 10:106조[28] (DCFR Ⅲ.-4:107조)는 연대채무자가 자신의 부담부분을 초과해서 금전을 지급하거나 이행을 한 경우에 다른 연대채무자 전원 또는 어느 한 사람에 대해서 그들 채무자 각자의 부담부분에 관한 구상권을 (그들이 금전지

---

27) 동일한 손해에 대해서 책임을 지는 자들 사이에서 손해배상책임의 부담비율을 결정하는 방법은 법제도에 따라 다르다. 먼저, 관계당사자의 위법행위의 중대함의 정도에 따라서 판단하는 법제도가 있다. 예를 들면 프랑스의 판례, 덴마크의 위법행위에 의거한 손해배상에 관한 법률 25조, 그리스 민법 926조가 이에 해당한다(다만 어느 것이나 계약 외의 책임에 한정된다). 그 밖의 법제도에서는 인과적인 기여가 문제가 된다. 독일 민법 254조, 오스트리아 민법 1302조, 이탈리아 민법 2035조 및 스페인의 판례를 참조하라. 잉글랜드나 스코틀랜드의 경우 법관의 재량에 맡겨진다.

28) **PECL 10:106조(DCFR Ⅲ.-4:107조)(연대채무자 간의 구상, Recourse between solidary debtors)** (1) 자기 부담부분 이상을 이행한 연대채무자는 다른 연대채무자들 중 누구에 대해서도 각자가 미이행한 부담부분의 한도에서, 합리적으로 지출한 비용의 분담액과 함께 그 초과액을 청구할 수 있다. (2) 전항이 적용되는 연대채무자는 다른 연대채무자 각자의 미이행 부담부분을 한도로 자신의 부담부분을 초과해 이행한 부분을 회복하기 위해서 부수적 담보를 포함하는 채권자의 권리를 행사하거나 또는 구제수단을 이행할 수 있다. 다만 채권자의 우선권 및 이익을 해칠 수 없다. (3) 자신의 부담부분을 초과해 이행한 연대채무자가 모든 합리적인 노력에도 불구하고 다른 채무자로부터 자신의 부담부분을 초과해 이행한 부분을 회복할 수 없을 때는 그 밖의 채무자(이행한 채무자를 포함한다)의 부담부분은 비례적으로 증가한다.

급 또는 이행을 하지 않은 한도에서) 인정한다. 본 규정에서 이행 전 구상권은 인정되지 않는다. 다만, 일정한 경우 연대채무자들은 채권자로부터 이행을 요구받은 채무자가 채권을 만족시키기 전이라도 그 채무의 변제에 협력해야 하는 일반적인 성실의무를 진다. 이 규정은 PECL 10:107조부터 10:110조까지의 규정들과 합치되게 해석되어야 한다.

(2) 구상권

PECL 10:106조 1항은 채무자의 대인적 권리에 관한 것이며 각국의 국내법에서는 위임, 사무관리 또는 부당이득에 따라 일반적으로 인정되고 있는 것이다. 본조의 문언상 합리적으로 지출된 비용을 청구에 추가할 수 있는 것은 분명하다.

(3) 변제에 의한 대위

PECL 10:106조 2항 본문은 연대채무자가 구상권을 행사하는 경우 채권자의 권리 및 구제수단을 행사하는 것을 인정하고 있다. 따라서 본조는 각국의 법제도에서 인정되고 있는 모든 변제에 의한 대위를 인정하는 것이며 이에 따라 자신의 부담부분을 초과해 이행한 연대채무자는 채권자가 설정한 담보에서 이익을 받을 수 있다. 채무자는 자신에게 가장 유리한 방법을 선택할 수 있다. 하지만 본조는 변제에 의한 대위로 채권자가 해를 입어서는 안 된다는 것을 분명히 하고 있다(동조 2항 단서). 채권자에게 이러한 불이익이 생길 수 있는 것은 아직 전액 변제를 받지 않은 채권자와 채권자의 권리를 대위하는 채무자 사이에서는 잠재적인 경합관계가 존재하기 때문이다. 본 원칙은 대위에 의해 대위 받는 자의 이익이 해를 입어서는 안 된다는 법언을 구체화하는 것이다.

☞ **사례 5** A은행은 고객 B와의 사이에서 20만 유로의 대부에 합의했다. 본 건 대부는 부동산담보와 C가 지는 연대채무에 의해 담보되고 있다. C는 B를 대신해 A에게 15만 유로를 변제했다. B가 지급불능에 빠졌기 때문에 부동산담보에 제공된 건물이 10만 유로에 매각되어 그 대금이 A와 C에게 배당되었다. 이때, PECL 10:106조 2항에 따라 변제자인 연대채무자 C는 채권자의 권리 또는 구제수단의 행사로 인해 채권자 A를 해칠 수 없기 때문에 A는 5만 유로를 취득한다. 이 규정

이 없다면 두 명의 부동산담보권자는 평등하게 취급되고 매각대금은 비례적으로 안분되어(즉, A가 2만 5천 유로, C가 7만 5천 유로의 배당을 받는다), 그 결과 A는 2만 5천 유로를 회수해 손해를 입게 되는 것이다.

(4) 구상이 불가능한 경우의 효과

PECL 10:106조 3항은 평등의 고려에 따르는 것이며 널리 인정되고 있다. 연대채무자 중 한 명의 지급불능위험은 지급능력이 있는 채무자 사이에서 비례적으로 부담되어야 한다. 이 위험분담은 채권자가 어느 채무자에게 이행을 요구할지에 따라서 좌우되어야 하는 것은 아니다.

 사례 6 A·B·C는 총액 1만 2천 유로를 변제해야 할 채무를 지고 있으며 각자의 부담부분은 각각 A가 6천 유로, B와 C가 각 3천 유로이다. 채권자는 A에 대해서 전액지급을 청구하여 A는 1만 2천 유로 전액을 변제했다. B는 지급불능에 빠졌다. 이때, 지급불능이 있는 A와 C의 부담부분은 각자의 부담부분에 비례해 증가한다. A와 B의 부담부분의 비율은 2대1이므로 B가 부담해야 할 3천 유로는 A에게 2천 유로, C에게 1천 유로로 배분되어 두 명의 부담부분은 A가 8천 유로, C가 4천 유로로 증가한다.

Ⅳ 채무자 1인에 관하여 생긴 사유의 효력

1. 이행 또는 상계의 효과

PECL 10:107조[29] 1항(DCFR Ⅲ.-4:108조 1항)은 이행 또는 이것과 동일시할

---

29) **PECL 10:107조(연대채무에 있어서의 이행, 상계 및 혼동, Performance, set-off and merger in solidary obligations)** (1) 연대채무자 중 한 명이 이행 혹은 상계를 하였거나 채권자가 연대채무자 중 한 명에 대해서 상계를 하였을 경우, 그 밖의 연대채무자는 그 이행 또는 상계의 한도에서 책임을 면한다. (2) 연대채무자 중 한 명과 채권자 간에 채무의 혼동이 발생하였을 때,

수 있는 행위(예를 들면 상계)에 의해 채무가 소멸한 경우의 효과를 규정하고 있다. 이에 따르면 이행 또는 상계의 한도에서 채권자에 대한 책임을 면하는 효과가 발생한다. 물론 이행한 채무자는 구상권을 가진다. 상계에 있어서도 모델 법들은 다른 연대채무자나 채권자가 상계를 적극적으로 주장하지 않는 경우에도 연대채무자가 상계를 원용할 수 있도록 하고 있는 한국 민법[30]과는 달리 그러한 내용을 규정하지 않고 있다.[31]

📖 **사례 1**　A는 어떤 금융-그룹의 구성원인 B, C와 D에 대해서 250만 유로를 대부했다. B는 A에 대한 50만 유로의 채권을 취득하고 그것을 가지고 상계의 취지를 통지하였다(PECL 13:104조 참조). 이때, 연대채무액은 200만 유로가 된다. 상계는 다른 채무자를 위해서도 그 효과가 발생한다.

2. 혼동의 효과

PECL 10:107조 2항(DCFR Ⅲ.-4:108조 2항)은 예를 들어, 연대채무자 중 한 명이 채권자를 상속한 경우 또는 연대채무자인 회사와 채권자인 회사가 합병한 경우에 적용된다. 채권자와 연대채무자 중 한 명과의 사이에서 채무의 혼동이 발생하면 그 밖의 연대채무자의 채무액은 혼동을 발생시킨 채무자의 부담부분의 한도에서 감소한다. 혼동의 당사자 이외의 연대채무자 중 한 명이 지급불능이 된 경우 그 연대채무자의 부담부분은 본 원칙의 규정에 따라 혼동의 당사자인 연대채무자를 포함해 모든 채무자가 부담해야 한다.

📖 **채무혼동 사례**　B, C와 D는 A에 대해서 1만 2천 유로의 연대채무를 지고 있으며 각자의 부담부분은 평등하다. 합병에 의해 B는 A의 권리를 승계했다. B가 취

다른 연대채무자들은 혼동의 당사자인 채무자의 부담부분에 대한 책임을 면한다. (DCFR Ⅲ.-4:108조 참조)

30) 한국 민법 418조 2항.

31) 독일 민법 422조(변제의 효력) 2항에서도 "연대채무자 중 1인이 가지는 채권으로 다른 채무자가 상계할 수 없다."고 규정한다.

득한 권리는 B와의 관계에 있어서는 혼동에 의해 소멸하지만 C와 D와의 관계에 있어서는 8천 유로의 채권으로 존속한다. C가 지급불능이 된 경우에는 PECL 10:107조 2항(DCFR Ⅲ.-4:108조 2항)에 따라 B와 D가 C의 부담부분을 떠맡아야 한다. 따라서 B는 D에 대해서 6천(4천＋2천) 유로를 청구할 수 있다.

3. 연대채무에 있어서의 면제 또는 화해(Release or settlement in solidary obligations)[32]

(1) 면제와 화해의 효과

하나의 규정 안에 면제와 화해 모두를 규정한 경우는 거의 볼 수 없다.[33] 면제 또는 화해의 당사자는 계약자유의 원칙에 따라 모든 채무자를 면책할 수도 있다.[34] PECL에서는 이를 규정하였으나 DCFR Ⅲ.-4:109조에서는 PECL 10:108조 2항을 삭제하였다. 굳이 법규정으로 정하지 않더라도 채권자와 채무자들 사이에 전원 면책합의가 있다면 이는 우선 고려되어야 하기 때문이다. 따라서 이러한 규정이 적용되는 것은 채무의 면제를 한 채권자 또는 화해에 합의한 양 당사자가 그 밖의 채무자에 대한 효과에 관한 의사를 명시하고 있지 않은 경우에 한정된다. 모델법에 따르면 면제나 화해 모두 원칙적으로 부담부분의 한도 내에서 다른 연대채무자에게도 모두 효력이 있다.[35]

---

32) **PECL 10:108조(연대채무에 있어서의 면제 또는 화해, Release or settlement in solidary obligations)** (1) 채권자가 연대채무자 중 한 명에 대해서 면제를 하거나 연대채무자 중 한 명과 화해했을 때는 그 밖의 채무자는 면제 또는 화해의 당사자인 채무자의 부담부분에 대해서 책임을 면한다. (2) 면제 또는 화해에 있어서 모든 채무자를 면책하는 취지가 정해져 있을 때는 모든 채무자가 책임을 면한다. (3) 자기의 부담부분에서 책임을 면한 채무자는 그 한도에서 면책되는 데 그치며, 10:106조 3항에 따라서 사후적으로 책임을 지는 추가적 부담부분에 대해서는 면책되지 않는다. (DCFR Ⅲ.-4:109조에서는 PECL 10:108조 2항을 삭제하였다. 굳이 법규정으로 정하지 않더라도 채권자와 채무자들 사이에 전원 면책합의가 있다면 이는 우선 고려되어야 하기 때문이다.)

33) 한국 민법의 경우에도 연대채무자 간 화해의 효력에 관한 규정은 없다.

34) PECL 10:108조 2항.

35) 독일 민법 423조(면제의 효력) 및 판례에 따르면 화해는 원칙적으로 화해의 당사자가 아닌 자에 대한 효과를 갖지 않는다.

(2) 사후적인 추가적 부담부분에 대한 책임에 대한 효과

PECL 10:108조 3항(DCFR Ⅲ.-4:109조 2항)은 면책된 채무자라도 그 밖의 채무자 중 한 명이 지급불능이 된 것으로 인해 할당된 추가적 부담(연대채무자들 사이의 구상책임)을 져야 한다는 것이 공평하다는 관점에서 마련된 규정이다.

> 📑 **면책된 연대채무자의 사후적 추가부담 사례**　A는 B·C·D를 조합원으로 하는 조합을 위해 상사리스에 동의했다. B·C·D는 적용되는 법에 따르면 조합채무에 대해서 연대하여 책임을 진다. 리스료의 체납액은 6만 유로에 달했다. A는 B에 대해서 면제를 했다. 이때, C와 D는 4만 유로에 대해서 의무를 진다. D가 지급불능에 빠졌을 때는 B는 면제를 받았음에도 불구하고 1만 유로의 지불의무를 진다.

(3) 손해배상책임에 대한 특별규정

DCFR Ⅲ.-4:109조 3항은 수인이 연대하여 손해배상책임을 부담하는 경우에 관한 특별규정이다.[36] 이는 Ⅲ.-4:109조 1항에 따른 일반적인 해결수단이 손해배상책임의 경우에 잠재적으로 부당할 수 있다는 점에 착안한 것이다.

4. 연대채무에 있어서의 판결의 영향[37]

(1) 연대채무자 중 1인의 책임에 관한 법원의 판결이 다른 연대채무자의 책임에 미치는 효과

각국의 국내법은 연대채무자 중 1인의 책임에 관한 법원의 판결과 관련하여 다른 처리를 하고 있다. 즉, 다른 연대채무자에게 전혀 영향이 미치지 않는다는 것과 다른 연대채무자에게 유리한 판결에 대해서는 완전한 효력이 미치지만 불리한 판결에 대해서는 효력이 미치지 않는다는 것이 있다. 본조에서 법원의 판결은 소송당사자가 아닌 연대채무자에 대해서는 전혀 영향이 미치지 않는다

---

36) 이 규정은 PECL 연대채무에 관한 규정에 없는 규정이다.

37) **PECL 10:109조(연대채무에 있어서의 판결의 효력)** 연대채무자 중 1인의 채권자에 대한 책임에 관한 법원의 판결은 (a) 다른 연대채무자들의 채권자에 대한 책임, 또는 (b) 10:106조에 따른 연대채무자들 간의 구상권에 영향을 미치지 아니한다. (DCFR Ⅲ.-4:110조 참조)

는 기준이 채택되고 있다. 상호대리(reciprocal representation)라는 것은 전혀 고려되지 않는다. 각 채무자는 그 채무자 자신의 방어방법을 최대한으로 이용할 수 있어야 한다. 소송당사자 이외의 자에게 기판력은 미치지 않는다.[38]

(2) 연대채무자 중 1인의 책임에 관한 법원의 판결이 구상권에 주는 영향

PECL 10:109조(DCFR Ⅲ.-4:110조) b호는 주로 연대채무자 중 1인의 책임을 부정하는 법원의 판결이 다른 채무자가 가지고 있는 구상권에 주는 효과를 분명하게 하는 것을 노렸던 것이다. 여기서도 법원판결의 효력이 미치는 범위는 확장되지 않는다는 준칙이 적용된다. 다른 연대채무자가 가지는 구상권에는 영향을 미치지 않는다. 물론 연대채무자 중 1인의 책임을 인정하는 법원의 판결에 따라서 그 채무자가 다른 연대채무자에 대해서 구상권을 행사하는 것이 지장을 받는 것은 아니다. 이러한 상황도 b호가 규정하고 있다.

5. 연대채무에 있어서의 시효[39]

PECL 10:110조(DCFR Ⅲ.-4:111조)는 다양한 법에서 달리 취급되고 있는 문제를 다루고 있다. 본조 a호에 의하면 시효의 효과는 당사자인 채무자에게만 미친다. 그 밖의 연대채무자가 채권자에 대해서 지는 책임에는 영향을 미치지 않는다. 그 밖의 채무자에 대한 채권이 시효에 걸리지 않은 경우에 그들이 채무자 중의 한 명에 대한 채권의 시효로 인해 이익을 얻어야 할 이유는 없다. 시효의 효과는 채권을 자동적으로 소멸시키는 것이 아니라 채무자에게 이행거절권을 주는 것에 그친다.

본조 b호는 채무가 시효에 걸리지 않은 채무자가 부담부분을 초과해 변제한 경우에 그 채무자를 보호할 필요가 있음으로 해서 정당화된다. 이러한 채무자

---

38) von Bar, 993면 참조.

39) **PECL 10:110조(연대채무에 있어서의 시효)** 연대채무자들 중 1인에 대하여 채권자가 갖는 이행에 관한 권리의 시효는 다음 사항에 영향을 미치지 않는다. (a) 다른 연대채무자들이 채권자에 대해서 지는 책임, 또는 (b) 10:106조에 따른 연대채무자들 간의 구상권. (DCFR Ⅲ.-4:111조 참조)

는 시효에 걸린 채무의 채무자에 대한 구상권을 빼앗겨서는 안 된다. 채무가 시효에 걸린 것은 채권자가 어떤 조치를 강구하지 않은 데 따른 것이기 때문이다. 게다가 b호는 채무가 시효에 걸렸음에도 불구하고 변제를 한 채무자를 보호하는 것이기도 하다. PECL에서 시효는 채무를 소멸시키는 것이 아니기 때문에 시효에 걸린 채무의 채무자도 현재 존재하는 채무를 이행하게 되며 따라서 그 밖의 연대채무자에 대해서 구상권을 취득하게 된다.

📖 **사례 2** A는 B와 C를 연대채무자로 하여 2만 유로를 대여했다. 3년 후, B에 대한 채권은 시효에 걸렸지만 C는 채권의 존재를 승인했기 때문에 C에 대한 시효기간은 만료되지 않았다. 이때, A는 B에 대해 지급을 강제할 수는 없지만 C에 대해서 전액의 지급을 청구할 수 있다. C가 전액을 지급한 경우에는 본조 b호의 규정에 따라 C는 B에 대해서 1만 유로를 구상할 수 있다.

Ⅴ 연대채무에서 채무자의 항변(Opposability of other defences in solidary obligations)

PECL 10:111조[40](DCFR Ⅲ.-4:112조)에서는 채무 자체에 내재하는 항변(defences inherent in the debt itself)과 개별 채무자의 일신전속적인 항변(defences personal to each of the debtors)이라는 전통적인 구별을 받아들이고 있다. 채무 자체에 내재하는 항변이란 다른 연대채무자들도 모두 채권자에 대하여 항변할 수 있는 사유로서 채무의 이행(변제, 공탁)의 항변이나 계약 자체에서 유래하는 항변으로 위법 또는 방식의 불비로 인한 무효가 여기에 해당한다. 채무자의 일신

---

40) **PECL 10:111조(연대채무에 있어서의 그 밖의 항변사유)** (1) 연대채무자는 다른 연대채무자가 주장할 수 있는 항변(채무자 고유의 인적 항변은 제외)을 채권자에 대해 주장할 수 있다. 항변의 주장은 다른 연대채무자에게는 영향을 미치지 않는다. (2) 연대채무자는 채권자에게 대항할 수 있었던 모든 인적 항변(personal defence)을 구상청구자에게 주장할 수 있다. (DCFR Ⅲ.-4:112조 참조)

전속적인 인적 항변이란 연대채무자 중 한 명의 개인적인 사정에서 유래하는 것이며 자유롭고 진정한 의사의 결여나 무능력을 이유로 하는 취소, 가령 PECL 4:103조(착오, DCFR Ⅱ.-7:202조), PECL 4:107조(사기, DCFR Ⅱ.-7:205조), PECL 4:108조(강박, DCFR Ⅱ.-7:206조) 등이 이에 해당한다.[41] 전자의 항변은 모든 연대채무자가 주장할 수 있는 반면 인적 항변은 그 항변권을 가지고 있는 채무자만이 주장할 수 있다. 인적 항변과 채무에 내재하는 항변과의 구별은 다소 차이는 있지만 일반적으로 인정되고 있다.

📑 **사례 1** A, B와 C는 D에게서 5만 유로를 12%의 이율로 차입했다. 그 계약은 프랑스어로 주고받았다. 프랑스어를 할 수 없는 C에게는 착오가 있어 그 동의에 대해서 진의가 결여되어 있었다. 이때, B는 채권자로부터 청구를 받아도 C에게 착오가 있었던 것을 주장할 수 없다.

본조 2항에 따르면 연대채무자 중의 한 명에게서 구상을 요구받은 채권자는 그 구상이 인적소권에 의한 것인지, 채권자의 권리의 대위행사에 의한 것인지를 불문하고 채권자에 대해서 가지고 있던 인적 항변을 주장할 수 있다.

📑 **사례 2** 사례 1과 동일한 사실관계에서 B는 채권자 D에게 전액을 변제하고 C에게 구상을 청구했다. 이때, C는 B로부터의 청구에 대한 항변으로 착오를 주장할 수 있다.

---

41) von Bar, 996면; Ole Lando, 75면 참조.

제2절 — 다수채권자

　EU에 소속된 모든 국가의 국내법들이 다수채권자 법리를 규정하고 있는 것은 아니다.[42] 각국의 국내법 중에서는 다수채무자의 규정에 따라 처리하는 경우도 있다. PECL 10:201~205조, DCFR Ⅲ.-4:201~207조의 규정들은 하나의 채무에 대하여 둘 이상의 채권자가 이행에 대한 권리를 가지는 경우에 적용한다.

Ⅰ　연대채권, 분할채권, 공동채권[43]

　이 부분에 관하여 모델법들이 채권자가 다수로 존재하는 모든 사례를 망라하려고 하는 것은 아니다. 모델법들은 다수의 채권자가 동일인과의 사이에서 각각 계약을 체결하면서(예를 들면 다수의 고객이 동일한 소매상에 대해서 하는 상품발주) 발생하는 권리관계는 다루지 않는다. 다수의 계약이 병존해도 그것은 각 계약의 법적 성질에 영향을 주지 않는다.

　다수채권의 유형화는 다수채무의 유형화에 따르는데, 연대채권 · 분할채권 · 공동채권은 연대채무 · 분할채무 · 공동채무에 상응한다.

---

42) 예를 들어 잉글랜드, 스코틀랜드, 아일랜드에서는 이를 다루고 있지 않다.

43) **PECL 10:201조(연대채권, 분할채권, 공동채권)** (1) 다수의 채권자 각자가 채무자에 대해서 전부의 이행을 요구할 수 있고 또 채무자가 어떤 채권자에 대해서도 이행할 수 있을 때 그 채권은 연대채권이다. (2) 채무자가 다수의 채권자 각자에 대해서 지는 이행의무가 각 채권자의 지분에 한정되고 또 각 채권자가 자기지분의 한도에서만 이행을 요구할 수 있을 때는 그 채권은 분할채권이다. (3) 채무자가 모든 채권자에 대해서 이행해야 하고 또 각 채권자가 채권자 전원의 이익을 위해서만 이행을 요구할 수 있을 때는 그 채권은 공동채권이다. (DCFR Ⅲ.-4:202조 참조)

1. 연대채권

(1) 특징

채권에 연대성이 인정되기 위해서는 항상 그 취지에 관한 합의가 있어야 한다. 연대채권에는 필연적으로 위험이 따르기 때문에(특히 한 명의 채권자가 금전 전액을 청구하여 그것을 낭비하는 경우), PECL이나 DCFR은 연대를 추정하는 규정을 두지 않고 있다. 계약당사자가 채권의 연대성을 약정하는 일이 거의 없는 것도 같은 이유다. 그러나 은행구좌, 특히 공동구좌에 있어서는 연대성이 약정되는 경우가 많고 이 경우 다수의 구좌보유자는 은행에 대해서 연대채권자가 된다.

PECL이나 DCFR에서 연대채권의 정의는 연대채권의 특징을 고려한 것이다. 각 채권자는 채무자로부터 채무의 전부를 이행받을 수 있지만, 채무의 분할을 주장할 수는 없다. 채무자는 스스로 선택한 채권자에 대해 모든 채무를 변제할 수 있고, 이에 따라 모든 채권자와의 관계에서 면책된다. 채무자는 모든 채권자 또는 일부의 채권자로부터 청구를 받았을 때도 이러한 선택권을 가진다.

한 명의 채권자에게서 청구를 받은 채무자가 불이행이 되었을 때는 그 채권자는 모델법들에서 정하는 불이행에 대한 구제수단을 이용할 수 있다. 이때, 당해 채권자는 그 밖의 채무자와 공동으로 하는 것을 의무화할 수 없다. 따라서 채무자에 의한 중대한 불이행이 있을 때는 채권자는 PECL 9:301조(DCFR Ⅲ.-3:502조)에 따라 계약을 해소할 있다. 마찬가지로 채권자는 모델법들에 규정된 요건(PECL 9:201조, DCFR Ⅲ.-3:401조)에 따라 채무자가 이행 또는 이행의 제공을 하기까지 자기의 이행을 유보할 수 있다.

(2) 입법

PECL 10:201조 1항(DCFR Ⅲ.-4:202조 1항)에 규정된 내용은 각국의 법전에서 찾아볼 수 있다.[44] 북유럽법에 있어서도 연대채권에 대한 언급이 있다.[45] 잉

---

44) 독일 민법 428조(연대채권자), 스페인 민법 1137~1143조, 프랑스, 벨기에 및 룩셈부르크 민법 1197조와 1198조, 그리스 민법 489~493조, 이탈리아 민법 1292~1310조(조문마다 연대채무와 연대채권이 순차규정되어 있다), 포르투갈 민법 512조 1항과 528조 1항을 참조하라.

글랜드 법에 있어서는 연대채권이 독립의 법적 카테고리로 인정되는지는 분명하지 않다.[46]

2. 분할채권

실무에서 가장 많이 쓰이는 것은 분할채권이다. 분할채권은 다수채권자에 있어서의 원칙적 규범인 데다가, 가분성의 추정규정(포르투갈 민법 6:15조)에 근거가 요구되는 경우도 있기 때문에 반드시 정의규정을 두고 있는 것은 아니다.[47] 독일 민법은 명문규정이 없지만 가분채권의 존재를 인정하고 있다.

3. 공동채권

EU 회원국 중 공동채권이라는 개념을 내국법에서 정하는 일은 거의 없고 학설상의 개념에 그친다. 유일하게 이 개념을 명문으로 규정하는 나라는 독일이다(독일 민법 432조 1항). 공동채권은 원칙적으로 당사자의 의사에 따라서 성립하지만, 채무의 성질에 따라서 성립하는 경우도 있다. 채무의 성질에 따라 성립하는 것은 이행이 불가분이며 또 채권자 전원의 이익을 위해서가 아니면 이행될 수 없는 경우이다. 일반적인 공동채권이 적용되는 사례는 불가분의 공동구좌이다. 그 밖에 합유적인 재산소유자들에 의해 체결되는 계약도 공동채권이 문제가 된다. 후자는 적용되는 법에 따라 다르지만 신탁법이나 상속법 아래에서 발생할 수 있다.

공동채권의 특징은 채권자 전원이 채권을 공동으로 행사한다는 점에 있다. 그러나 공동채권자 중의 한 명이 그 밖의 채권자에게서 금전 또는 그 밖의 이행을 수령할 권한을 위임받는 경우도 생각할 수 있다.

---

45) Gomard, 14-16.

46) Treitel, Contract 533-537.

47) 프랑스 민법 1217조, 이탈리아 민법 1314조, 네덜란드 민법 6:15조 및 포르투갈 민법 534조를 참조하라.

☞ **사례 1** 법인격이 없는 파트너십 또는 조합의 구성원인 A와 B가 그 단체의 구성원으로 공동구좌를 개설했다. 이때, A와 B는 은행에 대한 공동채권자이다.

☞ **사례 2** A는 어떤 부인을 자신이 소유한 아파트의 관리인으로 새로 고용하여 그 부인을 관리인실에 살게 하기로 했다. 이때, 그 부인은 임차권에 대해 공동채권자이다.

☞ **사례 3** 친구끼리의 그룹이 여행을 하기 위해 운전기사가 딸린 자동차를 빌렸다. 그 운전기사의 이행은 그룹 전체의 이익을 위해서가 아니면 이행될 수 없는 성질의 것이기 때문에 그 그룹의 멤버는 공동채권의 채권자이다.

(1) 공동채권자들은 채무자에 대해서 공동으로 권리를 행사해야 하는가? 아니면 채권자 중의 한 명이 채권자 전원의 이익을 위해서 권리를 행사할 수 있는가?

PECL 10:201조 3항(DCFR Ⅲ.-4:202조 3항)은 "각 채권자가 채권자 전원의 이익을 위해서가 아니면 이행을 요구할 수 없을 때"라고 규정하고 있으며 이에 따라서 채권의 회수를 용이하게 하고 있다. 또한 항상 공동으로 권리를 행사해야 한다면 채권자 중의 한 명이 권리를 행사하지 않는 것으로 인해 교착상태가 발생할지도 모르지만 이와 같이 규정함으로써 채권자는 이러한 교착상태를 회피할 수 있다.

☞ **사례 4** A는 B와 C가 가지고 있는 공동채권의 채무자이다. A의 채무는 이행기에 있지만 아직 변제되지 않았다. 이때, C는 양 채권자에 대한 채무의 변제를 구하는 소를 A에게 제기할 수 있다.

(2) 공동채권에 있어서의 채무자의 불이행은 필연적으로 계약 전체에 영향을 미친다. 채권의 성질 및 이에 대응하는 채무의 성질상, 채권자의 일부에 의한 해소나 유보는 인정되지 않는다. PECL 9:301조(DCFR Ⅲ.-3:502조)에 따른 계약의 해소 또는 PECL 9:201조(DCFR Ⅲ.-3:401조)에 따른 자신이 부담하는 채무이행의 유보(동시이행의 항변)는 채권자 전원이 공동으로 해야 한다.

☞ **사례 5** 사례 3과 동일한 사실에 있어서 운전수가 합의된 기일에 나타나지 않았다고 한다. 친구그룹은 계약을 해소하고 선불한 금전을 되찾고 싶어 한다. 이때, 친구들은 채무자에 대해서 공동으로 해소를 통지하든가 그 그룹의 한 명에게 전원을 대표하여 해소통지를 할 권한을 주어야 한다.

4. 다른 종류의 권리가 발생한 경우

이행에 대한 권리가 연대채권인지, 분할채권인지 또는 공동채권인지 여부는 그 권리의 내용에 따라 결정된다(DCFR Ⅲ.-4:203조 1항). 만약 권리의 내용이 이를 정하지 않는 경우, 둘 이상의 채권자의 권리는 분할채권으로 한다(DCFR Ⅲ.-4:203조 2항). 이 조항은 PECL에서는 규정되지 않은 내용으로 다수채권자에 대한 DCFR의 원칙적인 규정이다. 이 규정은 다수채무자에게 적용되는 것과는 다르다. 거기에서는 연대채무가 기본이었다. 그러나 채권자 중 한 사람이 다른 채권자들의 편견에 맞추어 이행을 청구할 수 있기 때문에 연대성은 채권자에게 위험할 수도 있는 것이다. 따라서 권리의 내용(전형적으로는 계약의 조건)이 달리 정해지거나 권리 자체의 성질 또는 채권자 사이의 관계가 달리 해석되지 않는 한 분할채권으로 해석된다.

Ⅱ 지분비율

1. 분할채권[48]

이에 관한 모델법의 규정은 다수채무자에 규정된 내용[49]에 대응하는 것이다.

---

48) **PECL 10:202조, DCFR Ⅲ.-4:204조(분할채권의 지분비율)** 계약 또는 법률에 특별한 규정이 없는 한 분할채권의 지분비율은 균등하다.

49) PECL 10:103조, DCFR Ⅲ.-4:104조.

이와 같은 내용을 명문으로 규정한 예는 많지 않다.[50]

📑 **사례 1** A와 B는 C에 대해서 1만 유로를 대여했다. 이때, 특단의 규정이 없다면 C는 각 채권자에게 각각 5천 유로를 지불할 의무를 진다. 하지만 채권자 중 한 명이 그 밖의 채권자에 대해서 채무를 지고 있는 등의 이유에서 다른 지분비율을 정하는 조항을 두는 것도 생각할 수 있다.

2. 연대채권의 지분비율[51]

연대채권자의 지분율에 관한 규정은 연대채무자 사이의 부담비율에 관한 규정[52]에 상응하는 것이다. 각 채권자의 지분은 연대의 합의 속에서 발생하지만 그러한 합의나 규정이 없는 경우 때에는 지분은 균등하다.

📑 **사례 2** A와 B는 C에 대해서 1만 유로의 연대채권을 가지고 있다. C는 B에게 1만 유로를 지불했다. 이때, A는 B에 대해서 5천 유로의 분배청구권을 가진다.

---

50) 독일 민법 420조, 그리스 민법 493조, 포르투갈 민법 534조 참조.

51) PECL 10:204조, DCFR Ⅲ.-4:206조. PECL 10:204조 1항에서는 "연대채권자는 계약 또는 법률에 달리 규정이 없는 한 균등하게 권리를 가진다."고 규정한 반면 DCFR Ⅲ.-4:206조 1항에서는 "연대채권자는 균등하게 권리를 가진다."고 규정하여 "계약 또는 법률에 달리 규정이 없는 한"이 삭제되어 있다. 독일 민법 430조, 스페인 민법 1143조 1항, 그리스 민법 493조, 이탈리아 민법 1298조 및 포르투갈 민법 533조 참조.

52) PECL 10:105조 1항, DCFR Ⅲ.-4:207조 1항.

효력

1. 연대채무에 관한 규정의 연대채권에의 준용[53]

(1) 면제

연대채권자 중 1인이 한 채무의 면제는 다른 채권자에게 영향을 미치지 않는다. 이는 연대채무에 관한 규정(PECL 10:108조, DCFR Ⅲ.-4:109조)과는 다르다. 이에 따라 연대채권자 중 1인이 다른 채권자에게 피해를 주는 채권의 처분을 할 수 없게 된다.

☞ **사례 1** A와 B는, C에 대해서 1만 유로의 연대채권을 가지고 있다. A는 C에 대해서 전액을 면제했다. 이에 따라 C는 A와의 관계에서 채무에서 해방된다. 이때, A는 이제는 채권을 회수할 수 없다. B는 1만 유로 전액에 대해 여전히 C에 대해서 채권을 가진다.

(2) 화해

이와 같은 채무의 면제에 관한 내용은 화해에 대해서는 적용되지 않는다. 화해에 있어서는 일부변제에 해당하는 부분에 대해서는 변제에 관한 규정이 적용된다(PECL 10:205조 2항을 10:107조 1항을 함께 참조. 마찬가지로 DCFR Ⅲ.-4:207조 2항을 Ⅲ.-4:109조 1항과 함께 참조).

☞ **사례 2** A와 B는, C에 대해서 1만 유로의 연대채권을 가지고 있다. A는 C를 소송을 제기하였는데, 소송계속 중에 채무의 반액면제와 잔액지불을 내용으로 하

---

53) **PECL 10:205조, DCFR Ⅲ.-4:207조(연대채권에 관한 그 밖의 규율)** (1) 연대채권자 중 1인이 채무자에 대해서 한 면제는 다른 연대채권자에게 영향을 미치지 않는다. (2) 10:107조, 10:109조, 10:110조, 및 10:111조 1항{DCFR Ⅲ.-4:108조(연대채무의 이행, 상계 혼동), 110조(연대채무에 대한 판결의 효력), 111조(연대채무의 시효), 112조(연대채무에 관한 기타 항변의 대항가능성)}의 규정들은 적절히 변경하여 연대채권에 적용한다.

는 화해를 했다. 이 화해로 C는 5천 유로를 A에게 지불했다. 이때, C는 B에 대해서 그 화해를 원용할 수 없고 B는 C에게 지불을 요구할 수 있다. 다만 일부가 변제되어 있기 때문에 B는 5천 유로 밖에 청구할 수 없다(10:205조 2항 및 10:107조, DCFR Ⅲ.-4:207조 2항 및 Ⅲ.-4:109조 2항).

(3) 기타 연대채무규정의 준용

연대채무에 관한 규정이 연대채권에도 준용될 수 있다. 이는 다수채무자에 관한 규정이 중복되는 것을 피하는 기능을 하고 있다. 예를 들어 PECL 10:107조 1항(DCFR Ⅲ.-4:108조 1항)이 적용되는 결과, 채무의 변제 및 상계와 함께 그 밖의 연대채권자와의 관계에 있어서 채무자를 채무에서 해방시킨다. 혼동의 경우도 마찬가지로 채무는 소멸한다. 하지만 혼동의 당사자는 PECL 10:204조 2항(DCFR Ⅲ.-4:206조 2항)에 규정되어 있듯이 다른 채권자로부터의 분배청구에 따라야 한다.

☞ 사례 3   A와 B는 C에 대해서 1만 유로의 연대채권을 가지고 있다. B가 사망하여 그의 유일한 상속인인 C가 상속했다. 이때, A는 PECL 10:204조 2항(DCFR Ⅲ.-4:206조 2항)에 따라 새로 연대채권자가 된 C에 대해서 5천 유로를 청구할 수 있다.

마찬가지로 법원의 판결은 그 소송의 당사자에게만 영향을 끼친다(PECL 10:109조, DCFR DCFR Ⅲ.-4:110조). PECL 10:110조 1항(또는 DCFR Ⅲ.-4:110조 1항)이 연대채권에 적용됨으로써 채권의 하나가 시효에 걸린 경우에도 그 밖의 채권자는 각자의 권리를 유지한다. 그리고 PECL 10:110조 2항(DCFR Ⅲ.-4:110조 2항)에 따라 채권자는 자신의 채권이 시효에 걸려도 지분을 초과해 수령한 채권자에 대해서 분배청구권(PECL 10:204조 2항, DCFR Ⅲ.-4:206조 2항)을 행사할 수 있다.

☞ 사례 4   A와 B는, C에 대해서 1만 유로의 연대채권을 가지고 있다. B의 채권이 시효에 걸렸지만 A의 채권은 존속한다. A는 C에게 소구하여 전액을 회수할 수 있다. 이때, B는(PECL 10:204조 2항 또는 DCFR Ⅲ.-4:206조 2항에 따라) A에

대해서 5천 유로 한도에서 청구권을 행사할 수 있다.

(4) 항변에 관한 규정의 준용 여부

PECL 10:111조 1항(DCFR Ⅲ.-4:112조 1항)에 따라서 채무자는 채권자에 대해서 그 밖의 연대채권자에 대한 인적 항변을 제외하고 모든 항변을, 즉 일신전속적인 것이든 채무에 내재하는 것이든 주장할 수 있다.

📑 **사례 5** A와 B는, C에 대해서 1만 유로의 연대채권을 가지고 있다. 채권을 발생시킨 계약의 목적이 위법인 것을 이유로 A에 대해서 계약의 무효를 주장할 수 있다. 그것은 채무에 내재하는 항변이다.

📑 **사례 6** A와 B는, 두 사람의 명의로 공동구좌를 개설했다. B는 정신장애 때문에 계약을 체결할 법적인 능력이 없었다. A는 예금인출을 원했다. 이때, 은행은 A에 대해서 B의 무능력을 주장할 수 없다. 그것은 인적 항변이다. 은행은 B에 대해서만 주장할 수 있다.

PECL 10:111조 2항(DCFR Ⅲ.-4:112조 2항)은 연대채권에는 유추적용되지 않는다. 전액을 지급함으로써 채무자는 채무에서 해방되지만 지급받은 채권자는 채무자가 주장할 수 있었던 항변을 주장하는 것은 불가능하며 그 밖의 연대채권자로부터의 분배청구권에 따라야 한다. 채권의 지분은 모든 연대채권자의 합의에 따라서 규정되어야 하는 것이다.

📑 **사례 7** A와 B는, C에 대해서 1만 유로의 연대채권을 가지고 있다. A가 C에게 지급을 청구하여 C는 1만 유로를 지불했다. C는 B에 대해서는 동의의 하자를 주장할 수 있는 것이었다. 이때, A는 B에게 5천 유로를 지불해야 하며 C가 B에 대해서 주장했을 동의의 하자를 주장할 수 없다.

2. 공동채권에 있어서의 이행의 곤란[54)]

공동채권자 중 1인이 수령을 거절하거나 또는 수령할 수 없을 때에 채무자는 목적물이나 금액을 제3자에게 공탁함으로써 의무를 면한다. 이 규정은 채무자를 보호하고자 한 것이다. 이러한 규정이 없다면 채권자 중 1인이 이행의 수령을 거절하거나 또는 수령할 수 없는 경우에 채무자는 채무를 면할 수 없기 때문이다. 공동채권의 채무자는 채권자들에 대해서 동시에 이행해야 한다(10:201조 3항, DCFR Ⅲ.-4:202조 3항). 이 때문에 채무자의 이행에 곤란이 생기는 경우에는 그 채무자는 이러한 방법을 통해서 의무로부터 벗어날 수 있다.

📖 **사례 8** A와 B는 C에게서 중고차를 구입했다. 그 계약에는 A와 B는 공동채권자인 것이 명시되어 있다. 그 후, B는 입원했다. B의 상태는 심해서 자신이 이행을 수령할 수도 A에게 수령권한을 위양할 수도 없다. C는 합의된 기일에 중고차를 인도하고 싶다고 생각하고 있지만 A와 B는 공동채권자이기 때문에 C는 A만을 위해 중고차를 인도할 수 없다. 이때, C는 A와 B를 위해 그 중고차를 제3자에게 공탁할 수 있다.

---

54) **PECL 10:203조, DCFR Ⅲ.-4:205조(공동채권에 있어서의 이행의 곤란)** 공동채권자 중 1인이 수령을 거절하거나 또는 수령할 수 없을 때에 채무자는 본 원칙 7:110조(수령되지 않는 물건: DCFR Ⅲ.-2:111조) 또는 7:111조(수령되지 않는 금전: DCFR Ⅲ.-2:112조)에 따라 목적물 또는 금액을 제3자에게 공탁함으로써 의무를 면한다. (비슷한 규정으로 독일 민법 432조 1항 2문이 있다.)

제 **2** 장

채권양도

제1절 ─● 총론

Ⅰ 채권양도의 필요성과 이익충돌

1. 당사자이익의 형량

채권양도는 금융거래 등에서 매우 유용한 수단이다. 특히 계약에 의한 채권의 양도는 이행을 요구하는 권리의 이전이며 대개는 금전 지급을 요구하는 권리(금전채권)를 대상으로 한다. 특히 상거래에서 채권(예를 들어 계약상의 금전채무)은 채무자의 동의 없이 이전할 수 있어야 한다. 그러나 그것은 채무자가 불이익을 당할 위험을 야기한다. 예를 들면 채무자는 한 명이 아닌 다수의 채권자로부터 경우에 따라서는 불편한 장소에서 지급을 요구받을 우려가 있다. 다른 한편으로는 양수인의 입장에서 불리하게 작용할 수도 있다. 예를 들면 양도인과 채무자 간의 내부적 합의로 채권의 내용이 변경되는 경우가 있을 수 있다. 이러한 점에서 유럽 모델법들은 채권양도에 관해서 당사자의 이익을 신중하게 형량할 기준을 만들었다.

2. 적용범위에 관한 입법태도

PECL은 금전채권과 비금전채권 양쪽의 양도를 적용대상으로 한다. 따라서 UNCITRAL 국제채권양도조약[1]이나 DCFR[2]의 적용대상보다도 약간 넓다. 대

---

1) UNCITRAL 국제채권양도조약의 적용대상은, 그 성질상 금전채권에 한정되어 있기{초안 2조(현 2조)} 때문이다. PECL Ⅲ의 기초작업에 있어서 참조되고 있다고 생각되는 것은 UNCITRAL 국제채권양도조약의 1999년의 초안{Report of the Working Group on International Contract Practices on the work of its thirty-first session (Vienna, 11-22 October 1999), A/CN. 9/466, ANNEX I, consolidated text of the draft Convention}이다. 이 1999년의 초안과 성립된 조약과는 그 후의 심의과정에 있어서의 삽입과 삭제의 결과, 조문번호가 어긋나 바뀌어 있

부분의 유럽법체계에서 합의에 따른 채권양도는 계약에 따라서 이루어지며 계약의 유효성을 기초로 하고 있는 것으로 보인다. 이에 대해서 독일 법, 그리스 법 및 스위스 법에 있어서는 무인성의 원칙이 채용되고 있다. 그것에 의하면 채권양도의 유효성은 채권양도의 계약으로부터 독립한 것으로 보이며, 채권양도의 계약에 하자가 있어도 그것은 채권양도의 유효성에 꼭 영향을 주는 것은 아니다. 하지만 대부분의 경우에는 영향을 준다.[3] 잉글랜드 법에 있어서는 현재의 채권의 완전한 양도는 단순한 채권양도의 계약이나 장래의 채권의 양도와는 대조적으로 재산의 이전으로 간주되므로, 예를 들면 약인과 같은 계약의 유효요건을 충족할 필요는 없다.[4]

3. '채권양도'의 형태

모델법상 채권양도에 관한 규정들은 채무의 이행을 요구하는 권리(채권, claim)를 가지고 있는 자가 채권 또는 채권을 목적으로 하는 권리를 타인에게 이전하는 방식으로 거래하는 경우를 다룬다. 이와 같은 거래는 세 가지 형태가 있다. 첫째, 계약에 기한 채권양도(진정한 양도)이다. 예를 들면 채권의 매매계약에 따라서 실행되어야 하는 경우이다. 둘째, 담보를 위한양도, 예를 들면 양도담보의 경우이다. 셋째, 이전 이외의 방법에 의한 담보권의 설정이다. 이 셋째의 범주는 채권을 목적으로 하는 담보이며 이전을 필요로 하지 않는 형태 전

다. 그래서 이하에서는 UNCITRAL 국제채권양도조약이 참조되는 경우에는 조문번호는 1999년의 초안을 기본으로 하면서 성립된 조약의 대응하는 것을 "초안 xx조(현 xx조)" 또는 "초안 xx조(현 규정 없음)"과 같이 나타내기로 한다.

2) DCFR Ⅲ.-5:103조에서는 담보목적을 위한 양도에 관한 규율은 제9권에서, 신탁목적을 위한 양도 또는 신탁재산으로 또는 신탁재산으로부터의 양도와 관련한 규율은 제10권에서 규율함으로써 적용범위가 PECL 11:101조보다 더 좁다.

3) 비교법적 검토에 대해서는 Kötz. IECL para. 67. (Zweigert and Kötz 446d에 재록); 프랑스 법과 독일 법의 비교에 대해서는 Cashin-Ritaine; 독일 법에 대해서는 Larenz 571 및 Münchener Kommentar (-Roth) § 398, n. 2 및 23-25 참조.

4) Holt v. Heatherfield Trust Ltd. [1942] 2 K.B. 1, 5; Chitty paras. 20.018, 20.027; Goode, Commercial Law, 680-681.

부를 포함한다. DCFR은 담보목적을 위한 양도와 관련해서는 제9권(Book Ⅸ)의 규정들이 우선 적용되고, 신탁 목적을 위한 양도 또는 신탁재산의 양도와 관련해서는 제10권(Book Ⅹ)의 규정들이 우선 적용되므로,[5] 실질적으로 진정한 의미의 양도만을 취급하고 있다. 반면 PECL은 양도담보와 채권을 목적으로 담보권을 설정하는 경우에도 채권양도에 관한 규정이 적용된다. 특히 PECL 11:101조[6] 5항에서는 채권양도에 관한 규정을 채권이전 이외의 방법에 의한 형태의 담보에도 포괄적으로 적용할 수 있도록 하고 있다. 다만, 이러한 포괄적 적용은 어떤 법체계에서 특유한 제도, 예를 들어 권리질권[7]이나 에퀴티(equity)상의 담보 등은 포함하지 않는다. PECL의 이러한 규정은 이전 이외의 방법에 의한 담보권설정에 유연하게 준용되는데, 가령 채권양도를 언급하는 것은, 담보권설정을 언급하는 것을 포함하고 있다고 생각하는 점과 '양도인(assignor)'이나 '양수인(assignee)'에 대해서도 같다고 하는 점이 가장 일반적인 유연한 준용형태라 할 수 있다. 그러나 내용이 본질적으로 변용되는 형태, 예를 들면 PECL 11:201조(양수인에게 이전되는 권리)는 이전 이외의 방법에 의한 담보권설정에는 준용할 수 없다.

계약 전체(즉, 계약에 따라서 발생하는 권리 및 의무)가 이전되는 경우, 이는 채권양도와 달리 모델법들은 따로 규정을 두고 있다.[8]

---

5) DCFR Ⅲ.-5:103조.

6) **11:101조(본 장의 대상)** (1) 본 장은 현재 또는 장래의 계약에 따라 발생하는 이행을 요구하는 권리(채권, claim)를 합의에 따라 양도하는 경우에 적용한다. (2) 별단의 규정이 있는 경우 또는 전후관계에서 별단의 규율을 필요로 하는 경우를 제외하고 본 장은 양도성이 있는 그 밖의 채권을 합의에 따라 양도하는 경우에도 준용한다. (3) 본 장은 다음의 각호 중에 해당하는 경우에는 적용되지 않는다. (a) 금융증권 또는 투자증권의 이전이며 별단으로 적용되는 법에 따라서 그 이전을 발행자에 의해 또는 발행자를 위해 관리되는 등록부에 등록해야 하는 경우, (b) 환어음 그 밖의 유통증권 혹은 그 밖의 유통증권 혹은 동산을 목적으로 하는 권원증권의 이전이며 별단으로 적용되는 법에 따라서 그 이전을(필요하면 겉봉의 주소와 함께) 증권의 교부에 의해 행해야 하는 경우. (4) 본 장에 있어서 '채권양도'는 담보를 위한 채권양도도 포함한다. (5) 본 장은 채권양도와는 다른 방법으로 합의에 따라서 채권을 목적으로 담보권을 설정하는 경우에도 필요한 수정을 한 후에 준용한다.

7) 대륙법계에서는 관념적인 점유의 인도를 근거로 무체재산권의 권리질권이 인정된다. 반면 영미법계에서는 질권은 유체재산에만 인정된다.

Ⅱ 모델법상 채권양도와 그 대상

채권양도에 관한 모델법상의 적용범위 및 요건과 관련하여 PECL과 DCFR의 명확한 차이는 해당 규정들이 담보 또는 신탁목적에 적용되는지 여부와 요건상의 명확성에 있다. PECL은 담보 또는 신탁목적의 양도를 포괄하는 반면 DCFR은 이와 관련하여 별도의 규정들을 마련하고 있다. 요건에 있어서도 DCFR은 PECL의 불명확한 내용들을 명문의 규정으로 이를 명확하게 하였다.[9] 즉, DCFR은 채권양도의 기본적 요건을, ① 채권의 존재, ② 채권의 양도 가능성, ③ 양도인의 요건, ④ 양수인의 요건, ⑤ 양도행위의 유효성으로 명확히 하였다. 나아가 그 외 논쟁이 되는 부분과 관련하여 (i) 양수인의 권리가 양도행위의 선행요건이 아니라는 것(즉, 양도계약 당시에 현존하지 않더라도 무방), (ii) 권리의 부여와 양도행위가 서로 다른 원인에 기하여 발생할 수 있다는 점, (iii) 채무자에 대한 통지나 채무자의 동의는 요건이 아니라는 점을 명확히 하였다.

1. 채권(claim)의 존재

채권이란 채무의 이행을 요구하는 권리이다. 채권의 존재는 보통 채권의 양도성이라는 범주에서 논의되기도 한다. 채권의 존재는 모델법의 적용범위를 정하는 중요한 효과를 가지고 있다.[10] 채권양도와 관련해서 이행기가 이미 도래한 금전채무, 이행기가 장래 도래할 금전채권, 건물건축, 물품운송 및 역무제공 등의 비금전채무가 '채권' 개념에 포함되는 것이 중요하다. 그러나 일정한 종류의 채권(예를 들면 금융증권, 투자증권이나 유통증권화되어 있는 채권, 또는 그런 증권에 의해 증명되는 채권)에 채권양도 관련 모델법의 규정이 반드시 적용되는 것은 아니다.[11]

---

8) PECL 제12장, DCFR 제5장 제2절·제3절.

9) DCFR Ⅲ.-5:104조.

10) PECL 제Ⅲ편 서론 5 참조.

11) DCFR Ⅲ.-5:101조 2항.

2. 채권의 일반적인 양도성[12]

일반적으로 채권은 법률에 달리 규정되거나 또는 채권의 성질이 양도가 허용되지 않는 경우를 제외하고는 모두 양도 가능하다.[13] 계약과 관련해서는 장래의 채권 또는 불확정한 채권이 문제 된다. 그리고 양도성이 해당 국가의 강행규정에 반한 경우 모델법의 적용 여부를 떠나 그 양도는 제한된다.

(1) 현재의 계약

현재의 계약에 따라 발생하는 채권은 가령 아직 이행기가 도래 하지 않았다 해도 양도가 가능하다는 것이 널리 인정되고 있다. 현재의 계약에 따라 발생하는 현재의 채권도, 장래의 채권도 양도할 수 있다. 실제로 대부분의 법체계에서 현재의 계약에 따라 발생하는 채권은(이행을 요구하는 권리는) 아직 이행기가 도래하지 않았거나 또는 반대급부 그 밖의 일정한 사정에 의존한다고 하더라도 현재의 채권으로 취급된다(이행기가 장래에 도래하는 현재의 채권).

📋 **사례 1** C사는 E와의 사이에서 공장건설의 계약을 체결했다. 공사대금의 지급은 건축기사의 증명서와 교환하여 분할로 행해져야 하는 것으로 알려졌다. C가 갖는 장래의 공사대금지급청구권이 계약상 공사작업의 진행상황에 의존한다고 하더라도 C는 그 채권을 유효하게 양도할 수 있다.

(2) 장래의 계약

장래의 계약에 따라 발생하는 채권의 양도와 관련해서 몇 가지 문제가 있다. 가령 양도인이 장래의 재산이나 생계를 위한 잠재적인 재산을 처분함으로써 양

---

12) **PECL 11:102조(계약에 따라 발생하는 채권의 일반적인 양도성)** (1) 11:301조(계약상의 채권양도금지) 및 11:302조(그 밖의 무효인 채권양도)의 규정에 따르는 외에 계약당사자는 그 계약에 따라 발생하는 채권을 양도할 수 있다. (2) 현재와 장래의 계약에 따라 발생하는 장래의 채권은 그 발생 시점 또는 당사자가 합의한 그 밖의 시점에 있어서 채권양도의 대상이 되는 채권으로 식별할 수 있는 한 양도할 수 있다.

13) DCFR III.-5:105조 1항.

도인의 경제상태가 극히 불안정해질 수 있다. 나아가 채권양도는 양도 시점에서 양도대상의 특정성을 필요로 하는데, 그것이 채무자에 대한 통지나 채무자에 의한 승낙이 필요함에도 불구하고 장래 채권양도의 속성상 통지나 승낙은 불가능한 경우가 자주 발생할 수 있다. 그러나 금전채권에 의한 융자(예를 들면 매출채권의 매입이나 채권담보부 융자)가 점점 상거래상 중요하게 부상하면서 장래의 채권을 양도하는 것이 서서히 일반에게 받아들여졌다. 국제적인 분야에서는 1988년의 UNIDROIT 국제팩토링조약 및 UNCITRAL 국제채권양도조약이 이것을 인정하고 있다. 1988년의 UNIDROIT 국제팩토링조약 5조에서 채권은 발생 시점에 특정 가능하면 충분하다고 하였다. 채권양도의 양 당사자에게 특정 요건이 충족되어야 할 시점을 합의하는 것을 인정하고 있는 PECL은 한층 유연한 규정을 두고 있는 것이다.

📑 **사례 2** S는 목재상에 목재를 공급하는 회사이다. S는 팩토링회사 F와의 사이에서 팩토링의 합의를 했다. 그리고 잉글랜드에서 영업하고 있는 S의 고객과의 사이의 매매계약에 따라 발생하는 현재 및 장래의 금전채권 전부를, 환가를 위해 매매로 F에게 양도했다. 그것은 유효한 양도이다. 장래의 어떤 금전채권에 대해서도 그것이 발생하는 시점에 S의 고객을 채무자로 하는 금전채권으로 팩토링계약의 대상이 되는지의 여부가 명확해질 수 있기 때문이다. 이런 금전채무가 귀속하는 시점은 PECL 11:202조를 참조하여 결정된다.

📑 **사례 3** 가구제조업자 S는 가구를 소매점과 백화점에 공급하고 있다. S는 팩토링회사 F에게 일정한 시기마다 S가 F에게 송부하는 일람표에 기재되는 현재 및 장래의 금전채권을 매각하기로 했다. 매매는 기재된 금전채권 모두에 대해서 유효하다.

📑 **사례 4** 크레디트 발행회사 C는 거래은행 B에게서 거액의 융자를 받았다. C는 카드소유자에 대한 장래의 채권을 융자액의 총액을 넘지 않는 범위에서 B에 양도하기로 했다. 이 합의는 계약으로서는 완전히 유효하지만 유효한 이전은 아니다. 양도대상채권을 특정하기 위한 방법이 제시되고 있지 않기 때문이다.

(3) 계약에 의한 양도금지 또는 제한의 효과

채권양도에 대한 계약상의 금지 또는 제한은 채권의 양도성에 영향을 미치지 아니한다.[14] 이러한 계약에 위반하여 채권이 양도되는 경우, (i) 채무자는 양도인을 위하여 이행할 수 있고 이행한 경우 면책되며, (ii) 채무자는 채권이 양도되지 않은 것처럼 양도인에 대하여 상계할 수 있는 모든 권리를 보유한다.[15] 물론 이러한 내용들은 (i) 채무자가 양도에 동의한 경우, (ii) 채무자가 양수인으로 하여금 합리적인 근거를 기초로 그러한 금지 또는 제한이 없다고 믿게 한 경우, (iii) 양도된 채권이 물품 또는 용역의 제공에 대한 지급을 청구할 수 있는 권리인 경우에 그 적용이 배제된다.[16] 앞의 (iii)은 일반적으로 매출채권에 대한 특별규정으로 EU 회원국의 내국법에는 찾아볼 수 없고, 많은 국제조약이나 북미국가들에서 찾아볼 수 있다. 이러한 경우 채권양도는 그 자체로서 완전한 효력을 발생하고 채권양도통지를 받은 채무자는 양수인에게 지급하여야 한다. 이는 팩토링제도와 같이 장래 계속적인 채권채무관계에서 외상매출채권을 팩터(보통은 금융기관)에게 양도하는 유형에서 인정된다.[17] 계약상 금지 또는 제한에도 불구하고 채권이 양도 가능하다는 사실은 그 금지 또는 제한의 여하한 위반에 대한 양도인의 채무자에 대한 책임에 영향을 미치지 아니한다.[18]

(4) 채권자에게 일신전속적인 권리

이행에 대한 권리로서, 이행의 성격 또는 채무자와 채권자 간의 관계에 비추어 채무자가 채권자 외의 다른 자에게 이행하도록 합리적으로 요구될 수 없는 채권은 양도할 수 없다.[19] 저작 출판권의 양도계약이나 근로계약처럼 양도에 따른 출판사의 변경이나 사용자의 변경은 출판사에 대한 저작권자의 신뢰나 사용자에 대한 근로자의 신뢰를 해할 우려가 있어 이러한 유형의 채권양도는 대

---

14) DCFR III.-5:108조 1항.

15) DCFR III.-5:108조 2항.

16) DCFR III.-5:108조 3항.

17) von Bar, 1035면 참조.

18) DCFR III.-5:108조 4항.

19) DCFR III.-5:109조 1항. PECL 11:302조.

체로 허용되지 않는다. 만약 이러한 속인성의 성질로 인하여 양도행위가 무효이면 양수인은 양도의무를 불이행한 양도인으로부터 입은 손해를 회복할 권리를 갖는 것이 보통이다.[20] 참고로 독일 법에서는 채권양도에 따라 채무자의 이행의 실질이 변경되게 되는 경우(독일 민법 399조)이거나 채권이 채권자의 속인적 요소에 관계되는 경우 그 채권은 양도할 수 없다. 벨기에 법, 프랑스 법, 룩셈부르크 법, 그리스 법, 네덜란드 법에서도 견해는 같다. 마찬가지로 이탈리아 민법 1260조 1항도 명시적으로 속인적 성질의 채권은 양도성이 없는 것으로 하고 있다(자세한 것은 제3절 II. 1. 참조).

3. 합의에 의한 이전만을 대상으로 한다

PECL 제11장(DCFR 제5장 제1절) 또는 DCFR 제3권 제5장 제1절의 적용대상은 합의(계약 또는 법률행위)에 의한 채권의 양도에 한정된다.[21] 법률에 의한 채권의 이전(예를 들면 파산, 사망에 의한 승계, 법정대위에 의한 경우) 또는 일방적 행위(예를 들면 신탁선언[22]에 의한 경우)에는 적용되지 않는다. 합병이나 영업양도처럼 법률에 의해서 권리와 의무가 이전되는 경우에는 그에 관한 해당 실정법이 적용되는 것이 보통이기 때문이다.[23]

4. 계약 이외의 원인에 따라 발생하는 채권

모델법상 채권양도는 계약에 따라 발생하는 금전채권의 지급이나 그 밖의 이행을 요구하는 권리를 우선 염두에 두고 기초되었다. 그러나 그 외에도 일방적 약속에 근거한 금전채권, 계약불이행에 따른 손해배상청구권, 부당이득에 따른 금전채무나 원상회복청구권과 같이 양도성이 있는 그 밖의 채권을 합의에 따라

---

20) von Bar, 1039면 참조.

21) DCFR III.-5:101조 1항; Ole Lando, 87면.

22) 가령 신탁법 3조 1항 3호와 같이 수익자 등을 특정하고 자신의 재산에 관하여 자신을 수탁자로 정한 위탁자의 선언

23) von Bar, 1012면 참조.

양도하는 경우에도 적용된다.[24]

(1) 양도성

'양도성이 있는' 채권이어야 한다. 즉, 계약 이외의 원인에 따라 발생하는 채권 중 그 채권을 규율하는 법률에 근거해 성질상 양도성이 없는 채권은 적용대상에서 제외된다. 예를 들면 강행규정의 우선성에 관한 준칙[25]이나 이행의 성질상 양도인에게 전속인적인 이행에 관계되는 준칙[26] 등에서는 그 권리가 계약에 기한 것이든 아니든 간에 채권의 양도성을 제한하거나 영향을 미칠 수 있다.

(2) PECL 11:101조(적용대상의 범위) 2항에서 규정하고 있는 "별단의 규정이 있는 경우…를 제외하고"라는 문언은, PECL 제11장의 몇몇 규정[27]의 적용대상이 계약에 따라 발생하는 채권에 명시적으로 한정되는 것을 반영한다.

5. 채권양도계약과 채권양도

(1) 채권양도와 채권양도행위의 구별

DCFR은 채권의 이전을 의미하는 채권양도(assignment of a right)와 채권이전의 효과를 의도한 계약이나 법률행위를 의미하는 채권양도행위(act of

---

24) 중재에 맡겨지는 분쟁에 있어서는 다양한 종류의 채권이 포함되는 경우가 있으므로 계약에 따라 발생하는 이행을 요구할 권리의 양도에 적용되는 규정과 밀접하게 관계하는 그 밖의 채권의 양도에 적용되는 그 밖의 모든 규정을 따로따로 규정하면 불편해서 부당한 것이 되고 말 것이다.

25) PECL 1:103조 2항, DCFR II.-7:301조, 302조.

26) PECL 11:302조, DCFR III.-5:109조 – 출판사의 저작자에 대한 저작요구권, 사용자의 근로자에 대한 근로요구권 등의 양도와 같이 성질상 양도가 제한되는 채권.

27) 예를 들어 PECL 11:102조 – 양도성에 관한 규정, 11:201조 2항 – 양도인이 채무자였던 부분이 채권양도로 양수인으로 채무자 교체, 11:204조 b호 – 특별한 사정이 없는 한 계약내용불변경에 대한 양도인의 보증.

assignment of a right)를 구별하는 규정을 두고 있다.[28] 모델법상 채권양도는 채권양도의 계약에서 발생한다. 경우에 따라서는 이 계약은 채권양도 그 자체와는 별개로 이루어지고 채권양도에 선행할 수도 있고 그렇지 않을 수도 있다.[29] 채권양도는 채권양도행위의 그 일부를 구성하고 있다. 채권양도의 계약과 채권양도 그 자체가 단일계약서로 이루어지기도 한다. 그뿐만 아니라 명시적인 계약상의 약속이나 그 밖의 계약조항이 전혀 존재하지 않고 단순한 채권양도만을 하는 것도 있다. 이 경우 계약상의 채무는 묵시의 합의나 법 규정에 의해서만 생긴다. 결국 채권양도에 대해서는 계약으로서의 측면과 이전으로서의 채권양도 그 자체의 효과를 구별할 필요가 있다.[30]

(2) 양도계약의 유·무효가 채권양도의 유·무효에 미치는 영향

몇몇 법체계에서는 계약에 의한 채권양도가 계약에 따라 효과를 일으키는 것으로 취급되어 만약 계약이 무효이면 의도된 이전도 무효가 되는 경우가 있다. 또 다른 법체계에서 채권양도는 별개의 법률행위이며 그 원인이 되는 계약에서 독립하여 원칙적으로 그 계약이 무효라도 영향을 받지 않는 경우도 있다(무인성). 이전은 계약과는 별개의 것으로 볼 수 있지만 계약이 무효이면 영향을 받는 경우도 있다(유인성). 모델법은 이 문제에 대해서 입장을 결정하지 않고 있다. 그러나 PECL 11:304조[31](또는 DCFR Ⅲ.-5:119조) 등을 통하여 채무자의 보호를 꾀하고 있다.

6. 우선하는 강행규정

관련 국제사법상의 규정에 의하면 양도계약을 규율하는 법에 관계없이 본국

---

28) DCFR Ⅲ.-5:102조 1항(assignment of a right)과 2항(act of assignment).

29) DCFR Ⅲ.-5:104조 2항 참조.

30) von Bar, 1014면.

31) 채무자는 채권양도 통지를 받은 후에 그 통지에 있어서 양수인이 되는 자에게 이행한 경우에는 면책된다. 다만, 채무자가 그 자가 이행을 요구할 권리를 가진 자라는 것을 알고 있을 때는 이에 해당되지 않는다.

의 강행규정이 우선 적용된다(PECL 1:103조 2항). 따라서 준거법선택조항에 따라 배제할 수 없다는 점에서 본국의 강행규정이 모델법에 우선한다.

▣ **사례 5**　개인 H는 융자의 담보로 장래의 수입 및 자산 전부를 A에게 양도하려고 했다. 지불을 강제하기 위해 잉글랜드에서 소송이 일어났다. 잉글랜드 법에 따르면 이 채권양도는 양도인에게서 장래의 생계의 수단을 빼앗는다는 효과 때문에 공서에 반하여 무효이다. 잉글랜드 법의 우선하는 강행규정이 본조를 대신해 적용된다.

Ⅲ　적용범위 제외

금융증권, 투자증권, 유통증권, 그 밖의 유통증권 등은 모델법의 적용대상에서 제외된다. 주식과 같은 금융증권 또는 투자증권의 이전은 발행인이 관리하는 등록부 또는 발행인을 위해 제3자에 의해 보관되고 있는 등록부에 등록하여 이행해야 하지만 그것은 모델법상 본 장의 적용대상에서 제외되고 있다. 그 밖의 증권화되어 있는 권리(유통증권이나 동산을 목적으로 권원이 증권화되어 있는 채권)는 필요하면 배서와 함께 교부하여 이전할 수 있지만 그 이전에 대해서도 마찬가지이다.[32]

1. 금융증권 및 투자증권

등록된 금융증권 또는 투자증권으로서의 성질을 지닌 채권이나 주식의 소지인은 발행자에 대해서 지급청구권을 가지고 있지만, 이런 증권은 채권법에 따른 일반적인 권리와는 기본적으로 다르다. 이러한 증권의 이전은 특별법에 따라 일반적으로 발행인의 등록부에 등록하는 것이 요건이 될 것이다.

---

32) PECL 11:101조 3항.

2. 유통증권

환어음 그 밖의 유통증권이 일련의 계약관계를 발생시키는 경우가 있다고 해도 유통증권에 따른 권리의 이전은 통상은 채권양도에 의해서가 아니라 필요하면 배서와 함께 교부함으로써 효과가 생긴다. 증권상 책임을 지는 당사자의 채권은 현재의 소지인에게 지불하는 것이며 그 자는 최초의 수취인과는 다른 경우이므로 채권양도에 있어서 이전통지는 필요 없다. 증권의 소지인이 아닌 양수인에게 지불한 경우에는 채무자는 소지인에 대해서도 책임을 진다. 또한 유통증권은 그 성질상 채권양도에 적용되는 준칙과는 명확하게 다른 독자적인 준칙에 따른다. 예를 들면 유통증권을 유상으로 취득하면서 양도인의 권원의 하자를 몰랐던 자는 그 하자나 양도인에 대해서 주장 가능한 항변에 의해 영향을 받지 않는다. 이에 비해서 채권양도의 양수인은 이런 사유로부터 영향을 받는다.

이러한 유통증권은 여기서의 적용대상에서 제외되지만 그것이 원인채권의 양도를 꼭 방해하는 것은 아니다. 채권양도는 유통증권의 교부를 포함하지 않는 재산의 포괄양도의 경우에 가장 자주 발생할 것이다. 유통증권화되어 있는 금전채권이 양도되는 경우, 유통증권은 일반적으로 증권의 소지인을 채권양도의 양수인에게 우선시킨다. 이것도 본 장의 적용대상이 되는 사항은 아니다. PECL 제11장 제4절[33]에서 규정하는 우선성에 관한 준칙은 경합하는 채권양도에 한정된다.

3. 그 밖의 유통증권

그 밖의 유통증권이란 등록되지 않은 주식, 사원 지분, 채권, 어음을 목적으로 시장에서 발행된 권원증권이다. 유통증권의 경우와 마찬가지로 증권화되어 있는 권리는 증권의 교부에 의해 이전된다. 유통증권에 관한 앞의 설명은 그 밖의 유통증권에 대해서도 마찬가지이다.

---

33) '제4절 양수인과 경합하는 권리주장자 사이의 우선순위' 참조.

4. 동산을 목적으로 하는 권원증권

동산을 목적으로 하는 권원증권도 마찬가지이다. 권원증권은 그 자체가 채권은 아니지만 동산의 인도청구권의 증거가 되는 것이 있다. 이러한 증권을 발행한 운송인이나 수기자의 채무는 현재의 소지인에 대한 것이며 그 자는 반드시 최초의 하송인이나 기탁자는 아니기 때문에 동산의 인도청구권은 선하증권, 창고증권, 그 밖의 권원증권의 교부에 의해 이전된다.

 IV 일부양도

일부양도와 관련하여 PECL은 "분할할 수 있는 채권은 그 일부분을 양도할 수 있다. 다만, 이에 따라 채무자의 비용이 증가했을 때는 양도인이 채무자에 대해서 책임을 진다."고 규정하고 있다.[34] 반면에 DCFR에서는 이를 금전적 채무와 비금전적 채무로 나누어 규율한다.[35]

1. 가분성

채권자는 채권 전체가 아니라 채권양도 거래의 목적을 달성하기 위해 필요한 부분만을 양도하고 싶어 하는 경우가 있다. 예를 들어 회사가 제3자에 대한 2억 유로의 금전채권을 가지고 있는 경우에 그것을 담보로 하여 거래은행에서 3천 유로를 차입하려고 할 때는 그 금전채권 중에서 차입금에 대해서 적절한 담보가 되는 부분을 양도하고 싶어 할 것이다. 마찬가지로, 도매업자가 일정한 양의 대체 가능한 물건을 2개의 위탁판매품으로 나누어 인도하되 각각 따로 지불이 이루어지도록 하는 계약에서, 전체 양의 반씩에 대해서 두 명의 매수인에게서 주문을 받았을 때는, 그 도매업자는 제1의 위탁판매품에 대한 권리를 한쪽

---

34) PECL 11:103조.

35) DCFR III.-5:107조. DCFR에서는 금전채무와 비금전채무로 나누어서 규율하고 있다.

의 매수인에게, 그리고 제2의 위탁판매품에 대한 권리를 다른 매수인에게 양도하고 싶어 할 것이다.

채권의 일부를 양도할 수 있는지 여부는, 명시적 또는 묵시적 계약조항에 따라 그 채권을 분할할 수 있는지의 여부에 달려 있다.

(1) 금전채권

금전채권은 분할할 수 있는 것으로 추정된다. 통상 계약이행이 가능하기 때문이다. 그러나 일부양도로 인하여 채무자의 비용이 증가한 경우 채무자는 그 상환을 요구할 수 있다.[36) 금전채권은 분할할 수 있다는 추정은 계약조항에 따라서 배제할 수 있다.

　사례 1　L은 B에게 1만 유로를 빌려주었다. L은 1만 유로의 금전채권의 일부인 4천 유로에 대한 권리를 A에 양도할 수 있다. B에게 추가적인 은행수수료가 생기는 경우, B는 L에게 그 상환을 요구하거나 또는 그것과 L에 대한 책임을 상계하는 권한을 가진다.

(2) 비금전채권

비금전채권의 경우 그 채권이 분할될 수 있는 것으로 추정되는 것은 일반적으로 채무자가 양도된 부분의 채권에 대해서 분할이행할 권리를 가질 때뿐이다. 그렇지 않으면 계약 전체의 이행을 분할하도록 요구하는 것은 채무자에게 부당할 것이다. 분할이행은 급부와 반대급부의 관계 속에서 채무자에게는 불리하게 작용할 수 있기 때문이다. 예를 들어 집합건물주택의 건축계약과 같이 일 전체에 대해서 계약이 체결되는 경우, (구분소유인) 집 한 채에 영향을 주는 하자가 있다고 하더라도, 그것 때문에 주문자가 계약을 해제하는 것을 정당화할 만한 중대한 불이행이 있다고 할 수는 없을 것이다.

그러나 그 집이 매각되고 그 집에 관한 주문자의 권리가 구매자에게 양도될 때는 그 하자는 계약의 양도된 부분과의 관계에서 중대한 불이행이 있게 되는 것이다. 그러면 건축계약 가운데 양도된 부분에 대해서는 양수인이 해소할 수

---

36) PECL 11:103조, DCFR Ⅲ.-5:109조 3항.

있지만, 집합건물주택의 나머지 집에 대응하는 부분에 대해서는 구속력이 유지된다는 불합리한 상황이 발생할 것이다. 따라서 그 경우에는 일부양도는 할 수 없다. 계약 전체에 대해서 대금이 정해져 있는 경우에 그것을 분할해서 지급할 수 있을 때도 마찬가지이다. 양도된 부분에 대해 독립해서 지급하는 내용이 계약에 있는 경우에는 상황이 다르다. 그 경우에는 그 효과로 계약 속에 또 하나의 계약을 만들게 되는 결과, 각각의 채권부분이 별개의 것으로 취급되며, 그 일부의 양수인은 양도인이 그 부분과의 관계에서 가지고 있던 권리 그 이상의 권리를 갖지 않기 때문이다.

☞ 사례 2 S는 B에게 컴퓨터 100대를 매각하는 계약을 체결했다. B는 25대씩 4회 분할로 인수받기로 하였다. B는 인도받을 1~3회분의 권리를 A에게 양도할 수 있다. 그러나 각 회의 일부분(가령 2회분 25대 중 15대)에 대해서 인도받을 권리를 양도할 수 없다. 그것을 인정하면 S는 각 회당(가령 25대 중 일부를) 분할할 수 없다고 규정하는 계약의 이행을 분할하지 않으면 안 되게 되기 때문이다.

☞ 사례 3 F는 C에게 도구창고를 포함한 공장건설을 2천만 유로에 주문했다. 대금은 건축사의 증명서와 교환으로, 분할하여 지급하기로 했다. 공장의 나머지 부분을 제외하고 도구창고를 A에게 5만 유로에 매각해도, F는 (도급)계약에 따라 도구창고에 관한 권리를 A에게 양도할 수 없다. 그 도급계약은 일체의 계약이며 그 계약상의 이행은 분할할 수 없기 때문이다.

☞ 사례 4 사례 3과 동일한 사실에 있어서 계약상 도구창고에 대해 별개로 가격이 정해져 있으며 도구창고의 건설이 완성되었을 때 그 이행기가 도래하는 것으로 되어 있다고 한다. 도구창고를 매각하면 F는 도구창고의 건설에 관한 권리를 양도할 수 있다.

2. 담보 또는 그 밖의 부종적인 권리

PECL 11:103조(DCFR Ⅲ.-5:109조)에 따른 채권의 일부양도는 채무자의 채무이행을 담보하는 담보권 및 그 밖의 부종적인 권리를 비율적으로 이전하는 것을 포함하여(PECL 11:201조 1항 b호, DCFR Ⅲ.-5:115조) 양도성이 있는 독립된 권리 전부를 비율적으로 이전하는 의무를 양도인에게 부과한다(PECL 11:204조 c호, DCFR Ⅲ.-5:112조 6항).

3. 채무자의 보호

채권의 일부양도는 채권의 복수화에 따른 비용증가와 불편으로 인해 채무자 입장에서는 불리할 수가 있다. 현실에서도 채무자 중 일부양도를 바로 인정하는 경우는 드물 것이다. 이에 모델법에서는 (i) 채권의 일부양도에 채무자의 동의를 요구하거나[37] (ii) 일부양도로 인해 채무자에게 추가지출이 발생하는 경우, 채무자는 양도인에게 그 비용의 상환을 요구하거나 비용상환청구를 금전채무와 상계하는 것을 선택할 수 있도록 하고 있다.[38]

그런데 추가비용의 상환청구권이 채무자 보호에 적절하지 않는 경우가 있을 수 있다. 가령 채권자 다수의 일부양도가 채무자에게 영업의 혼란이나 기타 견디기 어려울 정도의 불편한 원인을 야기하는 경우이다. 채권 전체에 대해서 분쟁이 있는 경우에는 보다 많은 위험이 있으며 어떤 점에서 보다 심각한 위험이 발생한다. 그 경우 채무자는 어떤 절차에서 이미 항변하는 증거를 제출했다고 하더라도 그 후의 절차에서 다시 이를 반복할 부담을 지게 된다. 그리고 절차에서 인용되는 채무자의 항변이 따른 절차에서는 기각되는 등 모순되는 판단 위험이 존재한다. 이런 경우에는 채무자의 보호는 절차에 적용되는 법에 맡기지 않을 수 없다.

---

37) DCFR Ⅲ.-5:107조 2항.

38) PECL 11:103조, DCFR Ⅲ.-5:109조 3항.

Ⅴ 채권양도의 방식

1. 불요식의 원칙

(계약으로서가 아닌 이전으로서의) 채권양도에 관한 방식은 법역마다 현저하게 다르다. 구두나 서면 또는 일정한 행위에 의해 추단되는 경우(예를 들어 대여금의 담보로서 은행에 의해 보유되어야 한다는 의도에서 채권자가 은행에 계약서를 기탁하는 경우) 등이 있을 수 있다. PECL은 채권양도에 서면을 요구하지 않으며 방식에 관한 그 밖의 어떠한 요건에도 따르지 않는 것을 원칙으로 하고 있다.[39]

그런데 양도인과 양수인의 관계에서는 구두에 의한 채권양도의 유효성을 인정하면서도 채무자 및 (채무자의 파산관재인이나 일반채권자를 포함하는) 제3자를 구속하기 위해 채권양도에 서면을 요건으로 하는 경우도 있다. PECL은 제 11:104조에서 채권양도가 구두로 이루어지거나 행위양태에서 추단되는 경우를 인정하고 있다. 그러나 (a) 채권양도가 방식상 유효하기 위한 요건, (b) 채무자가 양도인에게 이행을 하는 것을 가로막는 상황(예를 들면 채권양도의 통지의 수령), (c) 양수인이 채무자에게 이행을 요구하기 위해 충족되어야 하는 요건, (d) 양수인의 우선성을 보전하기 위한 요건들은 구별할 필요가 있다. PECL 11:104 조는 (a)만 관련된 것이다. (b)와 (c)문제는 11:303조(채무자의 의무에 대한 효과)에서 다루어지는데, 그곳에서 채무자에게 양도효력을 주장하려면 서면에 의한 통지가 필요하다. (d)는 11:401조에서 다루어진다. 선행하는 채권양도가 존재하지만 그 양수인이 통지를 하지 않은 경우에는 그 양수인에 대한 우선성을 보전하기 위해서는 채무자에 대해서 통지하는 것(서면에 의할 필요는 없다)이 요건이 된다. 본조는 채권양도에 대해서 어떠한 방식도 요건으로 하지 않지만 채권양도의 통지를 한 사람이 양수인인 경우, 채무자에게는 채권이 양도된 것에 대한 증거를 제시하도록 요구할 권리가 있다(PECL 11:303조 2항).

---

39) **PECL 11:104조(채권양도의 방식)** 채권양도는 서면을 요구하지 않으며 방식에 관한 그 밖의 어떠한 요건에도 따르지 않는다. 채권양도는 증인을 포함한 어떠한 방식에 의해서도 증명할 수 있다.

2. 채무자에 대한 통지 – 본질적인 요건이 아니다

(1) 채권양도와 관련해서 채무자에 대한 통지는 양도의 본질적인 요건은 아니다. 물론 몇몇 법체계는 채권양도에 대해서 채무자에 대한 통지 그 밖의 공시행위가 없는 경우(예를 들면 양도인의 회계장부에 등록이 되지 않은 경우), 채권양도는 그 당사자를 제외하고 유효하지 않는 경우가 있다. 즉, 이러한 통지 그 밖의 이와 동등한 행위가 존재하지 않으면, 채권양도는 양도인의 파산에 있어서의 무담보채권자에 대해서조차 무효이다.

(2) 그러나 양도인과 양수인 사이에서 채권양도의 유효성과 관련하여 통지는 적어도, 예를 들면 악의로 행위를 한 제2양수인과 같은 제3자(채권양도에 대하여 대항할 수 있는 범주의 제3자)가 존재하지 않는 한 재산권의 관계에서는 그다지 의미가 없다.[40]

(3) 그 밖의 법체계에서 채무자에 대한 통지는 채무자로 하여금 양수인에게 이행할 의무를 부과함으로써 열후한 양수인에 대해 우선성을 보전시키는 요건으로 기능하지만, 양도인의 파산에 있어서 채권양도가 유효하기 위한 전제요건으로는 되어 있지 않다. 후자의 생각은 본조 및 11:201조부터 11:203조에서 채용하고 있는 것이다. 여기에는 두 가지 이유가 있다. 첫째, 통지의 요건이 목적에 얼마나 유용한 도움이 되는가 하는 의문과 관계가 있다. 채무자에 대한 통지는 (예를 들면 등록에 의한) 공시와 동등한 것이 아니다. 채무자에 대한 통지는 채무자만이 알 수 있기 때문이다. 통지의 요건은, 예를 들면 파산법상 (채권자의 평등권을 침해하는, 부인권의 대상이 되는) 편파행위에 관한 규정을 잠탈할 목적으로 서로 공모하여 채권양도의 날짜를 소급시켜 앞당기는 등의 행위 등을 방지하는 데에는 (통지가) 도움이 될 수 있다. 그러나 채권양도의 일자가 문제 되는 일은 거의 없으며, 또한 채권양도의 일자는 보통 다른 방법에 의해서 증명할

---

40) EU 회원국 대부분은 무상이 아닌 금전채무의 양도가 양도인과 양수인 사이에서 방식상 유효하기 위한 요건을 정하지 않는다. 오스트리아, 벨기에, 잉글랜드, 이탈리아, 룩셈부르크, 포르투갈, 스코틀랜드, 스페인, 북유럽 제국이 그러하다.

수 있다. 둘째, 통지를 본질적인 요건으로 하지 않은 보다 중요한 이유는, 통지는 대출(채권양도에 의한 대출시스템: 융자를 위하여 현재 또는 장래 계약에 따라 발생하는 계속적인 일련의 금전채권의 양도) 등에 유익하지 않기 때문이다. 사물의 내용이나 성질상 보통은 장래의 채무자를 양도 시점에서 특정할 수는 없다. 또한 최근에는 특히 팩토링거래에 있어서 통지형 융자에서 비통지형 융자로의 급속한 전환이 있다(송장할인(invoice discounting)으로도 알려져 있다).

비통지형융자의 이용은 양도인으로 하여금 양수인에 대한 금전채권의 채권양도의 유효성에 밀접하게 의존하게 하고 있다. 따라서 채무자에 대한 어떠한 통지를 채권양도의 본질적인 요건으로 해 버리면 채권양도에 의한 융자 일반, 특히 비통지형융자를 심하게 저해할 수도 있다.

제2절 ── 양도인과 양수인 간 채권양도의 효과

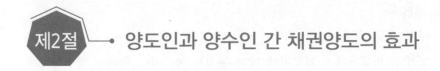

I 양수인에게 이전되는 권리[41]

1. 주된 권리의 이전

채권양도의 주된 효과는 양도대상채권(또는 채권의 일부분), 즉 채무자에 대해서 갖는 지급 또는 이행을 요구할 권리가 이전된다는 점에 있다(PECL 11:201조, DCFR Ⅲ.-5:115조). 양수인은 신채권자가 된다. 이러한 효과는 양도인과 양수

---

41) **PECL 11:201조(양수인에게 이전되는 권리)** (1) 채권이 양도되었을 때는 다음에서 열거하는 모든 권리가 양수인에게 이전된다. (a) 양도대상채권에 대해서 양도인이 갖는 이행을 요구할 권리 전부, (b) 그 이행을 담보하는 부종적인 권리 전부. (2) 계약에 따라서 발생하는 채권의 양도와 함께 동일한 계약에 따라 양도인이 부담하는 채무에 대해서 양수인이 채무자로서 양도인과 교체할 때는 12:201조에 따르는 다른 조항이 적용된다.

인의 관계에만 영향을 준다(PECL 11:201조, DCFR Ⅲ.-5:108조).[42] 채권이 양도되면 양도채권은 양 당사자의 합의에 따라서 진정한 양도로서 또는 담보를 위한 양도로서 양수인에게 귀속된다.

(1) 채권양도 그 자체로 채무자가 양수인에게 이행할 의무를 직접 부담하는가

그렇지 않다. 그러한 의무는 11:303조(또는 DCFR Ⅲ.-5:119조)에 정해진 요건이 충족(예: 서면에 의한 통지 또는 양도사실의 인식)되는 경우에만 발생한다. 그리고 그 경우에도 PECL 11:304조(또는 DCFR Ⅲ.-5:116~119조)에 따른 채무자의 항변 및 상계권을 포함한 규정들에 따른다. 즉, 채무자가 채권양도의 통지를 받기 전에 성실하게 양도인에게 자신의 채무를 이행한 경우 면책된다.[43]

(2) 우선성의 문제

이러한 규정들은 우선성의 문제를 다루는 것은 아니다. 하지만 채권의 이중양도는 제2양도의 유효성에 영향을 주는 것이 아니라 우선순위의 문제를 발생시킨다(PECL 11:401조). 즉, 채권양도의 통지를 하지 않은 제1양수인은, 채권양도 통지를 한 제2양수인이 채권자로 대체되는 것을 감수하여야만 한다(우선성의 문제. 이 문제와 관련하여 DCFR Ⅲ.-5:121조 1항 참조).[44] 마찬가지로 양도인이 파산한 경우 양수인 권리의 우선순위는 PECL 11:401조 4항에 따라 규율된다.

2. 구제수단의 이전

채권이 양도된 경우에는 장래의 불이행에 대해서 손해배상 및 이자를 청구할 권리도 계약의 묵시적 조항에 따라 이전된다. 이는 양수인이 채권자라는 사실에서 귀결된다. 채권양도에 의해 이전의 불이행에 대해서 취득한 권리도 이전되는지의 여부는 채권양도의 계약조항에 달려 있다.

---

42) 채권의 양도에 대한 계약상의 금지 또는 제한은 채권의 양도성에 영향을 미치지 않는다.

43) von Bar, 1055면.

44) von Bar, 1055면.

3. 부종적인 권리의 이전

채권이 양도된 경우에는, 부종적인 권리(일부양도의 경우에는 그런 권리의 할부적 부분)도 이전된다(PECL 11:201조, DCFR Ⅲ.-5:115조). 채무자의 이행을 담보하는 것, 예를 들면 보증채무나 준거법에 따라서 채권에 부종적인 것으로 취급되는 채무가 변제되었을 때 소멸하는 형태의 부동산담보가 그러하다. 대부분의 법체계에서는 부종적인 권리의 이전은 채권양도에서 고유의 것이기 때문에 합의에 의해 배제할 수 없다고 본다. 그것을 인정하면 양도인에게 이미 귀속되지 않은 채권에 대해서 그 담보를 양도인에게 맡기는 것이 되므로 양도인도 양수인도 그 담보를 실행할 수 없게 되기 때문이다.

그러나 이행을 담보하는 취지이지만 성질상 부종적인 것이 아닌 권리도 있다. 예를 들면 은행이 발행하는 청구보증장(Demand Guarantees, 또는 독립보증)이나 보증신용장(Stand-by L/C)은 특정의 서면이 작성되면 채무자의 불이행이 실제로 발생하는지의 여부를 불문하고 지급요구가 가능하다. 즉, 채무불이행이라는 요건은 채무자와 채권자의 내부관계에 있어서만 존재하고 은행에 의한 지급약속에는 존재하지 않는다. 마찬가지로 성질상 무인의 부동산 담보도 존재한다. 예를 들면 독일의 토지채무는 담보적 기능을 목적으로 하지만 채무자의 불이행을 요건으로 하지는 않는다. 이런 권리는 부종적인 것이 아니기 때문에 채권양도에 따라 자동적으로 이전되지 않으며 양수인에게 귀속시키려 한다면 별개의 계약 등을 통하여 이전되어야 한다(PECL 11:204조 c호 참조).

4. 채권양도와 양도인이 갖는 반대급부(채무)의 양수인으로의 이전
(양수인의 채무자로서의 교체)

채권양도와 함께 채무자에 대한 양도인의 반대급부채무에 대해서 양도인 대신 양수인이 변제할 책임을 지도록 합의된 경우에는 PECL 12:201조 2항 (DCFR Ⅲ.-5:302조 3항)에 따라 PECL 11:201조 2항(DCFR Ⅲ.-5:115조 2항)이 적용된다.[45] PECL 12:201조는 계약상대방의 동의를 요건으로 함으로써 양도

---

45) Ole Lando/Hugh, 『유럽계약법의 원칙 제3부(Principles of European Contract Law Part Ⅲ)』

인이 안고 있던 부담을 유효하게 인수하기까지 양수인은 양도받은 권리에서 이익을 얻지 못하도록 한 것이다.

채권양도의 효력발생 시점

채권양도가 발생하는 시기 또는 채권양도의 효력발생 시점과 관련하여 PECL 11:202조[46]와 DCFR Ⅲ.-5:114조는 내용상 현재의 채권과 장래의 채권양도를 나누어 구별하고 있는 점에서 비슷하지만 그 규정 형식에서 PECL은 '양도에 관한 합의 시점'을 DCFR의 경우 '채권양도의 요건충족 시점'을 채택하고 있다는 점에 차이가 있다. 게다가 DCFR Ⅲ.-5:114조 3항[47]에서는 PECL에 없는 연속적 양도행위의 경우 그 발생 시점에 관한 규정을 두고 있다.

1. 현재의 채권양도

채권양도의 합의 시점에 채권이 존재하고 있는 경우, 채권양도는 그 시점에서 효과가 발생한다. 다만 그 효과의 발생을 연기하는 것을 합의한 때는 그렇지 아니하다. 양도된 금전채권의 이행기가 도래하는 것은 필요하지 않다. 이행기가 장래 도래하는 현재의 채권(a debitum in praesenti, solvendum in futuro)과 같

(2003), 99면 ; von Bar, 1056면.

46) **PECL 11:202조(채권양도의 효과발생 시점)** (1) 현재의 채권의 양도는 채권양도의 합의가 된 시점 또는 양도인과 양수인이 합의한 그 후의 시점에서 효과가 생긴다. (2) 장래의 채권의 양도는 양도대상채권이 발생하는 여부에 관계되지만 그것이 발생하면 채권양도의 합의가 된 시점 또는 양도인과 양수인이 합의한 그 후의 시점에서 효과가 생긴다.

47) **DCFR Ⅲ.-5:114조(양도가 발생하는 시기)** (3) Where the requirements of Ⅲ.-5:104(Basic requirements) are satisfied in relation to successive acts of assignment at the same time, the earliest act of assignment takes effect unless it(연속된 양도행위에 관하여 Ⅲ.-5:104조의 요건들이 동시에 충족된 경우, 달리 정함이 없는 한 가장 이른 양도행위의 효력이 발생한다).

이 채권이 현재 이미 있는 계약에 근거해 발생하는 것이면 충분하다.

📑 **사례 1**   3월 1일 C는 O와 공장건설계약을 체결했다. 대금은 2억 유로로 하고 그 지급은 건축기사의 증명서와 교환으로 분할하여 이행하기로 하였다. 6월 1일에 C는 그 제권리를 A에게 양도했다. 최초의 증명서는 8월 12일에 발행되었다. 이 채권양도는 6월 1일에 효과가 발생한다.

2. 장래의 채권양도

채권이 그 발생 전에 양수인에게 귀속되지 않는 것은 명백하다. 그러나 일단 채권이 발생하면 채권양도는 그 합의 시점에 효과가 발생한다. PECL 11:202조 2항에 근거해 발생하는 이 소급효는 주로 우선순위의 문제(11:401조)에 있어서 중요하다. 다만 이 소급효는 채권양도의 유·무상성 판단에도 중요할 수 있다. 왜냐하면 채권양도 후 그리고 채권 발생 전에 주어졌던 대가는 새로운 대가이지 과거의 대가가 아니기 때문이다.

본조 1항과 같이 2항에 따라 당사자는 본조가 정하는 것보다 나중 시점까지 채권양도 효과의 발생을 늦추는 것을 합의할 수 있다(장래의 채권의 양도에 대해서는 이 책의 38면 참조).

📑 **사례 2**   9월 1일 부동산개발업자 X는 현재 공사 중인 부동산에 대해서 그 구매자와의 사이에서 장래 체결하게 되는 매매계약에 근거하여 권리 전부를 거래은행 Y에게 양도했다. 그런데 그해 10월 1일 X는 은행 Z에게 같은 채권을 팔았다. 공사는 다음 해에 완성되어, 그해 8월 10일에 X는 부동산 중에서 하나를 P에게 매각했다. X의 대금채권의 양도는 매매계약이 체결되는지의 여부에 의존하지만 그것이 체결되면 그 효과는 먼저 양도계약을 체결한 Y은행과의 관계에서(즉, 전년도 9월 1일부터) 효과가 발생한다.[48]

---

48) von Bar, 1053면에서 소개된 사례. 이 사례는 Ole Lando, 100면의 사례 2를 약간 변형한 것이다.

☞ **사례 3** 목재상 S는 F와 팩토링계약을 맺고, 그 계약에서 고객에게 목재를 매각함으로써 발생하는 매월의 금전채권을 F에게 신청 매각하기로 약속하였다. 그 계약에서는 그러한 채권에 관한 신청을 F가 승낙했을 때 팩토링매매계약의 효력이 발생하는 것으로 정하여져 있었다. 어떤 금전채권군에 대해서 5월 15일에 F에게 신청이 되어 5월 20일에 승낙이 되었다. 이러한 금전채권의 양도는 5월 20일에 효과가 발생한다.

Ⅲ 양도인에 대한 양수인의 권리의 존속[49]

1. 양도금지조항을 가진 채권양도의 채무자에 대한 효력

앞에서도 언급한 바와 같이 채권의 양도에 대한 계약상의 금지 또는 제한은 채권의 양도성에 영향을 미치지 않는다.[50] 다시 말해서 그 금지나 제한을 위반한다고 하더라도 이는 채무자에게는 영향을 미치지 않는다는 의미이고 이 위반은 양도인과 양수인의 관계와는 무관하다. DCFR Ⅲ.-5:108조 그리고 PECL 11:301조 및 11:302조에 정해진 규정은 그러한 채무자를 보호하는 취지이다. 채권양도가 양도금지조항에 따라 채무자에 대해서 구속력을 갖지 않는다고 해도 그것이 양도인에 대해서도 효력이 없다고 할 이유는 없다.

일반적으로 이행청구권은 채무자와의 관계를 포함하기 때문에 PECL 11:203조의 취지는, 채무자가 양도인에게 이행한 경우에 양도인은 양도대상채권에 대해서 채무자에게서 받은 것을 전부 양수인에게 인도해야 한다는 것이다. 본조는 양도인이 그동안에 파산한 경우의 (양수인의) 지위를 다루는 것은 아니다. 그것은 파산에 적용되는 법에 맡겨진 문제이다.

---

49) **PECL 11:203조(양도인에 대한 양수인의 권리의 존속)** 채권양도는 11:301조 및 11:302조에 근거해 채무자에 대해서 무효일 때에도 양도인과 양수인 사이에서는 유효하며 양수인은 양도인이 채무자에게서 받은 것을 청구할 권리를 가진다.

50) DCFR Ⅲ.-5:108조 1항.

☞ **사례** S는 40만 유로에 지방공공단체 L을 위한 도로건설공사를 맡았다. S와 L의 계약에서는, S에 의한 채권양도를 금하는 조항이 포함되어 있었다. 그럼에도 불구하고 S는 거래은행 B에 100만 유로의 융자담보로 자신의 권리를 양도했다. S는 도로공사를 완성시켰다. L은 이 채권양도를 무효로 하는 권리를 행사하고 S에게 40만 유로를 지불했다. B에게는 같은 금액을 S에게 청구할 권리가 있다.

2. EU 내 각국의 입법 태도

대부분의 EU 회원국의 실정법들은 채권양도가 채무자에 대해서 무효인 경우(이에 대해서는 PECL 11:301조 및 11:302조를 참조), 양도인과 양수인 사이에서는 어떠한지에 대하여(유·무효 여부에 대하여) 침묵하고 있다. 독일의 판례 및 다수설은 채권양도는 양도인에 대해서조차 무효라고 하고 있다.[51] 잉글랜드의 경우 정해져 있지 않은데, 양도금지에 반하는 채무양도는 절대적으로 무효라고 한 판례가 있다.[52]

Ⅳ 양도인에 의한 보장

권리양도를 위한 계약이나 법률행위를 할 때 일반적으로 권리를 양도한 사람에게 일정한 의무를 부담시키는데, 가장 기본적인 의무는 계약 또는 법률행위에 따라 권리를 양도하는 것이다. 이러한 양도 계약 또는 법률행위 속에는 일반적으로 양수인이 거래의 이익을 얻을 수 있게 양도인이 보장하는 내용을 포함한다. 이러한 양도인의 보장 또는 보증(warranties)은 채무자에 대한 양도인의 법적 권리에 관한 보증과 양수인의 권원을 실현하기 위해 필요한 추가적인 행위를 하는 보장으로 국한된다. 이러한 보장은 더 나아가 채무자의 채무불이행

---

51) BGH 31 Oct. 1990, BGHZ 112, 387, 389. BGH 27 May 1971; BGHZ 56, 228, 230; Staudinger (-Kaduk) §§ 399, nn. 85ff.).

52) Helstan Securities Ltd. v. Hertfordshire County Council [1978]3 ALL E. R. 262.

이 있을 때 양도인이 이행에 대해 책임을 지도록 하거나 또는 양도대상채권을 양도인이 되사는 방식으로 하는 경우도 있다. 이와 같은 조항이 없으면 양도인이 채무자의 불이행에 대해서 책임을 지지 않는다는 것이 통상적 기준이다. 이는 PECL 11:204조,[53] DCFR Ⅲ.-5:112조에서 채용되고 있는 방식이기도 하다. 예를 들어 DCFR Ⅲ.-5:112조 7항에서는 "양도인은 채무자가 지급능력을 가지거나 가질 것임을 보장하지 아니한다."고 규정하고 있다. 하지만 PECL 11:204조(DCFR Ⅲ.-5:112조)는 양도대상채권이 법적으로 가치가 없는 것일 때 또는 우선하는 당사자의 이익에 따를 때, 아니면 채권 발생의 기초가 되는 계약의 변경으로 인해 가치가 감소했을 때 양수인을 보호하기 위해 양도인에 의한 일련의 보장을 채권양도에 포함하는 기능을 발휘한다. 대부분의 법역에 있어서 법은 무상의 양도인에게는 이런 종류의 의무를 부과하지 않지만 유상 또는 무엇이 무상인지에 관한 통일적인 개념은 존재하지 않는다. 따라서 PECL 11:204조(DCFR Ⅲ.-5:112조)는 유상의 양도와 무상의 양도를 구별하지 않는다.

1. 양도할 권리의 보장

이와 관련해서 PECL 11:204조 a호(DCFR Ⅲ.-5:112조 2항)는 양도인이 채권을 양도할 권리를 가지고 있음을 보장하는 것을 포함하고 있다. 만약 양도인이 채권을 가지고 있지 않거나 채무자와 양도금지를 합의한 경우, 이 보장에 위반하게 된다. 11:301조 2항은 일정한 요건을 충족한 경우에 양도금지의 약속에

---

53) **PECL 11:204조(양도인에 의한 보장)** 채권의 양도 또는 양도의 표명에 의해 양도인은 양수인에게 다음 사항을 보장한다. (a) 채권양도의 효력발생 시점에 다음의 조건이 충족되어 있을 것. 다만 양수인에게 그것과 다른 것이 명시되어 있는 경우에는 이에 해당되지 않는다. (i) 양도인이 그 채권을 양도할 권리를 가지고 있을 것, (ii) 그 채권이 존재할 것 및 양수인의 권리가 채무자가 양도인에 대해서 주장할 수 있던 항변 또는 권리(상계권을 포함한다)에 의해 영향을 받지 않을 것, (iii) 채권이 우선하는 채권양도 또는 제3자를 위한 담보권 그 밖의 부담에 따른 것이 아닐 것. (b) 그 채권 및 그 채권발생의 기초가 되는 계약이 양수인의 동의 없이 변경되지 않을 것. 다만, 그 변경이 채권양도의 합의에 따른 것이면서 그것이 신의성실에 따라서 행해지고 양수인이 합리적으로 보아 거기에 반대할 수 없는 성질의 것인 경우에는 이에 해당되지 않는다. (c) 부종적인 권리가 아닌 이행을 담보하는 취지의 양도성이 있는 권리 전부를 양도인에게서 양수인에게 이전할 것.

반하여 행해진 채권양도를 유효로 하지만, 동조 3항은 이것이 양도인의 계약위반에 관한 책임에 영향을 주지 않는 것을 분명히 하고 있다.

📝 **사례 1** C는 환가를 위해 매매관계상 D를 채무자로 하는 금전채권들을 X에게 양도했다. 그 후, C는 대출받은 금액의 담보를 위해 동일한 금전채권들을 A에게 양도했다고 표명했다. 이 경우 C는 A에 대하여 채권을 양도할 권리를 보장해야 한다는 규정에 위반한 것이다.

2. 채권의 존재 및 이행의 강제 가능성의 보장

(1) 양도인은 채권양도의 효력이 발생하는 시점에 양도대상채권이 존재할 것과 양도인에 대한 항변 및 상계권에 얽매이지 않을 것을 보장한 것으로 간주된다. 이 보장은 (ⅰ) 채무의 사실적 기초, (ⅱ) 실질적인 유효성, (ⅲ) 방식상의 유효성 및 이행의 강제 가능성, (ⅳ) 양도인에 대한 실체적인 항변 및 상계권의 부존재를 대상으로 한다. 보장은 채무자가 양도인에 대해 원용 가능한 모든 형태의 항변 및 상계권을 대상으로 한다.

📝 **사례 2** C는 D에 대한 대금채권을 A에게 양도하였다. 양도 당시 C는 매매계약에 근거해 매각하고 인도한 상품의 대금채권이 D에 대해서 존재한다고 말하면서 양도했다.
그러나 이와 같은 매매계약은 실제는 체결되지 않았다. C는 양도대상채권이 실제로 존재한다는 보장을 위반한 이유로, A에 대해서 책임을 진다.

📝 **사례 3** C는 D에 대한 대금채권을 A에게 양도하였다. 양도 당시 C는 매매계약에 근거해 매각하고 인도한 상품의 대금채권이 D에 대해서 존재한다고 말하면서 양도했다. A는 대금지급이 없는 것을 이유로 D에 대하여 소송을 했는데 D는 그 상품이 인도되지 않은 것을 이유로 하는 항변을 주장하여 그것이 인정되었다. C는 D가 양도대상채권에 대해 항변을 가지고 있지 않은 것의 보장을 위반했다는 것을 이유로 A에 대해 책임을 진다.

☞**사례 4** C는, C가 채권자이고 D를 채무자로 하는 소비자신용계약에 따른 자신의 권리 전부를 A에게 양도했다. 실정법의 규정에서는 계약에서 신용에 대한 연이율을 명기하는 것이 요건으로 되어 있는데 C는 이 규정을 준수하지 않았다. 그 법률규정에 따르면, 이와 같은 경우 C측에서는 계약의 이행을 강제할 수 없지만 D측에서는 그렇지 않다고 하고 있다. A는 그 계약이 채무자에 대해서 법적으로 이행을 강제할 수 있는 것으로 하는 묵시의 보증을 위반했다는 이유로 C에게 소송을 제기할 수 있다.

☞**사례 5** C는 D에 대한 1만 유로의 대부금반환채권을 A에게 양도했다. D는 대부금반환채권의 이행기가 도래한 것에는 이의를 말하지 않았지만 D가 C에 대해 가지고 있는 다른 계정의 2만 유로의 반대채권으로 상계할 권리를 행사했다. 상계권의 존재는 C의 A에 대한 묵시의 보장에 위반하는 것이 된다.

(2) 그러나 상계권이 존재하는 경우에도 그것이 양수인에게 영향을 미치지 않는 것일 때는 보장의 위반이 되지 않는다. 예를 들면 채무자가 채권양도의 통지를 받은 후에 양도인과 채무자사이의 거래에 따라 반대채권이 발생하는 경우의, 채무자로부터 양도인에 대한 상계가 그러하다(PECL 13:101조를 참조). 또한 보장은 채무자의 행방불명이나 파산을 이유로 하여 이행을 할 수 없는 경우에는 영향을 미치지 않는다.

3. 우선하는 권리의 부존재

(1) 양도행위 이전의 보장

PECL 11:204조 a호(DCFR Ⅲ.-5:112조 2항 e호)에 근거하여, 양도인은 채권이 이미 양도되지 않았다는 사실 또는 약정담보권과 그 밖의 부담에 따르지 않은 것을 보장한다. 예를 들면 양도인이 동일한 채권을 그 이전에 다른 양수인에게 양도한 경우에는 이 보장에 위반되게 된다. 보장은 약정담보권이 존재하지 않는 것에 한정되지 않으며 법정담보권과 그 밖의 부담에도 적용된다.

(2) 양도행위 이후의 보장

PECL에는 없지만 DCFR에서는 양도행위 이후에 관한 보장을 규정하고 있다. 즉, 양도인은 동일한 채권에 대하여 다른 자가 양수인에 우선할 수 있도록 하는 여하한 후속의 양도행위를 하거나 이를 허여하지 않을 것임을 보장한다.[54] 이 규정이 없다면 두 번째 양수인이 통지를 통하여 채권에 대한 우선권을 획득하게 되고 첫 번째 양수인의 채권은 사실상 무의미하게 된다. 따라서 이 규정은 양도 후 재양도를 한 양도인에 대한 구제수단으로서 기능한다.[55]

4. 채권의 기초가 되는 계약이나 법률행위에 관한 양수인의 신뢰보호

계약의 해석과 효과는 대부분 계약당사자들의 의도에 의존한다. 이는 양수인에게 매우 위험할 수 있다. 아주 분명한 의미를 지니는 계약조항을 때로는 아주 다른 의미를 갖는 것으로 당사자들이 동의할 수도 있는 것이다. 또한 원래의 계약당사자들의 비밀스러운 합의에 의해서 양수인이 불측의 손해를 입을 수도 있다. PECL 11:204조 b호(DCFR Ⅲ.-5:112조 3항과 4항)는 이러한 문제를 다루고 있다.[56]

(1) 양도 후 계약내용의 변경

원칙적으로 채권이 이미 양도된 경우에는 양도인과 채무자는 채권이나 그 발생의 기초가 되는 계약의 변경을 자유로 합의할 수 없다고 해야 한다. 다만, 채권양도를 합의할 때 변경을 허용하거나 또는 양수인이 변경에 동의하는 때에는 이에 해당되지 않는다. 그러나 이 원칙을 엄격하게 따지면 상업상 현저하게 불편함이 발생한다. 특히 그 채권양도가 건축도급계약과 같이 양도인(공사수급인) 측의 계속적 이행을 포함하는(아직 이행되지 않은 부분에 해당하는) 권리를 대상으로 하는 경우가 문제이다. 예를 들면 건축도급계약의 이행과정에서는 합리적으

---

54) DCFR Ⅲ.-5:112조 5항.

55) von Bar, 1047면 참조.

56) PECL 11:204조 b호에서는 변경의 문제를 중심으로 규정하는 반면 DCFR Ⅲ.-5:112조 3항에서는 의미해석을 통한 변경을, 4항에서는 양도인과 채무자의 합의에 의한 변경을 다루고 있다.

로 볼 때 예견할 수 없었던 추가공사가 필요해지는 경우와 같이 계약상 변경조항이 적용되지 않은 변경에 대해서 양 당사자가 합의를 필요로 하는 상황이 발생하는 경우가 있다. 또한 변경이, 양도된 권리에는 관계없는 계약부분에 대해 실시되는 경우도 있다. 따라서 PECL 11:204조 b호(DCFR Ⅲ.-5:112조 4항)는 변경이 신의성실(또는 선의)에 따라 이루어지고, 양수인이 합리적으로 볼 때 그에 반대할 수 있는 것이 아닌 경우에는 양수인의 동의 없는 변경을 인정하고 있다.

📖 **사례 6**   건설업자 C는 은행 D와 D의 고객의 증권 그 밖의 귀중품의 보관창고를 건설하기로 합의했다. 그 후, 바로 D는 은행사업을 E에게 양도하고, 건설계약에 따른 권리도 E에게 양도했다. 건설 도중에 그 보관창고의 부지에 관한 어떤 도면에도 나타나지 않은 수맥이 창고 바로 밑으로 흐르고 있어 침수를 막으려면 배수용으로 상당액의 추가비용을 들여 지하펌프를 설치할 필요가 있다고 판명되었다. 그것은 계약의 변경조항에는 포함되지 않지만 그런데도 건축기사는 보관창고가 사용불능이 되지 않도록 하기 위해서는 펌프설치가 불가피하다고 생각해 펌프와 근로비용이 계약상의 대금에 추가되는 것을 표명하고 건설업자에게 필요한 지시를 했다. 이 (추가적인 비용의) 변경은 E의 동의 없이 행해졌다 해도 E를 구속한다.

(2) 권한 없이 변경이 이루어진 경우의 양수인 불구속의 원칙

PECL 11:308조[57]는 11:204조 b호에 따라 양도인이 한 것으로 간주되는 보장을 보완한다. 그러나 채권양도를 아직 모르는 채무자는 계약의 변경이 제한된다고 생각할 이유는 없다. 따라서 채권양도 후 채무자가 채권양도를 알기 전에 한 변경은 양수인을 구속한다. 그러나 양수인은 11:204조 b호에 따른 묵시의 보증의 위반을 이유로 양도인에 대해 (손해배상 등의) 권리를 주장할 수 있다. 다음의 경우에는 채무자는 채권양도의 통지를 받은 후에도 자유로이 변경

---

57) **PECL 11:308조(무권한의 변경에 의한 양수인의 불구속)** 11:303조 1항에 따른 것인지의 여부에 관계없이 채권양도의 통지가 채무자에게 도달한 후, 양수인의 동의 없이 양도인과 채무자의 동의에 따라 이루어진 채권의 변경은 채무자에 대한 양수인의 권리에 영향을 미치지 않는다. 다만, 그 변경이 채권양도의 합의에서 정해졌을 때, 또는 그 변경이 신의성실에 따라 행해지고 양수인이 합리적으로 볼 때 그것에 반대할 수 없는 성질의 것인 경우는, 이에 해당되지 않는다.

을 합의할 수 있다. 그것은 채권양도의 합의 자체에서 변경이 정해진 경우 또는 변경이 신의성실에 따라 행해지고 양수인이 합리적으로 보아 그것에 반대할 수 없는 경우이다. 채무자가 채권양도의 통지를 받은 후에 이루어진 합의의 변경에 양수인은 구속되지 않는다는 일반적인 준칙은 EU의 모든 법역에서 공통된 것이다(예외는 UCC9-405조에 따른 것).

5. 부종적인 것이 아닌 권리의 이전

부종적인 권리도 자동적으로 양수인에게 이전하기 때문에 별도로 양도할 필요는 없다.[58] 그것과 대조적으로 채권에 부종적인 것이 아닌 독립된 권리는 별개로 이전될 필요가 있다. 이에 PECL 11:204조 C호(DCFR Ⅲ.-5:112조 6항)에서는 양도인 측에 양도성이 있으면 그러한 권리도 이전한다는 보장을 포함한다. 이 의무는 합의에 의해서 배제할 수 있지만 부종적인 것이 아닌 권리 중에 양도성이 있는 것에만 적용된다. 예를 들면 채권양도가 양도성이 없는 신용장(신용장에 의거한 채권도 명시적으로 별단의 합의가 되지 않으면 양도성이 없다. 화환어음신용장에 관한 통일규칙 및 관행 48조 b호를 참조)에 의해서 담보가 되는 경우에, 본조는 양도인이 신용장에 의거한 채권을 이전하는 것으로 하는 보증을 포함하는 것은 아니지만 양도인은 신용장에 의거한 채권에서 얻은 수익을 이전하도록 요구할 수 있다(화환어음신용장에 관한 통일규칙 및 관행 49조를 참조).

6. 그 밖의 의무

양도인의 보장과 관련하여 양수인과의 관계에서 양도인에게 부과된 적이 있는 모든 의무를 망라한 것은 아니다.[59] 이는 의무자의 지급능력을 의문으로 하는 사정을 양도인이 모르는 사실의 보장을 포함하는 것은 아니지만, 예를 들면 신의성실 및 공정거래에 관한 PECL 1:201조 및 그 밖의 조문에 따라서 채무자가 지급불능이 될 수 있다는 사정을 알고 있는 양도인은 그것을 고지할 것을 요

---

58) PECL 11:201조 1항 b호 참조.
59) DCFR Ⅲ.-5:112조 7항.

구받은 경우도 있다. 양도 시 또는 이행 시에 채무자의 지급능력을 보증하는 책임은 본조에는 포함되지 않지만 유럽 각국의 법체계도 일반적으로 같은 접근 방식을 채택하고 있다.

제3절 · 양수인과 채무자 간 채권양도의 통지

I 계약상의 채권양도금지[60]

1. 채권양도의 계약상 금지

채권 발생의 원인이 되는 계약에서, 채권자가 채권을 양도하는 것을 금하는 조항이 포함되어 있는 경우 이러한 금지는 원칙적으로 존중되어야 한다. 채무자가 양도금지조항을 삽입하는 것에 상거래상의 충분한 이유를 가지고 있는 경우도 있다. 예를 들면 첫째, 채무자는 양도인보다도 불리한 전혀 모르는 새로운 채권자(양수인)와 거래하는 것을 바라지 않는 경우도 있다. 둘째, 채무자는 통지 없이 양수인에게 지급해야 되는 위험을 피하고 싶은 경우도 있다. 양수인에게 재차 지급 그 밖의 이행을 하게 될 위험이 있기 때문이다. 셋째, 양도인과 계속적인 거래를 기대하는 채무자는 상계권을 확보하기 바라지만(채권양도가 인정된다면) 채권양도의 통지를 받은 후에 발생하는 반대채권에 대해서는 상계권을 행사할 수 없게 된다. 넷째, 양수인이 법제나 세제 측면에서 바람직하지 않

---

60) **PECL 11:301조(계약상의 채권양도금지)** (1) 채권양도는 그 채권의 발생의 기초가 되는 계약에 의해 금지되거나 아니면 계약에 반하는 때, 채무자에 대해서 효력이 없다. 다만, 다음의 각호에 해당하는 경우 그렇지 아니하다. (a) 채무자가 그에 동의할 때, (b) 양수인이 계약위반을 모르거나 알아야 했다고도 할 수 없을 경우, (c) 양도가 장래의 금전채권에 대한 양도계약에 의한 것일 때. (2) 전항의 규정은 양도인의 계약위반에 관한 책임에 영향을 미치지 않는다.

은 지역에 설립된 회사인 경우나 그곳에 주된 영업소를 가지고 있는 경우도 있다. 그러므로 양도금지조항에 반하는 채권양도는 채무자에 대해서 무효라는 것이 일반적인 기준이다. 계약이 채권양도를 명확하게 금지하고 있는 경우나 채무자의 동의를 요건으로 하는 등 채권자의 양도권을 제한하고 있는 경우가 그런 경우에 해당한다. 양도금지의 효과로서 채무자는 양수인의 지위를 인정할 필요 없이 채권양도의 통지를 무시하고 양도인에게 이행할 수 있다. 양도금지는 이러한 채무자에 대해서는 채권양도를 무효로 하지만, 양도인과 양수인의 관계에는 영향을 미치지 않는다(PECL 11:203조, DCFR Ⅲ.-5:108조 1항을 참조).

2. 예외

채권을 양도받은 자가 양도되는 권리의 발생 기초가 되는 계약의 내용을 보고 양도금지조항이 있다고 알 수 있는 경우이다. 그러나 양수인이 금지를 모르는 경우도 존재한다. 예를 들면 다른 계약이 포함되어 있는데 양수인은 그 계약의 존재를 모르는 경우가 그러하다. 따라서 채무자가 채권양도에 동의하는 것이 명백한 경우(PECL 11:301조 1항 a호, DCFR Ⅲ.-5:108조 3항 a호), 양수인이 금지를 모르고 또 알아야 했다고도 할 수 없을 경우(PECL 11:301조 1항 b호, DCFR Ⅲ.-5:108조 3항 b호)[61]에는 채권양도가 채무자에 대해서 효력을 가지는 것을 인정하고 있다. 나아가 PECL 11:301조 1항 c호(DCFR Ⅲ.-5:108조 3항 c호)[62]에서는 장래의 금전채권(이것은 장래의 계약에 따라 발생할 금전채권이며, 이미 존재하는 계약에 따라 발생하여 이행기가 장래 도래하는 채권이 아니다)에 대해서 존재한다. 이 경우에도 채권양도는 유효하다. 이러한 예외가 필요한 것은 양도가 계속적인 일련의 장래의 금전채권을 대상으로 하는 경우, 예를 들면 공급자로부터 팩터(factor: 은행 등의 팩토링회사)에게 팩토링계약에 근거하여 채권이

---

61) DCFR Ⅲ.-5:108조 3항 b호의 규정태도는 좀 다르다. DCFR에서는 "PECL과 달리 채무자가 양수인으로 하여금 합리적인 근거에 바탕하여 그러한 금지 또는 제한이 없다고 믿게 한 경우"라고 하여 그 범위를 좀 더 엄밀하게 좁혀 규정하였다.

62) DCFR에서는 금전채권이란 용어를 사용하는 대신에 "양도된 채권이 물품 또는 영역의 제공에 대한 지급을 청구할 수 있는 권리인 경우"로 규정함으로써 양도된 채권이 금전채권이 아니라고 하더라도 성질상 그와 유사한 경우도 양도금지의 예외로 인정할 수 있는 여지를 남겼다.

양도된 경우이다.[63] 이런 계약유형에서 개개의 계약에 양도금지조항이 포함되는지를 판단하기 위해 팩터가 수백에 달하는지도 모르는 계약을 면밀하게 조사하는 것은 도저히 기대할 수 없다. 계약이 통상 그렇듯이 그와 같은 양도금지조항을 포함하지 않은 표준서식조항에 따른 계약인 경우에도 그러한 계약조항을 바꾸는 경우가 없다고까지는 확신할 수 없다. 그래서 PECL 11:301조 1항 c호는 장래의 금전채권에 관한 양도계약에 따른 것인 경우는 채권양도의 효과가 발생하는 것을 인정하고 있다. 이와 같이 해서 양도금지조항을 극복하는 것은 채무자에게 가혹하다고 생각되지만, 한편으로 양도금지조항을 요구하는 채무자는 대부분 예외 없이 강한 교섭력을 가진 지위에 있으며, 따라서 본래적으로는 보호가 필요한 자가 아니라는 것에 유의해야 한다. 이러한 경우 채무자는, 예를 들면 신용장이나 은행보증과 같은 채권자로부터의 지급담보의 요구를 거절할 수 있을지도 모른다. 만일 구상이 없는 팩토링계약에서 채권을 양도함으로써 팩터에게 위험을 이전할지도 모르게 된다면 채권자는 현저하게 손해를 입게 될 것이다. 이 두 번째 예외는 금전채권의 양도에 한정된다. 금전채권에 의한 융자의 측면에서 보면 양도금지조항이 전형적으로 문제를 일으키기 때문이다. 양도금지조항의 유효성에 관한 이러한 예외는 상거래상의 수요에 대응한 것이다.[64]

3. 양도인은 여전히 위반에 따른 책임을 부담한다

PECL 11:301조 1항(DCFR Ⅲ.-5:108조 3항)에 규정되어 있는 예외는 양수인을 보호하기 위한 것이다. 따라서 양도인이 양도금지에 반하여 채권양도를 한 데 따른 계약위반책임에는 영향을 미치지 않는다.

---

63) 팩토링계약이란 기업이 영업활동으로 얻은 채권을 변제기 전에 양도하여 초기에 채권추심(債權推尋)을 할 수 있도록 하는 채권매매 형식의 계약을 말한다. 보통 기업은 고객에 대한 대금채권의 추심을 미리 하기 위해 팩터(은행 등)에게 채권을 매도하고 자금을 회수하게 되고 은행은 그것을 통하여 여신사업을 하게 되는 것이다.

64) 예를 들면 UCC 9-406조(2001년 개정 전의 9-318조)나 UNIDROIT 국제팩토링조약 6조 1항, UNCITRAL 국제채권양도조약 초안 11조(현 9조) 참조.

4. 양수인의 양도인에 대한 권리에는 영향을 주지 않는다

PECL 11:301조에 근거하여 채권양도가 채무자에 대해서 무효인 경우라도 양도인이 채무자로부터 받을 모든 이익은 양수인에게 이전된다(PECL 11:203조, DCFR Ⅲ.-5:108조 1항 참조).

5. 입법적 비교

PECL 11:301조(DCFR Ⅲ.-5:108조)는 UCC 9-406조(2001년 개정 전의 9-318조) 및 UNIDROIT 국제팩토링조약 6조 1항에서 원래 채용되고 있던 방법을 채용한 것이다. 양도금지조항에 따른 양도인과 양수인 사이의 효력에 관한 국내법이 존재하는 경우도 있지만, 양수인의 채무자에 대한 권리에 양도금지특약이 미치는 효과는 국가마다 다르다. 다만 양수인이 채권양도의 시점에서 양도금지특약조항에 대해 알고 있을 경우는 이에 해당되지 않는다.

Ⅱ 기타 무효인 채권양도[65]

1. 채권자에의 속인성이 강한 계약[66]

어떤 의미에서 채권양도는 채무자의 지위를 어느 정도 변경한다. 채무자는

---

65) **PECL 11:302조(기타 무효인 채권양도)** 채무자가 동의하지 않은 채권양도는 이행의 성질 또는 채무자와 양도인의 관계를 이유로 양도인 이외의 자에게 양도하는 것이 합리적으로 볼 때 채무자에게 요구할 수 없는 이행에 관한 것인 이상, 채무자에 대해서 무효이다.

참고로 독일 법에서는 채권양도에 따라 채무자의 이행의 실질이 변경되게 되는 경우(민법 399조)나 채권이 채권자의 속인적 요소에 관계되는 경우에는 그 채권은 양도할 수 없다. 벨기에, 프랑스, 룩셈부르크, 그리스, 네덜란드 법에 있어서도 견해는 같다. 마찬가지로 이탈리아 민법 1260조 1항도 명시적으로 속인적 성질의 채권은 양도성이 없는 것으로 하고 있다. 이러한 채권에는 특정의 채권자에게 이행하는 것이 채무자에게 중요한 채권, 예를 들면 보험계약이나

다른 자에게 이행을 해야 하며, 그리고 그 자는 권리를 실현하기 위해 원래의 채권자보다도 까다로운 태도를 취할 수도 있다. 그렇지만 그것 때문에 채권양도가 채무자에 대해 무효라고 할 수는 없다.

그러나 채권 중에는 그 성질이나 양 당사자 간의 관계에 따라 채권자의 속인적 특성에 좌우되기 때문에 양수인에 대한 이행을 채무자에게 강요한다면 부당하게 되는 경우가 있다(이행청구와의 관계에서 PECL 9:102조 c호와 비교). 몇몇 법체계에서 속인적인 계약, 또는 속인적인 용역 제공을 목적으로 한 계약은 양도할 수 없다고 한다. 그 밖의 법체계에서는 양도에 의해 채권의 성질이나 이행의 내용이 현저하게 변하는 경우나 반대급부를 불확실하게 하는 경우 그 채권은 양도할 수 없다고 한다.

예를 들어 물품을 대상으로 하여 보험계약이 체결되는 경우에 그 물품이 매각되고 보험계약도 양도인에게서 양수인에게 양도되는 경우가 채무자의 부담 또는 위험을 실질적으로 증가시키는 채권양도의 전형적인 예에 해당한다. 피보험자의 속인적 성질이 보험자의 위험에 있어서 중요하므로 채권양도를 인정하면 인수를 합의한 것과는 다른 위험에 보험자를 노출시키게 되고 만다. 보험자의 부담이 증가하는 것은 보험증권의 이익이 피보험자의 속인적인 속성에 좌우될 수 있다는 점을 명료하게 나타낸다.

　　☞ **사례**　P는 W가 쓴 책을 출판하기로 동의했다. W에게 그 책(의 원고)을 요구하는 P의 권리를 P가 A에게 양도하려고 해도 그것은 W에게 유효하지 않다. 출판사의 성격이나 평판은 저자에게 중요한 사항이므로 저자의 동의 없이 출판사를 변경할 수 없다.

사용자가 근로계약에 따라 갖는 이행을 요구할 권리도 양도성이 없는 채권의 범주에 포함된다. 근로계약에서 당사자 간의 관계는 속인적인 것이며 계약 상

노동계약에 따른 채권이 포함된다고 여기고 있다. 잉글랜드 법도 채무자의 속인적 요소에 관계되는 채권, 예를 들면 저자가 책을 쓴다고 하는 계약에 따른 이익이나 자동차보험증권에 대해서는 양도의 유효성을 인정하지 않는다. Treitel, Contract 639-641.

66) DCFR III.-5:109조.

대방의 동의 없이 채권자가 새로운 당사자로 교체되는 것은 원칙적으로 인정되지 않기 때문이다.

PECL 11:301조에 있어서의 경우와 마찬가지로, 양도는 채무자에 대해서만 무효이다. 양수인은 양도인이 채무자에게서 받은 모든 이익에 대해 역시 동일한 권리를 가진다(PECL 11:203조, DCFR Ⅲ.-5:108조 1항).

2. 강행규정

PECL 11:302조나 301조와는 달리 우선하는 강행규정에 따라 채권양도가 무효가 되는 경우도 있다(PECL 11:102조의 설명을 참조).

Ⅲ 채권양도의 통지와 채무자의 면책

이와 관련하여 PECL 11:303조[67]와 304조(DCFR Ⅲ.-5:119조)는 채권양도의 서면에 의한 통지와 관련하여 채무자가 양수인으로부터 면책되는 내용을 규율하고 있다.

---

67) **PECL 11:303조(채무자의 의무에 대한 효과)** (1) 11:301조, 11:302조, 11:307조, 11:308조에 따르는 외에도, 채무자는 양도대상채권을 합리적으로 특정하고 채무자에 대해서 양수인에게 이행하도록 요구하는 서면에 의한 통지를 양도인 또는 양수인에게서 받은 경우에 한해 양수인에게 이행할 의무를 진다. (2) 전항의 규정에도 불구하고 전항의 통지를 양수인이 한 경우 채무자는 양수인에게 합리적인 기간 안에 채권양도에 대한 신용할 수 있는 증거를 제시하도록 요구할 수 있고 그때까지 이행을 유보할 수 있다. (3) 채무자는 제1항에 의한 통지 이외의 방법으로 채권양도를 알았을 경우에는 양수인에 대한 이행을 유보하는 것도 이행하는 것도 가능하다. (4) 채무자가 양도인에게 이행했을 경우에는 양도에 대해 모르고 그 이행을 했을 때에 한해 면책된다.

1. 채권양도의 서면에 의한 통지

채권양도의 통지를 받지 않은 채무자로 하여금 양수인에게 채무를 이행하도록 요구할 수는 없다. 통지가 되었는지 여부의 분쟁을 방지하기 위해, PECL 11:303조 1항은 통지가 서면에 의할 것과 통지가 양도대상채권과 양수인을 합리적으로 특정할 것을 요건으로 한다. 통지는 양도인 또는 양수인이 할 수 있지만 양수인으로부터 통지가 온 경우, 채무자는 채권이 양도된 것에 대한 합리적인 증거를 제시하도록 양수인에게 요구할 수 있다. 채권양도의 통지는 양도대상채권을 특정해서 채무자에게 해야 할 뿐 아니라, 채무자로 하여금 양수인에게 이행하라고 요구하는 것이어야 한다. 많은 법역에서 인정되고 있는 이러한 통지요건들이 고려하고 있는 것은 채무자가 자신의 의무를 정확히 인식하도록 하기 위한 것이다. 즉, 채무자는 양수인에게 이행하도록 요구하는 명확한 지시가 없으면 자신의 채무에 대한 채권양도의 효과를 모르는 경우도 있을 수 있다는 사실을 고려한 것이다. 즉, 통지를 받지 않은 채무자는 양도인이 더 이상 이행을 수령할 권리가 없음을 알지 못하는 이상 양도인에게 이행함으로써 면책된다.[68]

2. 채권양도의 증거

채무자는, 양수인에게서 채권양도의 통지를 받았을 때, 채권양도를 신뢰할 만한 증거를 제시하도록 양수인에게 요구할 권리를 가진다.[69] 이 증거에는 채권이 양도된 것을 나타내는 양도인이 작성한 서면이 포함된다. 채무자는 이 증거가 제시되기까지 이행을 유보할 권리를 가진다.[70]

---

68) DCFR Ⅲ.-5:119조 1항 참조.

69) DCFR Ⅲ.-5:119조 3항 1문에서는 양수인으로부터는 양도의 통지를 수령하였으나 양도인으로부터는 수령하지 못한 채무자는 양수인에게 신뢰할 만한 양도의 증거를 제공할 것을 요구할 수 있다고 정하고 있다.

70) DCFR Ⅲ.-5:119조 4항 참조.

3. 절차에 하자가 있는 경우의 채무자의 선택지

채무자가 양수인에게서 채권양도의 통지를 받았지만 통지가 서면에 의한 것이 아닌 경우나 채권양도를 기타 정보원으로부터 알았을 경우에는, 이러한 통지나 인식이 있다고 해서 채무자가 양수인에게 이행하는 것을 의무화할 수 없고 채무자가 양수인에게 이행할지는 자유이다. 물론 채무자는 양도통지가 있는 이상 '양도인에게 이행하는 것'은 할 수 없다. 즉, 채무자는 어떠한 방법이나 어떠한 정보원에 의해서든 일단 채권양도에 대해서 알았다면 양도인에게 이행할 수 없게 된다. 양도인에게 이행하면 채무자는 양수인에게 재차 이행해야 하는 위험을 안게 된다.

📰 **사례 1**   C는 D에 대한 금전채무를 A에게 구두로 양도했다. A는 D에게 채권양도를 통지했지만 D가 채권양도에 대한 증거를 요구했을 때 응하지 않았다. D는 A에게 이행할 수도 있다. A에게 이행하면 D는 책임을 면한다. A가 채권이 양도된 것에 대한 신뢰할 수 있는 증거를 제시하기까지 이행을 유보할 수도 있다.

📰 **사례 2**   C는 D에 대한 금전채권을 A에게 양도했다. C와 A 중 어느 누구도 채권양도의 통지를 하지 않았지만 D는 그 채권양도를 다른 정보원에게서 알았다. D는 C에게 이행할 수 없다. 그러나 A에게 이행하거나 본조 1항에 따른 채권양도의 통지를 받기까지는 이행을 유보할 수 있다.

4. 비교법

(1) 총괄

모든 법체계가 인정하고 있는 바에 따르면, 채무자가 채권양도 사실을 모르면 양도인에게 이행하는 것으로 면책되며, 방식요건을 충족시키는 통지가 있거나 (대부분의 법역에 있어서) 채권양도를 승낙한 경우에는 양수인에게 이행하여야 한다. 그런데 대부분의 법체계에서 통지에 명기할 필요가 있는 것은 특정한 권리가 양도되었다는 사실뿐이다. PECL 11:303조는 채무자 쪽의 오해를 막기 위해 양수인이 통지하는 경우의 효과에 관한 문제를 규율하고 있는 것이다.

어려운 문제는 채무자에 대한 통지가 하자가 있거나 통지는 없었지만 채무자가 채무양도 사실을 다른 정보원을 통해 알았음에도 채무자가 결국 채권양도를 승낙하지 않은 때이다. 실제로는 다음 4가지의 다른 문제를 혼동해서는 안 된다. 즉, (1) 채무자가 양수인에게 이행할 의무를 지기 위한 요건, (2) 채무자가 양수인 또는 양도인에게 이행할 수 있기 위한 요건, (3) 채무자가 양수인에게 이행할 권리는 있지만 의무는 없고 양도인에게 이행할 수 없게 되기 위한 요건, (4) 채무자가 양도인에게 이행할 의무를 지며 양수인에게 이행할 권리가 없기 위한 요건이다.

(2) 채무자가 양수인에게 이행할 의무가 있는 경우

대부분의 법체계는 서면에 의한 통지(통지의 그 밖의 방식요건에 의해 엄밀하게 하는 경우도 있다)를 받거나 채권양도를 승낙하기까지 채무자가 양수인에게 이행하는 것을 강제하지 않는다는 준칙에 따라 채무자를 보호하려고 한다. 채무자는 불완전한 통지를 받은 후에 양수인에게 이행하거나 채권양도를 그 밖의 정보원을 통해 알게 된 것을 단순히 믿고 양수인에게 이행해도 책임을 면할 수 있는 한편, 그러한 이행을 할 의무는 지지 않는다.

(3) 양수인과 양도인 중 어느 쪽이든 이행할 수 있는 경우

또한 대부분의 법체계에서는 채무자가 채권양도 사실을 알았다면 통지가 없다고 하더라도 양도인에게 이행해서는 안 된다. 양도인에게 이행하는 것은 신의성실에 반한다고 간주되기 때문이다.[71]

---

71) 그러나 스코틀랜드 법에 있어서는 단순히 채권양도를 알고 있는 것만으로는 채무자가 양도인에게 이행하는 것은 방해하지 않으며(McBrybe 12. 112) 실제상은 채무자는 양도인에게 이행하거나 양수인에게 이행할 선택권을 갖게 된다. 북유럽(북유럽 약속어음법 29조) 및 네덜란드 법(민법 6:37조)에 있어서도 마찬가지이다. 벨기에 법에 있어서는 견해가 나뉘고 있다. 단순히 채권양도를 알고 있는 것만으로는 채무자가 양도인에게 이행하는 것은 방해하지 않는다는 설(Dirix nos. 15-11; Cornelis, Handboek no. 335)도 있는 한편, 채권양도를 알게 된 후에 양도인에게 이행한 채무자는 필연적으로 신의성실에 반한다는 설(예를 들면 Herdots n. 309)도 있다.

(4) 양수인에게 이행할 선택권은 있지만 양도인에게 이행할 수 없는 경우

EU 회원국 대부분은 PECL 11:303조 3항과 같은 기준을 채용한다. 이 기준에 따르면 채무자는 단순히 채권양도를 알고 있는 것만으로 양수인에게 이행할 수 있지만 양도인에게는 이행할 수는 없다. 이탈리아(민법 1264조 2항), 오스트리아(민법 1396조), 독일(민법 407조 1항), 네덜란드(민법 6:37조), 북유럽(북유럽 약속어음법 29조), 잉글랜드,[72] 룩셈부르크(민법 1691조)의 태도가 그러하다.

(5) 채무자가 양도인에게 이행하여야 하는 경우

프랑스 및 네덜란드 법에서는 전술한 방식요건을 충족시키는 통지가 없는 경우, 또는 채무자의 승낙이 없는 경우에는 채무자는 채권양도를 알았을 경우에도 양도인에게 이행하여야 한다.

그 밖의 법역에 있어서는 통지를 해야 한다는 요건은 채무자의 이익을 위해서이다. 그리고 채무자는 통지가 없으면 양도인에게 성실하게 이행을 할 수 있다고 하는 법역도 있지만 거기서도 이행을 할 의무는 지지 않는다. PECL 11:303조 2항과 비교할 수 있는 준칙은 몇몇 법체계에서 보인다.[73]

 Ⅳ 채무자의 보호

PECL 11:304조[74] 및 DCFR Ⅲ.-5:119조 2항은 채무자가 채권양도의 통지에 의해 양수인이 되는 자에게 이행한 경우에 채무자를 보호하는 취지이다.[75] 다

---

72) Tolturst V. Associated Portland Cement Manufacturers(1900)Ltd. [1902] 2 K. B. 660, 668.

73) 네덜란드(민법 3:94조 3항), 독일(민법 410조), 오스트리아(의심스러운 경우에는 채무자가 채권양도에 대한 증거를 제시하도록 양수인에게 요구할 수 있는 점이 학설상 인정되고 있다. 그러나 보통 채무자에게 양도를 통지할 의무가 있는 것은 양도인이다)도 그러한다.

74) **PECL 11:304조(채무자의 보호)** 11:303조에 따른 채권양도의 통지에 있어서 양수인이 되는 자에게 이행한 경우에는 채무자는 면책된다. 다만 채무자가 그 자가 이행을 요구할 권리를 가진 자가 아님을 알고 있거나 알 수 있었던 경우에는 그러하지 아니하다.

75) 이와 동일한 결과이지만, 몇몇 국가에 있어서는 선의로 행동한 채무자는 보호된다는 방식으로

만, 채무자가 양수인이 권리자가 아니라는 것을 당연히 알 수 있었을 때(권리를 가진 자가 아닌 것을 모르고 있는 등의 일이 있을 수 없는 때)에는 이에 해당되지 않는다. ('알아야 했던' 것이 아닌) '모르고 있는 등의 일이 있을 수 없는'이라는 표현은 조사를 할 의무나 문의를 할 의무를 채무자에게 부과하는 듯한 의미를 피하기 위해 사용하고 있다.

모든 정황상 양수인이 권리를 갖지 않는 것이 명백하면 채무자의 악의가 추정된다. 이러한 현실의 악의나 추단적인 악의가 인정되지 않으면 채권양도가 존재하지 않거나 채권양도가 어떠한 이유에서 무효인 경우조차 채무자는 보호된다. 의심을 품은 채무자는 PECL 11:303조 2항 또는 DCFR Ⅲ.-5:120조 1항에 근거해 채권양도에 대한 신뢰할 수 있는 증거를 제시하도록 양도인에게 요구할 수 있다.

 ## Ⅴ 경합하는 청구[76]

PECL 11:305조는 채권에 관하여 권리가 경합하는 경우를 규율하는 PECL 11:401조와 관련하여 이행장소와 관련된 그 기준지를 정하는 규정이다.[77]

채무자는 양도대상채권에 대해서 권리를 주장하는 2인 이상의 당사자로부터 경합하는 이행청구를 받는 경우가 있다. 드문 경우지만 양도인이 채권양도의 효력을 다투는 경우도 있다. 흔한 사례로는 양도인이 동일한 채권을 2인 이상의 양수인에 양도한 경우이다. 부정한 경우도 있고 제1의 채권양도가 담보를 위해서만이 아니라 양도대상채권의 가치를 상당히 밑도는 (양도인이 부담하고 있

규정되고 있다. 물론 채무자가 양수인이 권리가 없거나 양도 자체가 무효라는 사실을 알고 있거나 알 수 있었을 경우에는 그러하지 아니하다는 방식으로 표현되기도 한다.

76) **PECL 11:305조(경합하는 청구)** 채무자는 둘 이상의 경합하는 이행청구의 통지를 받은 경우에는 이행장소에 있어서의 법에 따라서 책임을 면할 수 있다. 이행장소가 다른 때는 채무자는 그 채권에 적용되는 법에 따라서 책임을 면할 수 있다.

77) DCFR에서는 이 문제를 기본적으로 준거법의 문제로 보기 때문에 모델법에서 규율하는 것은 적절치 않다고 보아 삭제하였다.

는) 채무의 담보용으로 기능하는 경우 등에도, 한 번 이상의 채권양도의 여지가 있을 수 있다. 경합은 채권의 양수인과 양도인의 금전채무의 이행을 강제하기 위해서 그 채권을 압류하려고 하는 양도인의 채권자와의 사이에서도 발생하는 경우가 있다. 변제를 수령할 정당한 권리가 없는 자에게 이행한 채무자는 변제를 수령할 정당한 권리를 가진 자에게 다시 이행하여야 한다. 각국의 법은 일반적으로 채무자를 보호하는 기준에 따라 이 문제를 처리하고 있다. 예를 들면 금전채무의 총액을 법원이나 그 밖의 기관에 공탁하는 것을 인정하거나, 채무자가 법원에 분쟁처리를 신청하여 그 법원의 판결에 따르는 것을 인정하는 법도 있다. 본조에서는 경합하는 2인 이상의 모든 채권자에게 이행장소가 같은 경우에는 이행장소에 있어서의 법의 준칙에 따라서 책임을 면할 수 있다. 이행장소가 다른 경우에는 채권에 적용되는 준거법에 따라서 책임을 면할 수 있다.

PECL 7:101조는 계약으로 이행장소가 결정되지 않은 경우나 계약에서 이행장소를 확정할 수 없는 경우에 이행장소를 결정하는 규정이다.

 VI 이행장소[78]

1. 양도로 인해 금전채무의 이행장소에 대해서 생기는 효과

채무자가 채권자의 영업소 또는 채권자의 거래은행 구좌로 지급하여야 하는 경우, 채권양도는 필연적으로 이행장소를 변경하게 된다. 하나의 국가 내에서 이행장소는 대부분 중요하지 않다. 같은 국가 내에서 보면 양수인의 구좌에 입금하는 것이나 양도인의 구좌에 입금하는 것이나 마찬가지이기 때문이다. 지급

---

78) **PECL 11:306조(이행장소)** (1) 양도대상채권이 특정한 장소에 있어서의 금전의 지급의무에 관한 것인 경우에 양수인은 같은 국내의 어느 장소에서나 지급을 요구할 수 있다. 그 나라가 EU 회원국인 경우 양수인은 EU 내의 어느 장소에서나 지급을 요구할 수 있다. 다만, 이행장소의 변경에 따라 발생하는 비용에 대해서는 양도인이 채무자에 대해 전부 책임을 진다. (2) 양도대상채권이 특정한 장소에 있어서 이행되어야 할 비금전채무에 관한 것인 경우에는 양수인이 다른 장소에서 이행을 요구할 수 없다. (DCFR III.-5:117조 참조)

장소가 다른 국가로 바뀐 경우는 조금 다를 수 있다.

PECL 11:306조 1항에 따라 채무자가 증가된 비용을 양도인에게서 전보받는 문제와는 별도로 통화관리, 자금이동에 따른 증가된 위험, (국가 간) 이체의 효력이 발생하는 데 드는 시간을 용인하는 등의 요인에 의해 채무자는 영향을 받을 수도 있다. 따라서 본조 1항의 일반적인 원칙은 계약상 채무의 이행장소가 계약에서 정한 경우이든 PECL 7:101조 a호[79]에 의한 것이든 양수인은 이와 다른 국가에서는 지급을 요구할 수 없다는 것이다. 그러나 이러한 원칙은 계약상의 지급장소가 EU 회원국인 경우에는 예외이다. EU 회원국은 국내에서의 원칙과 동일하게 취급된다. PECL 11:306조 1항의 목적을 위해 EU는 실제상은 단일국가로 취급되는 것이다. 이것은 단일시장으로서의 유럽개념과 경제통화동맹(EMU) 및 회원국에 공통의 강제통용력이 있는 통화로서의 유로의 등장을 반영한 것이다.

📑 **사례 1** 함부르크의 S는, 파리의 B에게 상품을 매각했다. 금전지급은 함부르크에 있는 S의 거래은행구좌에 은행 간의 입금에 의해 이루어지는 것으로 했다. S는 이 금전채권을 밀라노의 A에게 양도했다. 채권양도통지를 한 경우 A는 B에게 밀라노에 있는 A의 구좌로 지급할 것을 요구할 수 있다.

📑 **사례 2** 사례 1과 동일한 사실에서 S는 뉴욕에 있고 B에게 뉴욕에 있는 자신에게 지급하도록 하였다고 하자. 밀라노의 양수인 A는 미국 내의 어떤 장소에서도 B에게 지급을 요구할 수 있지만 다른 국가에서는 지급을 요구할 수 없다.

2. 비금전채무의 이행장소는 변경할 수 없다

비금전채무는 전혀 다른 기준이 적용되어 비금전채무의 이행장소는 변경할 수 없다. 같은 국내에서도 새로운 이행장소로 변경하는 것은 채무의 성질을 실질적으로 바꾸는 경우도 있기 때문이다. 예를 들면 상품을 FOB조건[80]에서 사

---

79) 금전지급의 경우 계약체결 시 채권자의 영업소

80) FOB조건(Free on Board)이란 지정선적항 본선인도조건을 말한다. 즉, 화물이 배나 항공기의

우샘프턴에서 선적하는 것으로 하는 계약상의 채무가 있는 경우에 선적항은 중요한 계약조항이며 채권양도로 인해 장소를 FOB조건으로 리버풀에서 선적한다는 채무로 변경할 수 없다. 따라서 본조 2항의 규정에서는 비금전채무의 이행을 목적으로 하는 채권의 양수인은 채무자의 이행장소를 변경할 수 없다고 하고 있다.

3. 입법례

금전채권 양도의 경우 채무자의 이행장소는 대부분 예외 없이, 예를 들면 양도인의 영업소 또는 은행구좌에서 양수인의 영업소 또는 은행구좌로 변경하게 된다. 금전채권의 속성상 양수인은 양도인이 아니라 자신에게 지급하도록 채무자에게 요구할 수 있다. 따라서 양수인에 대한 지급에 대해서 명시적인 규정을 가지고 있지 않은 것처럼 보이는 법체계가 대부분이지만 적어도 지급이 동일한 국내에서 이루어지는 것으로 되어 있는 경우 양수인은 채무자에게 발생한 증가비용에 대해 (배상하는) 책임을 진다고 해도 그 주소에서 지급을 요구할 수 있다고 일반적으로 인정되고 있다.

독일 법에 있어서는 주소를 바꾼 채권자가 송금에 대해 증가한 비용 또는 위험을 부담한다(독일 민법 270조 3항). 이러한 기준은 CISG 57조에서도 보인다. 이러한 기준은 채권양도에도 유추적용할 수 있는 것으로 생각된다. CISG에 있어서는 유추에 반대하는 견해도 있지만 채무자가 원래의 지급장소에서 지급할 권리를 가지는 것을 고집하는 것은 채권의 양도성과 조화가 안 되는 것으로 보인다.

선적을 통해 운송되는 조건의 무역거래를 의미하는데, 물건에 대한 관리의무(선량한 관리자로서의 주의 의무) 이전 또는 인도의 위험이전 시기는 배의 경우 선적항본선의 난간을 통과한 때, 비행기의 경우 비행기 화물칸에 실린 때이다.

항변 및 상계권

1. 총설

채무자의 상계나 항변은 유효한 채권양도의 존재를 전제로 한다. 채권양도가 존재하지 않거나 무효인 경우에는 채무자는 양수인이 되는 자에게 이행할 의무가 없다. 채권양도가 없거나 무효임에도 불구하고 양수인이 되는 자에게 이행한 경우 채무자는 PECL 11:304조 또는 DCFR Ⅲ.-5:119조 2항(채무자보호)에 따라 책임을 면할 수 있다. 다만, 양수인이 되는 자가 이행을 요구할 권리가 없는 것을 채무자가 모를 리가 없었을 경우에는 이에 해당되지 않는다.

2. 채무자의 항변권

양수인은 양도인 이상의 지위를 얻을 수 없다고 하는 것은 널리 인정된 원칙이고 PECL이나 DCFR에서도 마찬가지이다. 즉, 채무자는 양도대상채권에 대한 실체상 또는 절차상의 항변으로 양도인에 대해서 주장할 수 있던 것 전부를 양수인에 대해서 대항할 수 있다.[81] 다만, (a) 채무자가 양수인으로 하여금 당해 항변이 없다고 믿도록 한 경우, (b) 항변이 양도인이 양도에 관한 금지 또는 제한을 위반한 것에 근거한 경우에는 채무자가 양수인에 대하여 항변을 원용할 수 없다.[82]

📑 **사례 1** S는 B에게 상품을 매각하고 인도한 후에 판매자의 권리를 A에게 양도했다. 상품은 매매계약에서 정한 품질에 적합하지 않았다. B는 상품을 반환하고 A에 대한 대금지급을 거절할 수 있다. 이것과 선택적으로 B는 상품을 보관하면서

---

81) **PECL 11:307조** (1) 채무자는 양도대상채권에 대한 실체상 또는 절차상의 항변으로 양도인에 대해서 주장할 수 있던 것 전부를 양수인에 대해서 대항할 수 있다. (DCFR Ⅲ.-5:116조 1항 참조)

82) DCFR Ⅲ.-5:116조 2항.

대금의 감액을 요구하는 소송을 제기함으로써 손해배상을 청구하는 반대채권을 주장할 수 있다.

📖 **사례 2** S는 B에게 상품을 매각하기로 약속하고 인도는 1개월 안에 하는 것으로 했다. 그 후 S는 매도인의 권리인 대금채권을 A에게 양도했다. 그러나 S는 인도를 하지 않았다. B는 A에 대한 대금 지급을 거절할 수 있다.

📖 **사례 3** S는 상품을 B에게 매각하기로 약속했다. 그 후 매도인의 권리인 대금채권을 A에게 양도했다. 매매계약에서 분쟁은 전부 중재에 맡기는 것으로 하는 조항이 포함되어 있었다. 상품의 품질에 대해 분쟁이 발생하여, B는 A에 대한 대금지급을 거절했다. A는 소송에서 B에게 대금지급을 요구했다. B는 매매계약에 따라 분쟁을 중재에 맡기도록 요구할 권리를 가진다.

3. 양수인은 적극적인 계약상의 책임을 지지 않는다

양수인은 채무자와는 계약관계가 없다. 그러므로 양수인은 양도인에 의한 불이행에 대해 채무자에 대해 적극적인 계약상의 책임을 지지 않는다. 채무자는 양수인으로부터의 청구에 대해 양도인의 불이행에 따른 항변을 주장하거나 양도인에게 별도의 청구를 할 수 있을 뿐이다.

4. 상계권

(1) 총설
일반적인 상계법리에 따르면 채무자는 채권양도 통지 시점에 존재하고 있던 양도인에 대한 반대채권과 동일한 상계권을 양수인에 대해서도 행사하는 것이 인정된다. PECL은 여기서 좀 더 나아가 동일한 계약이 아닌 다른 계약에서 발생한 채권조차도 상계가 가능하다고 규정한다.[83]

---

83) **PECL 11:307조** (2) 채무자는 양도인에 대한 다음에서 열거하는 채권에 대해 양도인에 대해서 행사할 수 있던 모든 상계권을 양수인에 대해서 주장할 수 있다. (a) 채권양도의 통지가 11:303

📝 **사례 4** O에 대하여 10만 유로의 공장건설비용채권을 가지고 있던 C는, A에게 건설계약에 따른 권리를 양도하였고, A는 O에게 채권양도를 통지하였다. 그후, O는 소비대차의 합의에 따라 4만 유로를 C에게 대부했다. 이 소비대차의 합의는 건설계약과는 관계가 없었다. O는 대부금반환채권을 A에 대한 채무와 상계할 수 없다.

📝 **사례 5** S는 기계들을 100만 유로에 B에게 매각하면서, 대금은 20만 유로씩 5년 동안 분할하여 지급받기로 하였다. 별도의 계약에서 S는 5년간 그 설비의 보수점검을 약속했다. S는 이런 계약에 따른 S의 모든 권리를 A에게 양도했다. 5년 분할금의 지급이 없자 A는 B에게 그 지급을 요구하였는데, B는 S의 보수점검용역계약위반으로 인해 발생한 손실에 대해서 손해배상을 청구하는 반대채권으로써 A에게 상계할 수 있다.

(2) 이행기 미도래의 채권

채무자가 채권양도의 통지를 받은 시점에 반대채권의 이행기가 도래하지 않았다고 하더라도 상계권은 성립할 수 있다. '이행기가 장래 도래하는 현재의 채권(debitum in praesenti, solven-dum in futuro)'이면 충분하다. 이를 인정하지 않게 되면 채권양도와 함께 채무자가 잠재적으로 장래 갖게 될 상계권은 소멸하게 되어 채권양도는 채무자를 방해해서는 안 된다는 기본원칙에 반하게 된다. 어떻든지 간에 PECL 13:101조[84]에 따라 채무자가 양도대상채권을 이행하도록 요구받는 시점까지 반대채권의 이행기가 도래하는 것은 필요하다. 왜냐하면 채권자는 상계권을 행사하고 반대채권의 이행기 도래를 앞당길 권리를 가지고 있지 않기 때문이다. 채무자가 이미 채권양도의 통지를 받은 경우에는 채무자가 양도인과의 사이에서 새로운 거래에 따라 발생하는 독립된 채권으로 상계하여 그 결과 양수인의 이익이 감축 또는 소멸하는 것을 허용한다면 이는 부당한 것

조 1항에 따른 것인지와 관계없이 그것이 채무자에게 도달한 시점에서 존재하고 있던 채권, (b) 양도대상채권과 밀접하게 관계되는 채권. (DCFR III.-5:116조 3항 참조)

84) 상계를 하는 당사자가 상대방에 대해서 이행을 요구할 수 있을 것. 나아가 PECL 13:102조에서는 "채무자는 그 존재 또는 가치에 대해서 미확정의 채권을 상계할 수 없다."고 규정한다.

이다. 하지만 이런 새로운 채권이 양도대상채권과 밀접하게 관계할 때는 양수인이 그런 채권(에 의한 상계)에 따르는 것으로 하는 것이 합리적이다.

🗐 **사례 6** 6월에 S는 B에게 상품을 1만 유로에 공급하고 대금은 12월 31일까지 받기로 하였다. 8월에 B는 소비대차의 합의에 따라 4천 유로를 S에게 대여하고 그 대금은 11월 1일까지 반환받기로 하였다. 10월에 S는 B에 대한 1만 유로의 금전 채권을 A에게 양도했다. A는 그 후, 바로 B에게 채권양도의 통지를 하고 1만 유로를 12월 31일까지 지급하도록 요구했다. B는 12월 31일까지는 이행기가 이미 도래한 4천 유로의 대여상환 채권으로 상계할 수 있다. B가 A로부터 채권양도의 통지를 받았을 때 그 반대채권의 이행기가 도래하지 않은 것은 문제가 안 된다.

🗐 **사례 7** 사례 6과 동일한 사실에 있어서 4천 유로의 대여금반환채권은 다음 해 2월 1일까지 이행기가 도래하지 않는다고 한다. 그해의 1월 15일, B가 1만 유로를 지급하지 않아 A가 그 지급을 요구했다. B는 4천 유로의 대여금반환채권으로 상계할 수가 없다. 이 채권의 이행기는 아직 도래하지 않았기 때문이다.

5. 입법례

양수인이 취득한 권리는 채무자가 양도인에 대해 주장할 수 있던 모든 항변에 따른다고 하는 기준은 모든 유럽법체계에서 공통이며 채무자는 양도로 인해 방해받아서는 안 된다는 원칙을 반영한 것이다.[85] 그러나 채무자가 채권양도의 통지를 받은 시점에서 항변의 기초가 현실이든 잠재적이든 어쨌든 간에 존재하고 있어야 하는지의 여부에 대해서는 법체계에 따라 다르다. 프랑스(민법 1690조), 룩셈부르크(민법 1690조), 독일(민법 404조), 벨기에(Cornelis, Handdoek para. 335), 포르투갈(민법 585조)에서는 그것이 요건이다. 그 밖의 법체계의 대부분과 UNCITRAL 국제채권양도조약 초안 20조 1항(현 18조 1항)에서는 항변의 기초가 채권양도의 통지 전후에 발생하는 것을 따지지 않는다. 상계권과 관련해서는 훨씬 복잡하다. 몇몇의 법체계에서 채무자가 채권양도의 통지를 받는 것이

---

85) Kötz, IECL para 97.

아니라 채권양도를 승낙하는 경우는 채무자가 승낙의 표시에 있어서 상계권을 유보하지 않는 한 상계권이 완전히 배제되게 된다. 프랑스(민법 1295조), 룩셈부르크(민법 1295조), 이탈리아(민법 1248조 1항: Cass. 15th October 1997, no. 4416: Cass. 1980, no. 1484), 스페인(민법 1198조)의 견해가 그러하다. 대부분의 법체계에서는 상계의 가능 여부가 채무자의 양도인에 대한 채권이 양도대상채권과 밀접하게 관계하는 것인지 독립의 채권인지에 따라 결정된다. 전자에 있어서는 채권양도의 통지를 받은 후에 발생한 채권으로도 상계할 수 있다. 후자에 있어서는 통지 전에 이행기가 도래하는 채권 및 통지를 받은 시점에서 발생하지만 이행기는 도래하지 않은 채권 중에서 양수인이 지급을 요구하는 시점에서 이행기가 도래해 있는 것에 한해서 상계할 수 있다.

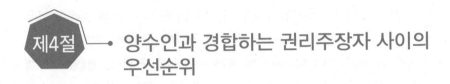

제4절 · 양수인과 경합하는 권리주장자 사이의 우선순위

1. 우선순위 결정의 기본원칙

채권이 이중으로 양도된 경우 제1양수인과 제2양수인 사이의 우선순위와 관련해서 PECL 11:401조[86]와 DCFR Ⅲ.-5:121조가 규율하고 있다. 나아가

---

86) **PECL 11:401조(우선성)** (1) 동일한 채권이 중복해서 양도된 경우는 채무자에게 최초로 채권양도의 통지가 도달한 양수인이 선행하는 채권양도의 양수인에 우선한다. 그 양수인이 양수 시에 선행하는 채권양도에 대해 알거나 또는 알아야 했을 경우에는 이에 해당되지 않는다. (2) 현재의 채권양도인지 장래의 채권양도인지에 관계없이 채권의 다중양도에 있어서의 우선순위는 제1항에 따르는 외에 채권양도가 행해진 순서에 따라서 결정된다. (3) 양도대상채권에 대한 양수인의 권리는 11:202조에 따라 그 채권양도가 효과를 일으키는 시점보다 나중에 재판상의 절차 그 외의 방법으로 그 채권을 압류한 양도인의 채권자의 권리에 우선한다. (4) 양도인이 파산한 경우는 양도대상채권에 대한 양수인의 권리는 다음에 열거하는 사항에 대해 파산에 적용되는 법의 준칙에 따르는 외에 양도인의 파산관재인 및 채무자의 권리에 우선한다. (a) 그 우선의 요건으로서의 공시, (b) 채권의 순위, (c) 파산절차에 있어서의 거래의 취소 또는 무효.

PECL 11:401조는 양도대상채권에 대해 제3자가 권리를 주장하는 경우 양수인과의 우선순위에 대해서 규정한다. 이러한 제3자의 권리는 채권의 다중양도, 재판상 그 밖의 압류 또는 양수인의 파산으로 인해 발생하는 경우가 있다. 채권양도가 진정한 양도인지 담보를 위한 양도인지에 따라 특정 채권양도에 우선순위의 효력이 다르다. 진정한 양도의 경우 경합할 권리는 소멸한다. 담보를 위한 양도밖에 없는 경우 경합하는 권리는 후순위가 되는 데 불과하며 피담보채권이 변제에 의해 소멸되면 효과를 발휘한다.

2. 채권의 다중양도

(1) 통지순서에 따른 기준

법체계에 따라서 채권의 다중양도에 대한 처리방법은 다르다. 누구든지 자신이 가지고 있는 것 이상의 권리를 양도할 수 없다는 원칙(무권리의 법리)이 적용되는 법체계가 있다. (그것에 따르면) 제1양도에 의해서 채권자에게는 이미 양도할 것이 아무것도 남지 않는다. 따라서 제2양도는 무효가 된다. 제1양도에 대해서 선의로 제2양수인에게 변제한 채무자는 책임을 면하는 한편, 제2양수인은 받은 변제에 대해서 제1양수인에게 상환할 필요가 있다. 그 밖의 법체계에서 이 문제는 유효성의 문제가 아니라 우선성의 문제로 처리되며, 제2양도가 (양수인에 의하든 양도인에 의하든 관계없이) 채무자에게 최초로 통지된 경우 제2양수인이 선행하는 채권양도를 모르거나 또 알아야 했다고도 할 수 없다면 제1양수인에 우선한다. 이러한 방식은 두 가지 다른 생각을 표현하고 있다. 하나는, 동산의 경우 점유를 취득하는 것이 우선하기 위한 방법으로 인정되고 있는 바, 채권양도의 통지를 하는 것은 그것에 가장 근사한 것이다. 또 하나는, 앞으로 채권을 양수하려는 자는 채무자에게 이미 채권양도의 통지를 받았는지의 여부를 알아볼 수 있다는 것이다. 제1양수인이 이러한 통지를 하지 않은 경우에는 제2양수인은 선행하는 양도가 없다고 봐도 상관없다. 다만, 제2양수인이 어떠한 형태로 제1양도에 대해서 알거나 알아야 했을 경우는 이에 해당되지 않는다. 예를 들면 제1양도가 공적인 등록부에 등록되어 있는 경우가 이에 해당한다.

📑 **사례 1** S는 D에 대한 금전채권을 A1에게 양도하고 그 후에, 동일한 금전채권을 A2에게 양도했다. 그리고 최초로 D에게 채권양도 통지를 한 것은 A2였다. A2에 대한 채권양도의 시점에서 A1에 대한 양도에 대해서 모르고 또 알아야 했다고 할 수 없는 경우는 A2가 우선한다. 쌍방 또는 한쪽의 채권양도가 둘 다 진정한 양도였는지, 양보를 위한 양도밖에 없었는지에 관계없이 이런 결론이 된다. 그러나 A2에 대한 채권양도가 진정한 양도인 경우는 A1의 권리는 단순히 뒤떨어지는 것이 아니라 소멸된다.

(2) 통지

채권양도와 관련하여 통지란 채무자가 통지를 받은 것을 말하며, 단순히 통지가 발신된 것만을 말하는 것은 아니다(PECL 11:303조를 참조. 통지의 효과발생 시점에 대해서는 1:303조 2항을 참조).

(3) 어느 당사자도 통지를 하지 않은 경우

어느 당사자도 채권양도의 통지를 하지 않은 경우 시간에 앞선 자는 권리에 앞선다는 통상의 기준이 적용된다. 그러나 제1양수인의 우선은 잠정적인 것인데, 제2양수인이 선행하는 양도에 대해서 선의로 제1양수인이 한 채권양도의 통지보다 먼저 채권양도의 통지를 한 경우에는 그 순위가 역전된다.

3. 양수인 대 압류채권자

11:401조 3항에 의하면 채권양도는 그 효과가 발생하면 그 후에 나타난 양도인의 압류채권자에 우선한다. 그것은 압류가 재판 전 법원의 (가압류) 명령, 판결 후의 채권압류나 강제집행 그 밖의 채권압류 형식의 어느 것에 의한 것이든 상관없다. PECL 11:202조는 채권양도가 효과를 일으키는 시점을 다룬다. PECL 11:202조 2항[87]의 소급효는 채권양도와의 관계에서는 중요하지 않다. 채권자는 미발생의 금전채권을 압류할 수 없으므로 경합은 현재의 금전채권에

---

87) 장래의 채권의 양도는 양도대상채권이 발생하면 채권양도를 합의한 시점 또는 양도인과 양수인이 합의한 그 후의 시점에 효과가 생긴다.

대해서만 발생하기 때문이다.

📝 **사례 2** 3월 1일에 D는 환가를 위해 진정한 양도로 현재의 금전채권을 A에게 양도했다. 3월 10일, D의 채권자 C는 채무자에게 D가 아닌 C에게 지급하라는 법원의 명령을 요구했다. D는 이미 그 금전채권의 권리자가 아니기 때문에 그 지급명령은 인정될 수 없게 된다.

📝 **사례 3** 사례 2와 동일한 사실관계에 있어서 A에 대한 채권양도가 담보를 위해서였다고 한다. 채권양도에 의해 담보된 채권(가령 D에 대한 A의 대여금채권)이 변제로 인해 소멸되지 않는 한 그 시점까지 지급명령은 인정되지 않는다.

📝 **사례 4** C는 D에 대해 10만 유로의 지불을 요구하는 확정판결을 받았다. T가 D에 대해 15만 유로의 채무를 지고 있던 참에, 2월 25일 C는 T가 그중에서 10만 유로에 대해서는 D가 아닌 C에게 지급하라는 법원의 명령을 요구하여 그것이 인용되었다. 3월 10일 D는 T에 대한 이 금전채권을 A에게 양도했다. 채권양도는 법원의 명령에 따른 후에 그 효과가 발생하므로, A는 그 명령이 실현된 후에 비로소 T에게서 잔액인 5만 유로 범위 안에서 지급받을 수 있다.

4. 파산

(1) 일반적인 기준: 양수인의 우선성
채권양도가 채권의 이전으로서 실질적 의미가 있다면 양수인이 양도인의 파산관재인 및 일반채권자에 대해서 우선하여 효력이 발생하는 것은 원칙적으로 유효한 것으로 인정되어야 한다. 이러한 우선성의 효과는 채권양도가 진정한 양도로 행해진 경우에는 양도대상채권은 파산재단을 구성하지 않는다는 것이며, 채권양도가 담보를 위해 행해진 경우에는 파산재단의 권리는 담보권이 변제로 인해 소멸된 후에 생길 수 있는 잉여에 한정된다는 것을 의미한다.

(2) 양수인의 우선성 요건
양수인의 우선성은 3가지의 요건에 따른다. 첫째, 파산에 적용된 법이 그 자체 또는 그 밖의 법을 참조함으로써 양도인의 파산에 있어서의 양도인의 대리인(으로서의 파산관재인)이나 일반 채권자에게 채권양도가 우선하는 요건으로 등록과 같은 공시요건을 부과하고 있는 경우는, 이 요건을 충족시키지 않으면 채권양도는 양도인의 파산채권자에 대해서 무효이며, 양수인은 양도인의 재산에 대해서 양도인의 일반채권자의 채권과 평등의 채권을 가지는 데 불과하다. 둘째, 양수인의 우선성에 관한 PECL 11:401조는 채권의 순위에 관한 파산법의 특별한 준칙에 영향을 미치는 것은 아니다. 예를 들면 파산법은 어떤 일정한 종류의 물권적 권리조차도 세금이나 피용자의 임금 등 우선채권에 뒤떨어지게 하는 경우가 있다. 셋째, 양수인의 우선성에 관한 PECL 11:401조는 파산절차에 있어서의 거래의 취소나 무효에 관한 파산법의 준칙에 영향을 미치는 것은 아니다. 예를 들면 양도인의 양수인에 대한 현재의 채무면책과 상환 또는 면책을 위해 채권양도가 이루어져 그 채권양도의 시점에서 양수인이 지급불능(양수인이 양도인에게 반대급부로서 부담하고 있는 채무의 지급불능)이었기 때문에 양수인이 양도인의 그 밖의 채권자보다도 더 유리하게 취급된 경우에는, 그 채권양도는 편파행위로 인정되는 경우가 있다. 이상의 모든 경우에 특별법으로서 파산 관련법이 PECL 11:401조 3항의 우선성에 관한 준칙보다 우선한다.

5. 입법례

PECL 11:401조 1항은 약간의 차이가 있지만 EU 회원국 대부분의 법체계에서 채용되고 있는 준칙이다.[88] 이것과 대조적으로 오스트리아[89] 및 독일 법은 제1양도를 우선한다. 이것은 제2양도의 법적 효과가 없다는 법역에서의 원칙에서 당연한 결과이다. 네덜란드에서 통지가 없으면 채무양도는 무효이다. 그 결과 경합하는 복수의 양수인 전원이 통지를 한 경우에만 우선의 문제가 일어

---

[88] 잉글랜드{Dearle v. Hall (1828) 3 Russ. 1}, 프랑스(Terré, Simler, Leqette n. 1189), 북유럽 제국(북유럽 약속어음법 31조 2항에 따른다), 그리스{Stathopoulos 2, (1992) 599}, 이탈리아(민법 1265조 1항), 포르투갈(민법 584조), 스코틀랜드{McBryde 12. 100(2), 12. 104-12. 106; Wislon para. 27.5(a)} 참조.

[89] OGH SZ 54/104; JBl 1986. 235; JBl 1996. 251.

난다. 그리고 그 경우 누구나 자신이 가지고 있는 권리의 그 이상을 양도할 수 없다는 원칙에 따라 제1양수인이 우선한다.

PECL 11:401조 2항, 3항, 4항은 채권양도가 유효하기 위한 요건으로 채무자에 대한 통지를 요건으로 하지 않는 국가들의 기준들을 규정하는 것이다. 그런데 프랑스 및 네덜란드 등에서는 채무자에 대한 통지가 채권양도의 본질적인 요소이다. 채무자가 채권양도의 통지를 받지 않은 경우에 채권양도가 경합하면 어느 쪽의 채권양도도 통지가 되거나 채권양도가 승낙되기까지 무효상태이다. 그리고 파산절차가 개시되면 통지나 승낙은 불가능하다. 다만, 네덜란드에서는 질권이 숨은 질권인 경우는 예외가 된다. 또한 네덜란드에서 장래 채권의 양도는 그 후에 양도인에 대한 파산절차의 개시로 인해 그 시점에서 아직 발생하지 않은 질권에 대해 효력을 잃는다.[90]

채권양도가 유효하기 위한 요건은 달라도 어느 쪽에 있어서나 일단 그런 요건이 충족되면 양도인이 그 이후에는 양도대상채권을 압류한 채권자에게 우선한다는 기준이 채용되고 있다. 따라서 채권양도가 PECL 11:202조(채권양도의 효과발생 시점:양도합의 시점)에 의해 그 효력이 발생한 경우에는 11:401조 3항이 그 후의 압류채권자에 대한 우선권을 양수인에게 준다.

---

90) 네덜란드 파산법 35조 2항.

제 **3** 장

채무자의 대체 및 추가 그리고 계약의 양도

제1절 → 채무자의 대체

Ⅰ PECL과 DCFR의 규정태도

DCFR은 당사자의 합의로 채무자를 대체하거나 추가함으로써 당사자를 변경하는 방식을 규정하고 있다(Ⅲ.-5:201조).[1] 이와 관련하여 DCFR은 원래의 채무자가 면책되는 방식(새로운 채무자로의 대체, complete substitution of new debtor), 새로운 채무자가 이행을 하지 않는 경우에 원래의 채무자도 이행책임을 부담하는 방식(채무자의 불완전 대체, incomplete substitution of new debtor), 원래의 채무자와 새로운 채무자가 함께 연대책임을 부담하는 방식(새로운 채무자의 추가, addition of new debtor)의 세 가지를 인정한다(Ⅲ.-5:202조).

이와 비교하여 PECL의 경우 채무자의 완전한 대체(면책적 채무인수)만을 규정하고 있다.[2] PECL에서 채무자의 추가(병존적 채무인수)를 규정하지 않은 것은 기존의 채무관계에 있어서의 채무자에게 제3자가 가담하는 형태로서의 계약상의 합의가 이루어지는 경우에 거기에 뭔가 특유의 문제가 발생하는 것은 아니라고 보고 이를 제10장 연대채무에서 규율하기 때문이다. DCFR의 경우에도 채무자의 추가에 대해서 연대채무에 관한 규정을 적용한다(Ⅲ.-5:209조 2항).[3]

---

1) 채무자의 대체나 추가는 우리 민법상으로는 채무인수에 해당

2) **PECL 12:101조(채무자의 대체)** (1) 제3자는 채권자와 채무자의 동의에 따라서 구채무자를 면책함으로써 구채무자와 교체할 수 있다. (2) 채권자는 장래에 있어서 대체가 이루어지는 것을 사전에 동의할 수 있다. 이 대체의 효과는 신채무자와 구채무자 사이의 합의에 따른 신채무자로부터의 통지가 채권자에게 이루어졌을 때 발생한다.

3) 따라서 여기서는 소위 면책적 채무인수에 한하여 모델법의 규정들을 살펴보기로 한다.

1. 합의에 의한 대체

채무자를 대체하는 합의방식은 일반적인 계약의 합의방식과 같다. 즉, 신채무자가 구채무자를 대체하는 합의의 형식에 관하여 PECL 12:101조는 아무런 규정을 두지 않고 있고 그 결과 2:101조의 일반규정에 따르게 되는데, 그에 의하면 형식적 요건은 아무것도 필요로 하지 않게 된다.[4]

2. 채무자의 대체와 동의 여부

(1) 채권자의 동의

어떤 자('제3자' 혹은 '신채무자')가 타인('채무자' 혹은 '구채무자')의 채무를 인수할 수 있으며, 이에 따른 채무자의 대체는 널리 승인되고 있는 법리이다. 제3자와 채무자 사이의 합의 그 자체만 가지고서는 구채무자가 면책되는 효과가 발생하지 않는다. 이 효과를 발생시키려면 채권자가 채무자의 대체에 동의해야 한다. DCFR Ⅲ.-5:203조 1항에서는 완전한 대체든 불완전한 대체든 간에 채권자의 동의를 요구하고 있고(채무자의 추가인 경우에는 채권자의 동의 불필요), PECL 12:101조 1항도 채권자의 동의가 대체의 효과 발생의 필요요건임을 명시하고 있다. 보통 대체는 채무자와 제3자 간의 합의로 이루어지지만 채무자를 면책할 때는 이 합의에 채권자의 동의가 필요하게 된다.

동의의 표시는 명시적일 필요는 없지만 확정적이고 철회하지 못한다. 채권자의 동의가 표시되지 않는 한, 합의에 의해 제3자가 채무자로 교체되는 효과는 발생할 수 없다. 그렇지 않으면 채권자는 구채무자와 비교해서 지급능력이 없거나 혹은 현저히 신뢰도가 떨어질지도 모르는 채무자를 할 수 없이 상대하여야 하는, 중대하고 견디기 어려운 위험에 처하게 되기 때문이다.

📑 **사례 1** A는 B은행에서 10만 유로를 빌렸다. 그 후, 바로 C는 A에게서 12만

---

4) **PECL 2:101조** (2) 계약은 그 체결에 대하여 또는 그 증거로서 서면을 필요로 하지 않고, 그 밖의 어떠한 방식요건에도 따르지 않는다. 계약은 증인에 의한 것을 포함해 어떠한 수단에 의해서도 증명할 수 있다.

유로에 건물을 구입하고 대금 중 일부를 B은행에 대한 A의 채무를 C로 대체할 것을 A와 합의했다. B는 이 합의에 동의하기로 표명했다. 그 결과 C는 A를 대신해 B에 대한 채무자가 된다.

(2) 채권자가 채무자와 제3자 사이의 합의에 동의하지 않은 경우

이러한 경우 채무자와 제3자 사이의 합의는 채무자와 제3자 사이에서만 법적 효력을 갖게 된다. 채권자의 동의 없는 합의가 있는 경우 채권자는 채무자나 제3자 모두에게 채무이행을 요구할 권리가 주어지는가? 그렇지는 않다. 채권자가 채무에 가담한 제3자에 대하여 권리를 얻게 되는지는 제1차적으로는 채무자와 제3자 사이의 계약조항에 따라서 결정되게 된다. 이러한 경우 제3자를 위한 계약을 생각할 수 있다. 즉, 이러한 경우 제3자를 위해 하는 계약에 관한 PECL 6:110조의 규정이 적용되어 채권자는 문제가 되는 합의와의 관계에서 제3자가 된다.

(3) 채권자의 사전 동의

PECL 12:101조 2항 또는 DCFR Ⅲ.-5:203조 2항은 동의가 사전에 채권자에 의해 이루어질 수 있는 것을 명시하고 있다. 이 경우 구채무자와 신채무자가 합의에 도달하고 또 신채무자가 그것을 채권자에게 통지해야 비로소 대체의 효력이 발생한다. 대체가 이루어졌는지 또는 언제 이루어졌는지를 채권자가 인식하지 않으면 안 되는 이상, 채권자가 통지를 수령한다는 요건의 필요성은 사전 동의의 시점에서 신채무자가 아직 누구인지 결정되지 않은 경우에 한정되는 것은 아니다.

🗐 **사례 2**   A는 건물을 C에게 매각하기로 예정했지만, 그때 급하게 B은행의 융자가 필요하게 되었다. A는 B은행에 대해 미리 당해 건물의 매매계약 체결일 이후에 C가 (A의) 빚을 떠맡아 대신 지불할 것을 받아들이는 것에 대해 동의를 요구했다. B는 이에 동의했다. C는 그 후에 빚을 떠맡는 데 동의하고 B에게 통지했다. 매매계약이 체결된 시점 이후에 C는 A를 대신해 채무자가 된다.

(4) 제3자(신채무자)와 채권자와의 합의에 의한 대체와 채무자의 동의

유럽의 법체계는 제3자가 채무자로 대체되는 것을 목적으로 하는 제3자와 채권자의 합의에 따라, 대체의 효과 발생에 채무자의 동의도 필요로 하는지에 대해서 통일되어 있지 않다. PECL 12:101조 또는 DCFR Ⅲ.-5:203조에 따르면 제3자와 채권자의 합의는 채무자의 동의를 얻지 않는 한 대체의 효과를 발생시킬 수 없다. 물론 그렇다고 이러한 내용이 채권자가 일방적으로 채무자를 면책하는 것을 배제하는 것은 아니다. 하지만 그러한 일방적 대체의 경우 PECL 12:101조의 대체라는 단독행위가 이루어졌다고 하기보다는 두 가지 독립된 법률행위, 즉 채권자와 제3자의 계약과 채권자에 의한 일방적 단독행위(일방적 대체 행위)가 존재한다고 보게 된다.

3. 기타 제도와의 관계

(1) 채권양도

대체는 어떤 의미에서 채권양도와 정반대의 것이다. 채권양도는 신채권자가 있어야 하는 반면 대체는 신채무자가 있어야 한다. 그런데 채권양도는 세 당사자 모두의 동의를 필요로 하지 않는 반면 채무자의 대체는 세 당사자의 동의를 필요로 한다.

(2) 채무변경계약

'채무변경계약(更改)'은 다양한 법체계에서 다른 의미로 쓰이고 있다. 일반적으로 채무변경계약은 현재의 계약을 — 동일한 당사자 간에 이루어지는 것이 대부분이지만 — 새로운 계약에 따라 바꾸는 것을 의미한다. 한편, PECL 12:101조에서 대체는 채무자의 대체를 의미하지만 당해 계약은 효력을 유지하고 대체 이외의 점에 대해서는 전혀 변함이 없다.

(3) 제3자를 위한 계약

PECL 12:101조에 따른 채무자의 대체는 세 당사자 모두에 의한 합의를 포함하고 있다. 이에 반해 제3자를 위한 계약은 요약자와 낙약자라는 두 당사자의 합의에 따른 계약(PECL 6:110조에서 규율)이라는 점에서 서로 구별된다.

(4) 제3자에 의한 이행

'제3자에 의한 이행'을 다루는 PECL 7:106조는 채무자 자체의 대체를 포함하는 것은 아니다. 동조는 단순히 제3자에 의한 이행이 채권자에 의한 거절이 불가능한 '정당한 이행'이 될 수 있는지를 정한 데 지나지 않는다.

4. 일부 채무에 대한 대체

계약에 따라서 채무의 일부에 대해서만 신채무자를 대체하는 것도 가능하다. 채무가 분할 가능한 경우, 분할이 인정되는 부분에 관해서 대체가 가능하다. 대체는 채권자의 동의가 필요하므로 부분적인 채권양도에 관해서 가령 PECL 11:103조가 부여하는 특별한 보호와 동일한 규정을 둘 필요는 없다.

5. 입법례

(1) 일반론

신채무자와 구채무자의 교체는 대부분의 국가에서 용어의 차이는 있지만 일반적으로 인정되고 있다. 오스트리아 민법(1405~1410조) 및 독일 민법(414~418조), 포르투갈 민법(595~600조), 네덜란드 민법(6:155~158조)에서는 채권인수, 또는 채무의 인수라는 표제하에서 명시적인 규정을 두고 있다. 그리스 민법(471조)도 마찬가지로 제3자는 채무를 인수하고 그에 따라서 채무자를 해방시킬 수 있다고 한다. 이러한 법체계에서 채무인수는 채무변경계약과 구별된다. 몇몇 국가에서는 채무변경계약 없이 채무인수라는 관념에서 이를 다루고 있다.

프랑스 민법은, 예를 들면 채무변경계약을 하는 방법의 하나로 신채무자가 채권자에 의해서 면책된 구채무자를 대신하는 경우를 인정하고 있다. 이탈리아 민법은 채무변경계약의 하나의 유형으로 면책되는 구채무자와 신채무자가 교체되는 상황을 고려하고 있다(주관적 채무변경계약, 이탈리아 민법 1235조). 스페인 민법에서는 채무변경계약이라는 일반적 표제에 있어서 1203조 2항이, 채무는 다른 자가 채무자로 교체됨으로써 변경된다고 규정한다. 하지만 채무의 인수라는 용어 또한 판례법이나 학설에 있어서 잘 알려져 있다. 잉글랜드 법이나 아일랜드 법에서는 같은 당사자 간이든, 제3자가 그때까지의 당사자의 한 사람으로 바뀐다는 계약에 따라 당사자가 되든, 어쨌든 채무변경계약이라는 제도에 의해 다른 자로 바뀌는 경우가 규율되고 있다.[5]

(2) 채무의 '병존적' 및 '면책적' 인수

유럽 각국 민법의 대부분은 채무인수의 두 가지 유형을 명시적으로 규율하고 있다. 병존적 채무인수와 면책적 채무인수이다. 병존적 채무인수는 제3자가 나란히 부가적인 채무자가 되는 것이고, 면책적 채무인수는 구채무자가 채무에서 면책되어 신채무자로 완전히 대체된다(예를 들면 오스트리아 일반민법 405조, 1406조 및 독일 민법 305조(현행 311조 1항), 414~418조, 그리스 민법 471조, 477조, 이탈리아 민법 1268~1273조 및 포르투갈 민법 595조 2항을 참조). 프랑스 민법은 1275조에서 병존적 채무인수의 가능성을 명시적으로 승인하고 있다.

(3) 형식적인 요건

신채무자가 구채무자와 교체되는 것을 명시적으로 다루는 법전은 일반적으로는 어떠한 형식적인 요건도 부과하지 않는다. 독일 법에서도 마찬가지이다. 그렇지만 양도된 채무를 발생시키는 계약이 특별한 요식을 필요로 할 경우에는 동일한 요건이 채무자를 교체시키는 합의에 대해서도 적용된다.[6]

(4) 서로 다른 합의들 사이의 구별

구채무자의 신채무자로의 대체를 명시적으로 규정하고 있는 모든 법체계에서 그러한 대체는 다양한 방법으로 이루어지고 있다. 채권자와 제3자의 합의에 구채무자가 동의해야 하거나 또는 동의하지 않아도 되는 방식, 구채무자와 신채무자의 합의에 채권자가 동의하는 방식 등이 인정되고 있다. 어떤 국가의 법에서도 채권자의 동의가 구채무자를 면책하기 위해서 불가결하다고 하고 있다. 그러나 그 방법은 (채권자와 신채무자 간 합의에 의한 대체의 경우) 채무자의 동의가 대체의 효과를 발생시키기 위해 필요한가 하는 문제의 대응에 따라 다르다. 독일 민법은 채무거래의 성립에 관해서 두 가지 규정을 두고 있다. 제414조에

---

5) Treitel, Contract 647; Chitty para. 20.084.

6) Münchener Kommentar (-Möschel) § 414 n.4.

서는 구채무자의 협력이나 동의 없이 채권자와 신채무자가 될 제3자의 합의만
으로 성립하는 채무인수계약을 규정하고 있다. 반면 415조에서는 제3자(신채무
자)와 채무자 사이의 채무인수 합의 외에 채권자의 추인이 채무인수 효력발생
의 요건이 된다.[7]

 ## Ⅱ 항변, 상계 및 담보에 관한 (완전한) 대체의 효과[8]

1. 대체의 일반적 효과

(1) 기존 채무의 승계

채무자의 대체(면책적 채무인수)로 원래의 채무자는 면책되고 채무는 신채무
자에게 이전한다. 신채무자에게 이전되는 것은 같은 내용의 채무와 이미 존재
하고 있는 부수적인 권리(예를 들면 이자)이다. 채무가 신채무자로 단순히 이전
하는 것은 채무의 내용을 변경하는 것이 아니다. '채무계약변경'과 반대로 (민법
의 전통적인 의미에서) 채무의 내용은 신채무자가 구채무자로 대체되는 것에 의
해서 영향을 받지 않으며 그 내용이 바뀌지도 않는다.

(2) 기존의 담보와 보증의 소멸

구채무자의 면책으로 구채무자와 신채무자, 채권자 사이의 계약관계에서 당
사자가 아닌 자에 의해서 제공된 채무에 관한 물적 · 인적담보는 모두 소멸된

---

7) Münchener Kömmentar (-Möscuel) § 414 n. 3, § 415, nn. 3 and 6; Larenz 601ff.

8) 이와 관련해서 DCFR Ⅲ.-5:205조와 PECL 12:102조 참조.
   PECL 12:102조(항변과 담보에 대한 대체의 효과) (1) 신채무자는 채권자에 대해서 신채무자
   와 구채무자의 관계에서 발생한 권리나 항변을 원용할 수 없다. (2) 구채무자의 담보가 구채무
   자와 신채무자 사이에 이전된 재산을 초과하지 않는 한 채무이행을 위한 구채무자의 담보에까
   지 면책의 효력은 미친다. (3) 신채무자에게도 담보제공을 계속하겠다는 동의가 없는 한 기존
   의 제3자의 담보는 면책된다. (4) 신채무자는 구채무자가 채권자에 대해서 주장할 수 있던 항변
   의 전부를 원용할 수 있다.

다.[9] 그렇지만 담보를 제공한 자가 채무자의 대체로 인해 담보에 영향을 주지 않는 것에 동의한 경우에는 담보는 여전히 존속한다.[10]

(3) 채권자의 부수적 권리

채권자가 채무자에 대해서 가지고 있는 부수적인 권리는 채권자를 위해 유효하게 그대로 존속한다. 이러한 권리는 교체에 의해서 영향을 받지 않는다. 신채무자가 채무자가 되기 전에 채권자에게 담보를 제공한 경우에 담보는 채무자에게 이용 가능한 것으로 계속해서 존속한다. 채권자는 그 당시 또는 그 후에 신채무자에 의해서 제공된 추가담보에 대해서 우선권을 취득하게 된다.

2. 항변에 관한 대체의 효과

(1) 구채무자의 채권자에 대한 항변의 원용

새로운 채무자는, 원래의 채무자가 채권자에 대하여 원용할 수 있었던 모든 항변을 원용할 수 있다.[11] 채무자의 대체는 신채무자가 구채무자와 같은 법적 지위에 오르는 것을 의미한다. 따라서 신채무자는 — 일정한 예외는 있지만 — 구채무자가 채권자와의 계약관계에서 가지고 있던 채권자에 대한 모든 실체법상 및 절차법상의 항변을 제출할 수 있다. 시효의 항변이 그 예이다.

항변주장의 중요 시점은 채무인수의 합의 시점이다. 구채무자가 이 시점 이전에 제출할 수 있던 항변, 또는 이 시점까지 발생한 사건에 기초하여 생겼을 모든 항변을 신채무자도 역시 제출할 수 있다. 따라서 이미 대체 효력이 발생한 시점 이후에는 구채무자가 행사할 수 있게 된 항변을 신채무자는 주장할 수 없다. 그리고 신채무자는 구채무자의 동의 없이는 상계를 위해 구채무자의 청구권을 행사할 수 없다.

신채무자가 구채무자의 항변을 제출할 수 있다는 원칙은 신채무자가 구채무와는 독립해서 존재하는 채무를 승인하는 경우는 적용되지 않는다. 또한 신채

---

9) 독일 민법 418조 1항 참조.

10) DCFR III.-5:205조 5항, PECL 12:102조 3항.

11) DCFR III.-5:205조 1항, PECL 12:102조 4항.

무자는 채권자에 대해서 구채무자와 신채무자 사이의 계약관계에서 생기는 항변을 행사할 수도 없다.

(2) 구채무자와 제3자(신채무자) 사이의 대체합의에서 발생하는 항변에 관한 효과

PECL 12:102조 1항과 DCFR Ⅲ.-5:205조 3항에서는 제3자와 채무자와의 합의에서 발생하는 권리나 항변으로부터 채권자가 영향을 받지 않는다는 것을 명시하고 있다. 구채무자와 신채무자 사이의 교체합의의 하자로 인해 합의가 무효 또는 취소된다고 하더라도 이 하자는 채권자와의 관계에서 신채무자의 지위를 변경하는 것은 아니다. 가령 채권자가 구채무자와 신채무자의 관계에 대해서 당사자의 합의가 결여되어 있다든가, 하자가 있다든가, 또는 신채무자가 구채무자에 대해서 항변을 할 수 있었다든가, 그러한 것을 알거나 또는 알아야 했다고 볼 수 있는 경우에도 채권자는 신채무자에 대해 소송을 제기할 수 있다. 대체는 이 의미에서 '무인(無因)'으로 볼 수 있다. 즉, 대체는 구채무자와 신채무자 간의 기초적인 관계의 하자로부터 독립된 것이다. 이 규정의 취지는 채권자를 보호하는 데 있다. 채권자는 구채무자와 신채무자 사이의 법적 하자로 인한 영향을 받아서는 안 된다는 것이다.

📖 **사례**　A는 C에게 원가로 칭하는 가격으로 중세풍의 중국의 예술품을 2만 유로에 판매하고 그 대금 지급을 위해 은행 B의 채무자로서 A를 C로 교체하는 것에 대하여 합의했다. A에 의한 통지에 따라 은행 B가 교체에 대한 동의를 표명했다. 그 후, 바로 A—그 사이에 파산했지만—가 C에게 모조품을 판매한 것이 판명되었다. 이 경우는 교체에 영향을 미치지 않는다.[12]

---

12) 이 사안에 한국 민법을 적용할 경우 다음과 같이 해결된다. 즉, 채무인수계약 자체가 사기에 의한 것인바, 사기를 이유로 C는 A와의 계약을 취소할 수 있다. 다만 B는 사기로 인한 취소의 경우 선의의 제3자로서 보호받는다. 따라서 만약 은행이 이 거래가 사기에 기한 것임을 알거나 알수 있었을 때에는 이를 증명하여 취소할 수 있으므로 PECL이나 DCFR과는 결과가 달라진다.

3. 담보에 관한 구채무자와 제3자의 면책

PECL 12:102조 또는 DCFR Ⅲ.-5:205조 5항에 의하면 채무의 이행을 위한 담보를 제공한 구채무자는 원칙적으로 이 담보에서 면책된다. 또한 PECL 12:102조 3항과 DCFR Ⅲ.-5:205조 5항에 의하면 구채무자에 의한 채무의 이행에 담보를 제공한 제3자도 역시 마찬가지로 면책된다. 이러한 기준은 유럽 각국의 대부분의 법체계에 존재한다.

그러나 이러한 기준에는 예외가 있다. 구채무자에 의해 제공된 담보에 관한 이 기준은 구채무자와 신채무자가 된 제3자와의 사이에서 거래의 일부로 양도된 재산상의 담보에는 적용되지 않는다. 이것은 동산의 소유권유보조항이 있는 경우에 대해서 중요한 의미를 갖게 된다. 이에 관한 대금은 구채무자가 채권자에게 지불하는 것으로 되어 있었기 때문이다.

채무의 이행을 위해 누군가 다른 자에 의해서 제공되는 보증이나 질과 같은 담보에 관해서는, 그 자는 채권자를 위하여 담보를 계속하도록 합의할 수 있다. 그러나 그러한 합의가 없으면 담보는 해방되게 된다.

4. 입법례

독일 민법 417조가 PECL 12:102조 2항에 가깝다. 또 독일 민법 418조는 12:102조 3항에 상응한다. 제3자는 채권자에 대해서 채권자와 제3자의 법적 관계에서 생기는 항변을 주장할 수 있다. 제3자는 채무자와의 관계에서 생기는 채권자에 대한 항변을 주장할 수 없으며 단순히 합의된 계약에서 생기는 항변만을 행사할 수 있는 데 지나지 않게 된다. 제3자는 채무자의 채권을 가지고 상계할 수 없다.[13] 독일 민법 418조에 의하면 채무인수의 경우 부수적 담보이익은 채무자가 대체되면 소멸한다.[14] 동일한 준칙은 부수하지 않는 담보이익에도 적용된다. 독일 민법 418조의 취지는 채무자가 모르는 사이에 책임을 부담하는 위험에서 담보공여자를 보호하는 데 있다.[15]

---

13) Münchener Kommentar (-Möschel) § 417, n. 2ff.; Larenz 606ff. 참조.

14) Münchener Kommentar (-Möschel) § 418, n. 6ff.

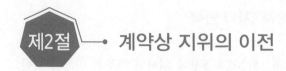

1. 계약상 지위의 이전

채권만을 양도하는 채권양도나 채무자만을 대체하는 계약과는 달리 계약상 지위의 이전(Transfer of contractual position)[16]은 제3자에게 계약상의 권리의무 전체가 양도되는 것으로 PECL 12:201조[17]와 DCFR Ⅲ.-5:302조는 이에 관한 규정을 두고 있다.

장기간에 걸쳐 존속하는 계약이나 기업매수, 기업합병이 일상적으로 일어나는 유럽에서는 실무상 계약의 양도에 관한 기준은 매우 중요하게 다루어진다. 계약상 지위의 이전에 관한 합의는 종종 부동산임대계약, 대출약정(Loan Arrangements), 노동계약, 그리고 기타 유형의 장기간의 계약에 관해서 체결된다. 어떤 경우에는 계약상 지위이전에 관한 특별규정들의 적용을 받게 되는데, 가령 물품대여(lease of goods)에 관한 DCFR 제4권 B의 규정들에는 그 대여한 물품의 소유자가 변경되면 그 소유자가 물품대여 당사자가 된다고 하는 계약상 지위이전효과에 관한 특별규정들을 포함하고 있다(이 경우 전 소유자는 물품대여 계약상 인적담보제공자로서 채무불이행에 대하여 보조적으로 책임을 부담한다).[18]

모든 계약상 지위 이전은 계약의 갱신(Novation)과는 구별된다. 계약의 갱신은 종래의 계약관계를 소멸시킨 후, 그것과는 다른 대상 또는 다른 원인을 가

---

15) Nörr, Scheying & Pöggeler 250, Staudinger (-Kaduk) § 418, n. 6 참조.

16) PECL에서는 'Transfer of contract'라는 표현을, DCFR에서는 'Transfer of contractual position'이라는 용어를 사용하고 있다.

17) **PECL 12:201조(계약의 양도)** (1) 한쪽 계약당사자는 제3자와의 사이에서 이 제3자가 계약의 다른 쪽 당사자와 교체하는 것을 합의할 수 있다. 이 경우, 교체의 효과는 다른 쪽 당사자의 동의의 결과로써 당초의 당사자가 면책되는 경우에만 발생한다. (2) 계약당사자로서의 제3자의 교체가 이행청구권(채권)의 양도를 수반하는 한도에서는 제11장의 규정이 적용된다. 또 채무가 양도되는 한에서는 본 장 제1절의 규정이 적용된다.

18) DCFR Ⅳ.B.-7:101조. von Bar, 1103면 참조.

진 새로운 계약을 성립시키는 합의를 의미한다. 하지만 계약상 지위의 이전에서 계약관계는 그대로 존속한다. 계약상의 구속은 동일하지만 그 구속이 처음의 당사자로부터 새로운 당사자인 제3자에게 그 구속이 이전하는 것이다.

2. 모든 계약관계에 관한 당사자의 대체

각각의 계약당사자는 다른 쪽 당사자의 동의가 있으면 계약에서 발생하는 모든 것을 제3자에게 인계시킬 수 있다. 그 결과 제3자는 처음의 당사자를 대신하여 계약상의 이익과 부담, 즉 처음 계약자의 이행청구권과 계약상의 이행의무 모두를 인수하게 된다.

📑 **사례** A는 B회사와 어떤 가격으로 조립식 주택을 짓는 계약을 체결하고, 첫 할부금을 지급하였다. 그 후, 바로 B회사는 도산했다. A가 동의하면 C회사는 종래 B회사의 계약상 권리의무를 전부 인수한 후에 B회사를 대신해 이 계약에 들어올 수 있다.

3. 다른 쪽 당사자 동의의 중요성

계약을 양도하는 당사자가 계약상대방에 대한 모든 채무에서 벗어나기 위해서는 상대방의 동의가 필요하다. 동의는 미리 받을 수도 있는데, 그러한 경우 이전은 그 당사자가 이전의 통지를 받은 때에만 효력이 발생한다.[19]

상대방이 동의하지 않으면 계약양도의 효과는 발생하지 않고 계약상 의무와 권리는 양도되지 않는다. 이러한 경우 계약상의 지위를 이전하고자 하는 계약당사자는 다음의 방법을 취할 수 있을 것이다. (a) 권리를 제3자에게 이전하고 (이에 대해서는 상대방의 동의 불필요) 아울러 (b) 상대방에 대한 의무이행을 그 제3자에게 맡기는 방법이다. 그러나 후자에 대해서는 PECL 8:107조[20]에 따르는 것만 유효하고, 그 외에 채무의 적절한 이행에 대해서는 처음의 채무자는 계속

---

19) DCFR Ⅲ.-5:302조 2항.

20) 장애사유로 인한 면책

해서 책임을 부담한다.

4. 채권양도 및 채무자대체에 관한 준칙의 적용 가능성

계약양도는 단순히 채권양도와 채무자대체를 조합한 만큼의 것이 아니라 그 이상의 것이다. 즉, 계약양도는 독특한 거래행위이며 이에 따라서 권리, 법적 지위와 의무의 구조 전체가 양도된다. 따라서 채권이나 의무의 양도를 위한 개개의 행위의 조합 이상의 것으로 평가하는 것이 적절하다. 하지만 실제로는 계약양도가 이루어진 경우 부수적 권리를 포함한 계약상의 모든 채무가 양도됨과 동시에 새로 가입하는 당사자로 인해 계약상의 모든 채무를 인수할 수 있게 된다.

이와 같은 사정은 채권양도 및 채무자대체에 관한 규정을 적절하게 계약양도에 수정 적용할 근거가 된다고 할 수 있다.[21] 예를 들면 부수적 권리는 채권양도에 관한 PECL 11:201조 1항의 규정이 정하는 것과 동일하게 취급되게 된다. 다른 쪽 당사자의 동의를 사전에 받을 수 있는 경우에는 새로운 당사자에 의한 통지가 계약양도의 효과를 발생시키는 요건이 된다(PECL 12:101조 2항과 같다). 그리고 새로운 당사자는 다른 쪽 당사자에 대해서 자신과 종래의 당사자와의 관계를 기초로 한 어떤 권리나 항변도 주장할 수 없다(PECL 12:102조 1항과 같다).

5. 입법례

(1) 최근의 법규정들
계약양도는 최근의 몇몇 법전에서 명시적으로 인정되고 있다.[22] 이탈리아 민

---

21) DCFR의 경우 제3자의 대체가 채권의 이전을 포함하는 한도에서 채권의 양도에 관한 DCFR 제5장 제1절의 규정들이 적용된다. 채무가 이전되는 한도에서 새로운 채무자의 대체에 관한 제5장 제2절의 규정들이 적용된다(DCFR III.-5:302조 3항).

22) 예를 들면 이탈리아 민법 1406~1410조, 포르투갈 민법 424~427조 및 네덜란드 민법 6:159조 참조(Asser-Harkamp I, nos. 610-612가 이 점을 논하고 있다).

법 1406조는 "어느 쪽 당사자도 상호의 대가적 이행을 목적으로 하는 계약에서 이행이 아직 행해지지 않은 이상, 다른 쪽 당사자의 동의를 조건으로 하여 제3 자와 교체할 수 있다."고 규정한다. 이것은 복수당사자에 의한 계약의 일종이 며 이것에 관여하는 제3자의 동의는 필수요소이다.[23] 동법 1408조 1항 및 2항 은 계약양도가 유효한 경우는 처음의 계약당사자가 양도인의 면책을 거절하지 않는 한 양도인은 그 자에 대한 채무에서 면책된다고 규정한다. 동법 1409조는 처음부터 계약당사자에게 이 계약에서 생기는 모든 항변을 양수인에게 주장할 권한을 인정하지만(예를 들면 불이행에 근거한 항변), 한편으로는 그 계약당사자 가 양도에 대한 동의를 해 줄 때 명시적으로 권리를 유보해 두지 않는 이상, 양 도인과 이것 이외의 관계에 근거한 항변을 주장하는 권한까지는 주지 않는다. 어떤 학설에 따르면 양수인은 취소권이나 해제권은 제외하고 계약에서 생기는 모든 권리를 취득한다고 한다.[24]

포르투갈 민법에서는 계약상의 지위의 양도(transmissão da posição contratud)가 424~427조에서 명시적으로 승인되고 있다. 이 생각은 주요한 부분에 있어서 PECL 12:201조에 규정되어 있는 것과 같다. 하지만 PECL 12:201조 2항과 같 은 준칙을 정하는 명문규정은 포르투갈 민법에서는 필요 없다고 생각된다. 지 배적인 견해에 의하면, 계약의 양도가 권리의 양도와 의무의 양도를 모은 것에 불과하다고 평가하는 것은 아니다.[25] 동법 427조에 근거하여 남은 당사자는 양 도인에 대해서 주장할 수 있던 모든 항변을 양수인에게 주장할 수 있다. 하지 만 시효의 항변은 채권양도의 경우에는 주장할 수 있지만 계약의 양도인 경우 에는 주장할 수 없다.[26]

(2) 실무 및 학설에 있어서 승인된 생각

계약양도에 관한 입법이 결여되어 있는 국가에서도 계약양도의 가능성은 일

---

23) Cass. 14/5/1962. n. Giust. civ. 1962, I 1906; Cass. 18/10/1971, n. 2929 in Riv. Notar. 1972, 278.

24) Fusaro 249. 이에 반대하는 견해로 Galgano 121.

25) Varela 415ff.; Pinto 387ff.

26) Varela 406.

반적으로 인정되고 있다. 예를 들면 오스트리아에서 계약양도는 판례 · 학설상 관계하는 세 당사자의 합의를 필요로 하는 독특한 거래로 파악되고 있다.[27]

독일 민법은 명시적으로는 계약양도를 규정하고 있지 않다. 그럼에도 불구하고 계약양도는 연방통상재판소에서 승인되고 있다.[28] 구 계약당사자와의 관계를 전체적으로 종료시키기 위해서는 계약양도라는 특별한 생각이 필요하다. 즉, 관계 전체를 종료시킨다는 목표를 달성하려면 채무인수만으로는 안 된다. 구 계약당사자가 일방적으로 행사할 수 있는 일정한 권리, 예를 들면 취소권, 철회권, 해소권이 그대로 남겨지게 되기 때문이다.

프랑스 민법은 명시의 규정이 없지만, 전통적인 학설은 계약양도를 채권양도 및 채무인수의 단순한 결합에 지나지 않는다고 보고 있다. 그러나 현재 계약양도는 원래 계약에서 유래하는 권리의무의 전체의 양도라는 견해가 지배적이다.[29] 프랑스 대법원(파기원)은 종전의 당사자의 합의를 요건으로 하면서 그 취지의 합의는 사전에 처음의 계약에서 할 수 있다고 하고 있다.[30]

스페인 법에서도 동일한 상황이 보인다. 스페인 민법에서는 아무런 규정을 두지 않기 때문에 이전에는 계약을 전체로 양도할 수 있는지가 의논의 대상이 되었지만, 현재의 지배적인 견해는 스페인 민법 1255조[31]를 근거로 하여 그러한 가능성을 인정하고 있다. 몇몇의 특별법은 계약의 양도의 가능성을 예정하고 있다(보험계약, 노동계약, 리스계약).

그리스 민법에서는 계약 전체의 양도에 대한 명시적인 규정을 찾을 수 없다.

---

27) 이 점에 대한 예로는 OGH JBI 1986, 131 (note Krejei); OGH JBI 1988, 720; OGH JBI 1990, 717; Koziol 137; Schima 319 참조.

28) BGH decision of 27. November 1985, BGHZ 96, 302 참조. 또 Dörner 2916; Fabricius 144; Münchener (–Möschel) Introduction to § 414, n. 7, 8 참조.

29) Aynès, Cession; Malaurie & Aynès no. 510; Terré, Simler, Lequette n. 1213 참조. 또 Cass. civ. Ⅰ, 12.12.1982, Bull.civ. Ⅰ, no. 360 참조.

30) Cass.com. 6.5.1997, Bull.civ. Ⅳ, N° 117, note Mazeaud, Rép. Defrénois 1997, 977; note Mazeaud, D. 1997, 588; notw Billi며 et Jamin, Rev.trim.de.civ. 1997, 936, Note Mestre. Cass.com., 6. 5. 1997, Bull.civ. Ⅳ, no. 118 and Aynès, Nouvelles précisions D. 1998, chron. 25ff 참조.

31) 계약의 자유. Garcia Amigo; Díez-Picazo Ⅱ, 4th edn 842–843 참조.

그럼에도 불구하고 계약에서 발생한 채권의 양도와 신채무자에 대한 교체를 조합하는 것은 학설 및 판례에 의해서 승인되고 있다.[32]

　스코틀랜드 법에서는 전체로서의 계약양도라는 생각이 승인되고 있다. 이른바 계약양도이다. 양수인이 책임에서 벗어나는 경우에는 다른 쪽 계약당사자의 동의가 필요하게 된다. 이러한 사례의 대부분에서 문제가 되는 것은 다른 쪽 계약당사자의 사전의 동의를 추정할 수 있는가이다.[33] 덴마크 법에 있어서는 계약양도에 관한 법규정은 없다. 그러나 이 문제는 기업의 매각에 관해서 의논되고 있다. 기본적으로 거기서의 견해는 PECL 12:201조에 규정된 견해와 유사하다. 세 당사자가 모두 양도에 합의해야 한다. 하지만 몇몇 법률상의 규정에 의한 예외나 관습법에 의한 예외까지도 존재한다. 예를 들면 신문이나 그 밖의 정기간행물이 양도된 경우는, 구독계약자는 바로 새 오너에 대한 청구권을 갖게 됨과 동시에 구 오너도 또 구독계약자와의 계약이 통지에 의해서 해소되게 되기까지 여전히 책임을 계속 진다.[34] 덴마크와 핀란드의 경우 학설은 PECL 12:201조와 일치하고 있다. 스웨덴 법에서는 구당사자와 신당사자의 합의는 계약의 양도의 효력발생 요건이다. 계약에는 다음과 같은 조항이 포함되는 경우가 자주 있다. 즉, 어떤 자에 대해 종전의 당사자와 같은 그룹기업 내의 한 그룹을 종전의 당사자 대신 새로운 당사자로 하는 것을 허가하는 조항이다(이 조항에서는 계약을 탈퇴한 구당사자는 보증인으로서의 지위에 머무르는 경우가 많다). 이 경우, 특단의 합의가 없는 한 신당사자는 구당사자의 권리와 의무를 전부 넘겨받는다.[35] 하지만 이 경우에도 '특단의 사정'이 있으면 교체되는 쪽의 당사자는 계약에서 남는 쪽의 당사자에 대해 이 조항에 근거한 주장을 할 수 없게

---

32) 학설에 대해서는 Papantoniou；Sourlas art. 455 no. 3；Kritikos, in Georgiadis & Stathopulos art. 455 no. 39를 참조하라. 판례에 대해서는 A.P. 1002/1991；HellDni 33 (1992) 829；1369/1993；ibid. 36 (1995) 304, at 306；681/1995, NoB 45 (1997) 607, at 606-607을 참조하라.

33) Gloag 416-425；McBrtde paras 12. 39-12.48 참조.

34) Gomard III 155 참조.

35) 이 점은 sec. 27 of the 1936 Act on Promissory Notes：Lag [1936：81] on skuldebrev에 나타난 채권양도에 관한 기본원칙과 일치하고 있다. 중재조항에 관한 NJA 1997 p. 886의 최고법원 판결도 참조하라.

된다.[36]

 잉글랜드 법은 채무계약변경이라는 표제하에서 계약 전체의 양도를 다루고 있다.[37] 이것은 회사의 합병이나 기업매수, 생필품시장, 신용카드거래 등과의 관계에서 중요하다. 그렇지만 이론적으로는 채무변경계약은 새로운 계약을 발생시킨다. 채무변경계약이 가능한지는 계약에서 미리 정해져 있는 경우가 많다.

---

36) Ramberg, Stockholm Arbitration Report 1999 : 1 p. 26 참조.

37) Chitty para. 20.084.

제 **4** 장

상계

제1절 ── 총설

I 상계의 의의와 법적 성질

1. 상계의 의의와 모델법상 규정태도

상계(set-off)란 어느 자가 다른 자에게 갖는 이행에 대한 권리를 그 자에 대하여 부담하는 채무의 전부 또는 일부를 소멸시키기 위하여 이용할 수 있는 절차를 말한다.[1] 상계와 관련하여 PECL은 13:101조부터 107조까지 7개의 조문을 두고 있다. DCFR의 경우 제6장에서 상계와 혼동(Merger)을 규율하고 있는데 제1절 8개의 조문(Ⅲ.-6:101조부터 108조까지)에서 상계에 관한 규정을 두고 있다. PECL은 상계의 개념과 요건을 13:101조에서 함께 다루고 있는 반면, DCFR에서는 이를 Ⅲ.-6:101조와 102조 두 조문에서 나누고 상계요건을 보다 세밀하게 규정하고 있고, 나아가 파산의 경우는 각 국내 파산법의 특별규정을 따를 것을 따로 규정하고 있는 점을 제외하고는 대부분 그 내용이 일치한다.

2. 상계의 법적 성질

일반적으로 상계는 순수한 절차법상의 제도로 또는 실체법상의 문제로 다뤄지곤 한다. PECL이나 DCFR에서 상계는 순수한 절차법상의 제도라기보다는 실체법상의 문제로 취급되고 있다.[2] 상계의 요건이 충족되고(PECL 13:101조)

---

1) DCFR Ⅲ.-6:101조.

2) Ole Lando, 139면; von Bar, 1113면 참조. PECL에서는 잉글랜드 법에서 비롯한 방식을 반영하고 있다. 잉글랜드는 전통적으로 보통법상의 상계와 형평법상의 상계(원래는 양자 모두 절차법상의 제도였다)를 구별했다. 그런데 이러한 구별은 형평법상의 준칙이 우세해짐에 따라 점점 약해져 왔다. 주목할 것은 오늘날 유력설이 형평법상의 상계의 성질을 실체법상의 것으로 인정하는 데 호의적인 점이다(또한 Derham 56ff.; Wood 4-1ff.). 이와 같이 유력설은 파산상 상계와

상계의 의사표시가 있으면(PECL 13:104조) 서로 대립하는 채무는 소멸한다 (PECL 13:106조). 상계 후에, 일방 당사자가 상대방에게 소송상 청구를 했다면, 청구의 기초가 된 채권이 이미 존재하지 않기 때문에 그 청구는 기각되어야 한다.

소송절차 중에 피고가 상계의 의사표시를 하는 것이 허용되는지는 당해 소송절차에 적용 가능한 민사절차의 규정에 따라서 해결된다. 이와 같은 의사표시가 허용될 경우 상계는 직접 실체법 차원의 효력을 가진다. 그리고 채무가 소멸했다는 사실은 당해 분쟁에 대해서 판결을 내릴 때 고려되어야 한다(다만, 채권이 불확실한 때는 그렇지 않다. PECL 13:103조, DCFR Ⅲ.-6:103조). 만약 이와 같은 의사표시가 허용되지 않는다면 채무자는 소송절차 외에서 당해 채권을 주장할 수 있다.

Ⅱ 상계의 요건

상계에는 다음의 4가지 요건이 있다. 이하는 PECL 13:101조의 규정을 중심으로 요건을 분석하기로 한다.[3]

합의에 의한 상계를 양자 모두 실체법상의 성질을 가지는 것으로 동등하게 두고 있다. 현대의 학설은 형평법상의 상계가 공정의 원리 및 자연적 정의의 관념에 기초를 두는 것임을 인정하고 있다(McCracken 53ff., 66ff.). 이 견해는 대륙법의 학설이 상계를 정당화하기 위해 전통적으로 제시하고 있는 것과 광범하게 일치하는 것이다. A가 B에 대해서 지급할 의무가 있는 금액에 대해 A가 B에게 소구를 한다면, A의 행위는 신의칙에 반한 것이다{즉시 변제해야 하는 것을 청구하는 자는 누구나 사해적(詐害的) 의사를 가지고 청구하는 자이다. dolo petit qui petit quod statim reddititurus est}. 이에 대해서는 Windscheid & Kipp § 349. 2 참조. 대륙법의 학설도 상계를 통일적으로 접근하는 것으로 발전되어 가고 있다. 이러한 변화는 상계의 절차적 이해에서 실체법적 이해로의 이동을 함의하는 것이었다. Zimmermann, Fs. Medicus. 710ff. 참조.

3) **PECL 13:101조(상계의 요건)** 두 당사자가 서로 같은 종류의 채무를 부담하고 있는 경우, 각 당사자는 상계의 시점에서 다음의 각호에서 열거하는 요건을 모두 충족할 때 그 한도에서 자신이 가지고 있는 이행을 요구할 권리(채권)를 상대방의 채권과 상계할 수 있다. (a) 상계를 하는 당사자가 자신의 채무를 이행할 수 있을 것, (b) 상계를 하는 당사자가 상대방에 대해서 이행을 요구할 수 있을 것.

1. 상호성

(1) 상호성의 의미

채권은 동일한 당사자 사이에 존재하고 있어야 한다. 전통적인 정식에 의하면 채무와 채권은 서로 상응하는 것이어야 한다(상호성, concuesue debiti et crediti, réciprocité, Wechselseitigkeit, Mutuality).[4] 예를 들면 채권자에 대해서 자신도 채권을 가지고 있는 보증인은 이 채권과 주채무자에 대해서 채권자가 가지고 있는 채권을 상계할 수 없다. 상호성의 요건에 따르면, 예를 들어 S가 P에 대해서 가지고 있는 채권과 P가 A의 대리인 또는 수탁자로서 S에 대해서 가지고 있는 채권은 상계될 수 없다. S가 갖는 채권의 채무자는 P이지만 후자의 채권의 채권자는 A이기 때문이다. 여기서 P는 A를 위해 또는 A의 이익을 위해 행동하고 있는 자로서 채권자가 아니기 때문이다. 이러한 상계의 상호성의 의미는 "상계에 제공되는 채권은 동일한 속성 또는 동일한 권리를 가지는 동일한 당사자 사이에 존재하는 것이어야 한다."고 표현할 수 있다.

---

4) 상호성의 요건은 오늘날 일반적으로 인정되고 있는 요건이다. 프랑스 민법 1289조 및 Teré, Simler, Lequetten. 1297, 벨기에 민법 1289조 및 Cornelis, Algemene theorie 869, 룩셈부르크 민법 1289조, 독일 민법 387조 및 Gernhuber 233ff., 이탈리아 민법 1241 및 Bianca 481ff., 네덜란드 민법 6:127조 및 Asser-Hartkamp, Verbintenissenrecht Ⅰ, n. 533, 스페인 민법 1195조, 포르투갈 민법 847조 1호 및 Varela Ⅱ, 200ff., 오스트리아 민법 1438조 및 1441조 및 Kozi-olWelser Ⅱ, 101 및 Dullinger 5ff., 그리스 민법 440조, 스코틀랜드의 경우 McBryde 25,44ff. 및 Wilson 13.4, 스웨덴의 경우 Lindskog, Kvittning 43, 덴마크의 경우 Gomard Ⅲ, 189, 핀란드의 경우 Aurejärvi & Hemmo 187ff. 네덜란드 법은 서로 다른 재산에 속하는 채권과 채무에 관해서는 상계권이 인정되지 않는다는 규정을 특별히 만들고 있다(6:127조 3항. 이 규정에 관해서는 Parlementaire Geschiedenis 491 참조). 잉글랜드의 경우, 종종 채권은 동일 당사자 사이에 동일한 권리로 존재하지 않으면 안 된다는 것에 의해 표현되고 있다. 예를 들면 Goode, Credit and Security 154를 참조하라. 아일랜드의 경우 Murdoch's Dict. 722를 참조하라. 상계의 권리는 1877년의 아일랜드 최고법원법 27조 3항 및 1963년의 회사법 284조에 의해 인정되었다. Frawley v. Governor and Co. of Bank of Ireland [1975] I.R. 376 및 In re Fredericks Inns Ltd. [1994] I.L.R.M. 387을 참조하라. 일반적으로는 아일랜드는 보통법의 입장을 따르고 있다. 채권자가 그 채권을 제3자에게 양도한 경우에 있어서의 채무자의 지위에 관해서는 PECL 11:307조의 주석을 참조하라.

(2) 상호성요건의 예외

상호성의 요건에는 한 가지 예외가 있다. 채권이 양도되었을 때 채무자는 양도인에 대해서 행사할 수 있었을 상계권을 일정한 경우에 양수인에게 주장할 수 있다(PECL 11:307조, DCFR Ⅲ.-5:116조 3항. 채권양도에 있어서 항변과 상계). 이것은 채무자 보호의 필요성이라는 관점에서 정당화된다. 채권자가 주된 채무자의 자기에 대한 채권을 수동채권으로 상계의 의사표시를 함으로써 만족을 얻을 수 있는 경우 또는 주된 채무자가 채권자의 자기에 대한 채권을 수동채권으로 상계의 의사표시를 할 수 있는 경우, 채권자의 보증인에 대한 채권도 마찬가지로 보아야 한다(보증인의 보호).

2. 동종의 채무

양 채무는 같은 종류의 것이어야 한다.[5] 즉, 금전채무는 금전채권에 대해서, 곡물의 인도를 목적으로 하는 채권은 같은 종류의 곡물의 인도를 목적으로 하는 채권에 대해서만 상계할 수 있다. 보통 상계가 이루어지는 것은 금전채무에 관해서이다. 오늘날은 비금전채권, 그중에서도 유가증권은 중요하게 취급된다. 채권이 같은 종류인지 아닌지는 상계의 통지 시점에서 채권의 상황에 따라 판단된다. 외국 통화 채무에 관한 상계는 (EU의 계약모델법과 관련해서 가장 중요한 실무상의 문제이지만) PECL 13:103조(DCFR Ⅲ.-6:104조)에서 다루어진다.

---

5) 독일 민법 387조 및 Gernhuber 236ff., 이탈리아 민법 1243조 1항 및 Perlin-gieri, Estinzione 316ff., 네덜란드 민법 6:127조 2항 및 Asser-Hartkamp, Verbintenissenrecht Ⅰ n. 534, 스페인 민법 1196조 2항, 포르투갈 민법 847조 1호 b 및 Varela Ⅱ, 205f., 오스트리아 민법 1438조 및 1440조, Rummel (-Rummel) § 1440, n. 1 및 Dullinger 77ff., 그리스 민법 440조, 스코틀랜드 Gomard Ⅲ 184, 핀란드 Aurejärvi & Hemmo 185. 프랑스, 벨기에, 룩셈부르크 민법 1291조는 동일한 원칙을 규정함과 동시에, 이에 덧붙여 시장 상장표에 의해서 가격이 정해지는 곡물 및 작물에 대한 지급을 목적으로 하는 채권이면서 당사자 간에 분쟁이 없는 것은 금액이 확정되고 관철 가능한 것을 목적으로 하는 채권과의 사이에서 상계할 수 있다는 것을 규정하고 있다. Terré, Simler, Lequette n. 1298에 의하면 동조는 민법 기초자가 새로이 받아들인 것이지만 그 합리성과 옳고 그른 점에서는 명백하다고 할 수 없는 것으로 지금까지 그다지 적용되어 왔다고 볼 수는 없다고 한다. 잉글랜드 법은 금전채무끼리의 상계로 제한되고 있다.

3. 자동채권(cross-claim 또는 cross-right)의 이행기 도래

상계는 자동채권(상계의 의사표시를 하는 당사자가 가지고 있는 채권)의 실현이라는 형식을 취하는 것이기 때문에 자동채권은 실현 가능하고 이행기가 도래해야 한다.[6] 상대방이 이행거절의 항변을 할 수 있는 것이어서는 안 된다. 또 자동채권은 자연채무(소구할 강제 가능성은 없지만, 채무자가 임의로 이행하는 경우에 그 이행을 유효한 변제로 수령하여 보유할 수 있는 채무)여서는 안 된다{자동채권의 시효가 관계되는 한도에서는 PECL 14:503조,[7] DCFR Ⅲ.-7:503조(시효에 있어서 상계의 효과) 참조}.

▧ **사례 1**　A는 주방설비 판매로 B에 대해서 10월 10일에 이행기가 도래하는 100 유로의 채권을 가지고 있다. B는 A에 대한 채권으로 상계하기를 원한다. B의 대여채권(자동채권)의 이행기는 10월 20일이다. 10월 20일 이전에 B는 상계의 의사표시를 할 수 없다. 10월 20일 이후라고 하더라도, A가 B의 채권에 대해서 항변할수 있는 경우 B는 여전히 상계할 수 없다. 강제이행이 불가능한 채권(몇몇 법제도에서는 도박에서 생긴 채권은 그렇게 하고 있다)을 자동채권으로 하는 상계가 시도된 경우에도 마찬가지이다.

---

6) 잉글랜드 Derham 27f., 스코틀랜드 McBryde 25.40ff. 및 Wilson 13.5, 프랑스 민법 1291조 1항 및 Terré, Simler, Lequette n. 1300, 벨기에 민법 1291조 1항 및 Coenelis, Algenmene theorie n. 673, 룩셈부르크 민법 1291조 1항, 독일 민법 387조 및 390조 1항(2002년 1월 1일 이후는 신법의 215조도 참조)과 Gernhuber 247ff., 이탈리아 민법 1343조 1항 및 Bianca 485ff., 네덜란드 민법 6:127조 2항 및 Asser-Hartkamp, Verdintenissenrecht Ⅰ, n. 536, 스페인 민법 1196조 3항 및 4항, 포르투갈 민법 847조 1호 a 및 Varela Ⅱ, 204ff., 오스트리아 민법 1439조와 Koziol-Welser Ⅱ, 102 및 Dullinger 82ff., 그리스 민법 440조, 스웨덴의 경우 Lindskog, Kvittning 43, 덴마크의 경우 Gomard Ⅲ 185, 핀란드의 경우 Aurejärvi & Hemmo 185ff.

7) **PECL 14:503조** 시효기간이 만료된 채권은 그럼에도 불구하고 상계할 수 있다. 다만, 채무자가 그 이전에 시효를 원용하거나 또는 상계의 통지 후 2개월 안에 시효를 원용하는 경우에는 그러하지 아니하다.

4. 상계의 의사표시를 하는 당사자가 이행할 수 있는 것

상계가 가능하기 위해서는 일반적으로 상계적상에 있는 양 채권은 이행기가 도래해야 한다. 자동채권은 이행기가 도래해야 하지만, 수동채권의 경우는 좀 다르다.[8] 수동채권(상계의 의사표시를 하는 당사자에 대한 채권)은 이행기가 반드시 도래해 있을 필요가 없다. 상계의 의사표시를 하는 당사자가 이행을 할 수 있는 것이라면 충분하다.[9] 왜냐하면 채무자가 채권자의 의사에 반해도 채권자에 대해 이행을 할 수 있는 한(그리고 이것은 수동채권의 이행기가 도래하는 것보다 훨씬 전의 시점에서 일어날 수 있다) 상계의 의사표시를 허용하지 않을 이유가 없기 때문이다. 이에 대해서 이행이 허용되지 않는 채무자는 상계의 의사표시를 할 수 없다. 압류명령이 발효된 수동채권은 채무자가 이미 이행하는 것이 금지되어 있기 때문에 상계할 수 없다.

📝 **사례 2** A는 B에 대해서 이행기 10월 10일의 채권을 가지고 있다. B 역시 A에 대해서 이행기 9월 10일의 채권을 가지고 있다. B는 10월 10일 이전에는 상계의 의사표시를 할 수 없지만, 만약 9월 10일 이후부터 A에 대해 이행을 제공하는 것이 허용된다는 전제가 충족된다면 상계의 의사표시를 할 수 있다.

---

8) DCFR III.-6:102 참조.

9) 독일 민법 387조 및 Gernhuber 252ff., 네덜란드 민법 6:127조 2항 및 Parlementaire Geschiedenis 492, 오스트리아에 대해서는 Runnel (-Rummel) § 1439, n. 7, 포르투갈에 대해서는 Varela II, 207ff., 그리스에 대해서는 Stathopolos, Obligations 164(민법 440조의 문언에는 반대이다), 스웨덴에 대해서는 Lindskog, Kvittning 43, 덴마크에 대해서는 Gomard III 185, 핀란드에 대해서는 Aurejürvi & Hemmo 185ff.를 참조하라. 잉글랜드 법과 아일랜드 법에 의하면 수동채권의 이행기가 도래해 있어야 한다. 그것은 이러한 법제도에 있어서 상계가 (전통적으로) 절차법상의 성질의 것이라는 점에서 당연한 귀결이다. 프랑스, 벨기에 및 룩셈부르크 민법 1291조 1항도 양쪽 채권 모두 이행기가 도래해 있는 것을 요건으로 하고 있다(이탈리아 민법 1243조 1항 및 Bianca IV, 484ff., 스페인 민법 1196조 3항 참조). 이것은 상계의 효과가 당사자의 의사표시를 필요로 하지 않고 법상 당연히 생기는 것의 귀결이다. 즉, 상계의 대상이 되는 채권은 모두 수동채권이나 자동채권이라는 명칭을 붙일 수 없는 것이다. 하지만 프랑스 법원은 가끔 임의상계에 의해 독일 법과 동일한 귀결을 유도하고 있다. 즉, 이행기가 도래하지 않은 채권의 채무자는 이행기가 아직 도래하지 않아서 발생하는 법적 보호를 방기할 수 있는 것이다(Terré, Simler, Lequette n. 1312 참조).

사례 3   A는 B에 대해서 변제기가 10월 10일에 이자 연 10%로 1만 유로를 투자했다. A는 B에 대해서 B가 소유하고 있던 자동차를 목적으로 하는 매매계약에서 생긴 1만 유로의 대금지급채무를 부담하고 있었다. B는 8월 1일에 이 자동차를 인도하였고 같은 날 A의 대금지급채무는 이행기가 도래해 있었다. 그럼에도 불구하고 B는 10월 10일 이전에는 상계의 통지를 할 수 없다. 왜냐하면 A는 10월 10일이 될 때까지는 B에게 투자한 금액의 변제를 받는 것을 거절할 수 있기 때문이다(PECL 7:103조 1항 적용).

Ⅲ 자동채권이 미확정인 경우

자동채권의 존재 또는 금액이 확정되어 있다는 것은 반드시 상계의 요건이 되는 것은 아니다(제2절의 'Ⅰ. 미확정채권' 및 PECL 13:102조, DCFR Ⅲ.-6:103조 참조).

Ⅳ 다른 장소에서 이행되어야 할 채무

양 채무가 다른 장소에서 이행되어야 한다는 사실이 있다고 해서 이에 따라서 상계가 배척되는 것은 아니다(예를 들면 PECL 7:101조 1항 a호에 의해 자금대여자의 영업장소에서 지급되어야 할 대출금채권과 판매자의 영업소에서 지급되어야 할 구매대금채권이 상계되는 경우).[10] 이런 종류의 상황에서 상계를 허용한다고 해서

---

10) 2개의 채무가 다른 장소에서 이행되어야 한다는 사실로 인해 상계가 배척될 수는 없다는 것은 일반적으로 인정되고 있다. 그렇지만 대부분의 법제도는 수동채권의 채권자에게 본래의 장소에서 이행을 수령하지 않은 경우, 또는 본래의 장소에서 이행을 할 수 없었던 결과로 입은 모든 손실에 대해 배상을 요구할 권리를 인정하고 있다. 이에 대해서는 프랑스, 벨기에 및 룩셈부르크 민법 1296조, 독일 민법 391조, 이탈리아 민법 1245조, 네덜란드 민법 6:138조, 스페인 민법 1199조, 포르투갈 민법 852조, 그리스 민법 446조 및 덴마크에 대해서 Ussing, Al-m. Del.

수동채권의 채권자에게 어떠한 불이익이 초래되는 것은 아니다.

 V 파산에 있어서의 상계

　파산에 있어서는 상계에 관한 모델법의 규정이 적용되지 않고 각국 파산법의 특별규정들이 적용된다(DCFR Ⅲ.-6:101조 2항).[11]

324를 참조하라. 또 Dullinger 80ff. 및 Wood 24-31ff.도 참조하라.

11) 대부분의 유럽 국가는 파산법상 상계를 다루는 특별한 준칙을 가지고 있다. 하지만 그런 준칙은 통상 각국의 파산제도의 일부이다. 즉, 잉글랜드는 1986년의 파산법 323조가 있으며, 이에 대해서는 Goode, Credit and Security 176ff. 및 Derhan 149ff.를 참조하라. 아일랜드는 1988년의 파산법 이외에 회사가 파산한 경우에 대해서는 1963년의 회사법(특히 284조)이 있다. 스코틀랜드의 경우 '파산한 경우의 대변과 차변의 청산'에 대해서는 McBryde 25.59ff. 및 Wilson 13.10을 참조하라. 독일은 파산법 94조 이하가 있다. 프랑스는 '기업의 재건절차 및 청산절차에 관한 1985년 1월 25일법' 33조 1항이 있는데 동법은 '1994년 6월 10일법'에 의해 수정되었다. 이에 관해서는 Riport/Roblot, n. 3039를 참조하라. 이탈리아에 파산법 56조가 있는데 이에 대해서는 BiancaⅣ, 511ff. 및 Perlingieri, Estinzione 260ff.를 참조하라. 오스트리아는 화의법 19조 이하와 파산법 19조 이하가 있는데 이에 대해서는 Rummel (-Rummel) § 1439, nn. 8-11 및 Dullinger 307ff.를 참조하라. 스웨덴은 1987년의 파산법 5장 15～17조가 있다. 덴마크는 1997년의 파산법 42～45조가 있다. 핀란드는 1868년의 파산법 33조, 33a조, 34조가 있다. 그리스는 상법 537조가 있다. 포르투갈은 1993년의 파산법 153조와 1999년의 담보법이 있다. 룩셈부르크에 관해서는 상법 455조를 참조하라. 스페인의 경우 논란이 있다. 즉, 지배적인 견해에 의하면 상계는 파산이 선고되면 그 시점 이후는 허용되지 않는다(Rubio Garcia-Mina 234). 파산절차에 관해서는 EU의 규칙(No. 1346/2000 of 29 May 2000, O.J. L 160, 30 jUNE 2000, 1ff.)도 존재한다. 동 규칙 6조는 파산절차가 개시되었을 때도, 파산채무자의 채권에 대해서 적용 가능한 법에 따라 상계가 허용되는 경우에는, 채무자의 채권을 수동채권으로 채권자가 상계를 주장하는 데 아무런 영향을 미치지 않는다고 규정하고 있다.

상계의 특수 문제

I 미확정의 채권(Unascertained claims)

이와 관련하여 PECL은 13:102조[12])에서, DCFR은 Ⅲ.-6:103조에서 규정하고 있다.

1. 선택지

채무자가 용이하게 증명할 수 없거나 혹은 그 존재가 아직 확실하지 않은 미확정의 자동채권에 근거해 상계를 주장함으로써 불필요하게 법적 절차를 지연시킨다면 이는 확실히 위험스러운 것이다. 따라서 채권자를 보호할 어떤 필요성이 있다. 그것은 다음의 세 방법에서 선택할 수 있다.

(1) 자동채권은 확정되어야 한다

자동채권이 확인된다는 사실(liquidity)을 상계를 위한 추가적인 실체적 요건으로 격상시킬 수도 있다. 그러나 그것은 약간 과한 측면이 있다. 왜냐하면 불확정한 채권이라고 하더라도 그로 인한 상계가 상대방을 해하기보다는 상황에 매우 적절한 경우가 있을 수 있기 때문이다. 예를 들면 어찌되었든 수동채권에 관계되는 법적 절차가 진행되는 동안에 자동채권의 가치를 확정할 수 있는 것이 분명한 경우도 있다. 또 자동채권이 수동채권의 가치를 초과하는 것이 확실한 경우도 있을 것이다. 이 점에서 채권내용의 확정을 실체법상의 요건으로 한 경우는 법관의 모든 재량을 빼앗게 되며 상계의 가능성을 불필요하게 방해하게

---

12) **PECL 13:102조(미확정의 채권)** (1) 채무자는 그 존재 또는 가치에 대해서 미확정인 채권으로 상계하는 것이 상대방의 이익을 해치는 경우에는 상계할 수 없다. (2) 양쪽 당사자의 채권이 동일한 법적 관계에서 발생하는 경우, 상대방의 이익을 해하지 않을 것으로 추정된다.

될 것이다.

(2) 자동채권을 확정할 필요는 없다

이를 대신하여 법체계에 따라서는 자동채권이 확정되지 않음으로써 상계가 방해되는 일은 없다는 입장을 실체법 레벨에서 취할 수 있다. 이러한 해결책을 취하는 경우는 실무적인 이유에서 상계가 과도하게 소송절차를 지연시키게 되면 법관은 그와 같은 상계를 고려하지 않아도 된다는 규정을 함께 두는 것이 일반적일 것이다. 그 결과, 전형적으로는 법관에게 수동채권과 자동채권을 나누어 취급하고 수동채권에 대해서는 가판결을 인정하는 절차상의 규정을 두게 될 것이다. 그러나 이와 같은 해결책은 다루기 어렵고 다소 실용적이지 않을 수 있다. 왜냐하면 이 경우, 가판결의 집행을 요구하는 원고는 나중에 이 집행권 조치가 유효한 집행명의에 의한 것이 아니었다는 것이 판명된 경우에는 취득한 금전을 반환하고 손해배상을 해야 한다는 위험을 안게 되기 때문이다. 바꿔 말하면, 현실적으로 원고에게는 확실하고 유용한 집행명의가 아직 없다. 이 점에서 피고에게 변제를 제공하도록 재촉하는 것은 어려운 일이 아닐까.

(3) 법관의 재량

위와 같은 경우 제3의 길을 선택하는 방법으로 접근할 수 있다. 이러한 제3의 길은 본질적으로 두 가지 방법으로 타협을 볼 수 있다. 용이하게 자동채권을 확정할 수 없는 경우에도 수동채권에 대해서 판결을 내리기에 충분한 상황이 되면, 법관은 채무자가 주장하는 상계를 고려하지 않고 수동채권에 대해 판결을 내릴 수 있다. 따라서 법관에게 재량의 여지가 주어지는데, 이때 법관은, 예를 들면 수동채권과 자동채권에 대해서 예상되는 대략적인 절차시간 또는 채권자에게는 이행지체의 영향이 미친다는 점 등 당해 사안의 모든 사정을 고려해야 한다. 어찌 되었든 이와 같은 재량권을 행사할 때 법관은 다음의 두 케이스를 구별해야 한다. (a) 수동채권자와 자동채권자가 동일한 법적 관계에서 발생하는 경우 법관은 통상 수동채권에 한정되지 않고 자동채권도 고려하여 상계문제를 처리하는 것이다. 이러한 경우, 통상 수동채권의 채권자의 이익은 사실상의 추정에서 이루어진다. (b) 수동채권과 자동채권이 동일한 관계에서 발생한 것이 아닌 경우에는 통상 그 결정은 다른 방향으로 향한다. 즉, 상거래에 있어서의 예측 가능성과 공정성이라는 관점에서 볼 때 확정된 채권을 가진 당사자가 그 채권의 추심에 지장을 받아서는 안 된다는 점이 요구된다. 법관이 수동채권에 대해 판결을 내린다고 결정하면 그 판결은 잠정적인 성격의 것이 아니게 된다. 이와 같은 판결은 전적으로 채권자의 채권이 갖는 장점, 즉 법관이 판단을 할 때 채권자의 채권이 상계의 의사표시에 의해서 영향을 받지 않는다고 생각하는 점에 의존한다. 그 결과, 그 상계의 의사표시에는 효력이 없다고 간주되어야 한다. 따라서 채무자의 채권은 상계가 아닌 다른 형태로 독립적으로 추심되어야 한다.

2. 이행유보권

채무자가 이행유보권(PECL 9:201조)을 행사할 수 있는 경우에는 위에서 다룬 문제들은 일어나지 않는다. 이런 경우에는 (수동)채권은 아직 판결준비가 되어 있다고 할 수 없다.

3. 입법례

(1) 상계의 요건으로서의 '채권내용의 확정(liquidity)'

프랑스, 벨기에 및 룩셈부르크 법은 채권내용의 확정을 상계의 실체적 요건으로 간주한다. 더구나 그것은 자동채권뿐만 아니라 수동채권에도 적용된다.[13] 그 배경으로 프랑스 법상 상계의 효과를 살펴볼 필요가 있다. 왜냐하면 수동채권과 자동채권이 용이하게 확정되지 않는 한 채권이 생각했던 대로 어느 정도 상계되는지를 나타낼 수 없기 때문이다. 그러나 '채권내용을 확정한다는 사실(liquidity)'은 많은 문제를 야기하기 때문에 프랑스 실무에서는 확정의 원칙이 꽤 수정되고 있다. 한편, 어떤 채권을 내용이 확정된 것으로 보기에 충분한지,

---

13) 프랑스 민법 1291조 및 Terré, Simler, Lequette n. 1299 및 Kegel, Aufrechnung 160ff. 또 벨기에 민법 1291조 및 Cornelis, Algemene theorie n. 672, 이탈리아 민법 1243조 참조{그 주석으로 Perlingieri, Estinzione 294; Di Prisco 321; 채권내용을 확정한다는 사실(liquidity)의 의미에 대해서는 Ciss.civ. 22 April 1998 n. 4073 참조}. 스페인에 대해서는 민법 1196조 4항 참조.

거기에 상응하여 상계를 고려할 수 있는지를 결정할 때 법원에 일정한 재량의 여지가 주어진다.[14] 한편 보다 중요한 것으로, 가령 채무자가 반대소송의 형태로 자동채권을 주장하는 것이면 재판상의 상계라는 조치로 소송을 통해 결론을 끌어낼 수 있다. 재판상 상계의 법적 성질에 대해서는 논란이 있다. 그런데 이와 관련해서는 법원이 양쪽 당사자의 소송을 한 번에 모아서 취급하고 그 판결을 그 차액에 한정하여 결정할 수 있는 이상, 적어도 상계라는 실무적인 효과를 불러올 수 있는 것이다.[15] 스코틀랜드에서는 상계가 법상 당연한 효과를 가지고 있지 않음에도 불구하고 채권내용의 확정이라는 요건이 배상법 1592조에 있다.[16] 잉글랜드 법에서는 수동채권과 자동채권은 구두변론 종결 시에 확정되어 있어야 한다.[17] 그러나 이것은 제정법상의 상계에 적용되는 데 지나지 않는다(즉, 수동채권과 자동채권이 관계가 없는 거래에서 기인되는 경우이다).[18]

(2) 절차적 접근

이렇게 해서 프랑스에서조차 그 주된 흐름은 실체법에서 절차법으로 바뀌고 있다. 독일은 독일 민법의 기초자에 의해서 절차적인 해결로 가는 방향[19]이 추구되어 왔다. 자동채권 내용의 확정은 상계의 요건이 아니다.[20] 독일 민법(오늘

---

14) 이탈리아는 가장 최근의 것으로 Cass.civ. 16 November 1996, n, 10065; Cass.civ. 1 February 1995, n. 1114.

15) 재판상의 상계에 대해서는 Terré, Simler, Lequette n. 1313; Kegel, Aufrechnung 10f.; Cornelis, Algemene theorie n. 680; Kruithof, de Ly Bocken & de Temmerman, 711; Bianca Ⅳ, n. 257 참조.

16) 동법 1592조에 의하면 상계에 이용되는 채무는 금액이 확정되어 있을 것, 그 시점에서 지급시기가 도래해 있을 것, 분쟁이 없을 것이라고 한다. 이 점에 대해서는 McBryde 25.40ff. 및 Wilson 13.5. 참조.

17) Hanak v. Green [1958] 2 ALL E.R. 151 at 145; Stooke v. Taylor [1880] 5 Q.B.D. 569 at 575. 참조.

18) 아일랜드에 대해서는 Walek v. Seafield Genex [1987] I.R. 167 참조. 그 입장은 기본적으로 잉글랜드와 동일하다.

19) 유스티니아누스 법전이나 주석학파에 의해 묘사되고 후기보통법학자에 의해 지지받고 그 점에 대해서는 Derburg 554ff. 참조.

20) von Kübel 1092 참조. 또 오스트리아는 민법 1439조가 있음에도 불구하고 오늘날도 동일한

날에 이르기까지 본질적으로는 변경되는 일 없이 유지되어 왔다)의 기초자는 민사소송법상 두 가지 규정을 이용할 수 있었다. 이에 따르면 법원은 수동채권과 자동채권을 (쌍방이 동일한 법률관계에서 기인하지 않는 한) 각각 별개로 취급한다는 결정이 가능하며 더구나 이러한 상황에서는 수동채권에 대해서 가판결을 내릴 수 있다(독일민사소송법 145조 3항, 302조). 마찬가지로 핀란드나 폴란드에서도 자동채권의 채권내용의 확정은 요건이 아니다.[21]

(3) 법원의 재량

네덜란드에서는 절충적인 접근법이 적용되고 있다. 즉, 법원은 피고가 주장하는 상계에 대해 그 항변에 근거가 있는지를 용이하게 확정할 수 없는 경우 또는 그 소송에 대해 판결의 준비가 갖추어져 있는 경우에는, 피고가 주장하는 상계를 고려하는 일 없이 그 소송에 대해 판결을 내릴 수 있다.[22] 덴마크 법은 실체법의 요건으로 채권내용의 확정을 부과하고 있다. 그러나 그것이 당사자의 이익을 해치는 경우 법원은 상계를 인정하지 않는다(절차법 249조 2항과 253조를 참조). 쌍방의 주장이 동일한 법률관계에서 기인하는 경우, 다른 쪽 당사자의 이익은 방해받지 않는다는 추정이 있는지는 확실하지 않다.[23] 아일랜드 법에서는 원고가 심리 전에 신청하면 상계나 반소가 계쟁 중의 소송에 있어서 용이하게 처리될 수 없는 경우 혹은 특별한 이유로 인해 인정할 수 없는 경우라면, 상계나 반소를 피고에게 인정하지 않는다는 광범한 재량권이 법관에게 인정되고 있다.[24]

견해가 주장되고 있다. 이에 대해서 Koziol-Welser II, 102; Dullinger 90ff.; Reiterer 38ff.를 참조하라. 또한 비교법적인 평가에 대해서 Kegel, Aufrechnung 158ff.를 참조하라.

21) 이 점에 대해서 Halila & Ylöstalo 58ff. 참조. 또 폴란드는 민법 847조 3조가 있다.

22) 네덜란드 민법 6:136조. 이에 대해서 Parlementaire Geschiedenis 509f. 및 Asser-Hartkamp Verbintenissenrecht I, nn. 550ff. 참조.

23) 예를 들면 Supreme Court, Ugeskrift for Retsvaesen 1970, 599. 여기서 법원은 가령 임차인이 필요한 임대료를 초과해 지불하여 그 때문에 그 일부반환을 요구할 권리가 있다고 주장하는 경우라도, 임대인은 임대료의 지급지체를 이유로 임차인에 대해서 퇴거를 요구할 수 있다는 판결을 내렸다. 이 임차인의 반환청구권은 다른 법정에서 심리되어야 한다고 했다.

24) Sheehan v. National Bank [1973] I.R. 783 참조. Rohan Construction Ltd. v. Antigen

외국 통화에 의한 상계[25]

1. 서로 다른 통화와 상계(상계 가능)

다른 통화에 의한 복수의 채권이 PECL 13:101조의 '같은 종류의' 것인지 어떤지에 따라서 서로에게 상계가 이루어질 수 있는가는 애매하다. PECL은 유로 도입에 관한 EU 규칙 1998년 5월 3일 974/98호(OJECI 1998, 139/1) 8조 6항을 모델로 했다. 이 EU 규칙에서 유로는 통화 통합에 참가한 각국의 단일통화단위가 되어, 이행기(2001년 12월 31일까지)에는 종전의 국내통화는 유로의 하위통화단위로 간주되었다. 그 결과, 유로권 안에서는 이미 복수의 채무가 다른 통화로 표시되고 있는 것을 이유로 상계가 부정될 수는 없었다. 이러한 상황들은 수동채권이 있는 채권자의 정당한 이익을 부당하게 해치는 일 없이 상계를 용이하게 하기 때문에 각 국내법제에도 채택되는 경향이 늘어나고 있다. 그런데 외국 통화에 의한 상계를 자유로이 할 수 있다는 사실이 자칫 통화시장의 변동에 대한 투기를 조장할지도 모른다. 그러나 2002년 1월 1일 이후, 통화의 환산 문제가 유로권내에서 발생하는 일은 이미 없어졌다.

📑 **사례** A는 B에 대해서 기계의 인수대가로 1만 파운드를 지급할 의무가 있다. 10월 10일에 이행기가 도래했다. 10월 20일에는 어떤 대출합의에 따라, B에 대해서 4만 유로의 지급을 요구하는 A의 채권의 이행기가 도래했다. 10월 20일(즉, 자동채권의 이행기)부터 A는 B에게 상계의 통지를 함으로써 상계할 수 있다.

[1989] I.L.R.M. 783 참조.

25) **PECL 13:103조(외국 통화에 의한 상계)** 당사자들이 상호 간에 다른 통화로 금전을 지급하기로 한 경우, 상계를 주장하는 당사자가 특정 통화로만 지급할 것을 약정한 경우가 아니라면 각 당사자는 상대방의 채권에 대하여 자신의 채권으로 서로 상계할 수 있다. (DCFR III.-6:104조와 동일)

2. 환시세

유로에 관한 EU 규칙 8조 6항은 모든 환산은 '환산비율로' 행해져야 하는 것을 규정하고 있다. '환산비율'은 동 규칙에 있어서 'EC 조약 109조 I 4항 전단 (현재의 123조 4항 전단)에 따라서 각 참가 EU 회원국의 통화에 관하여 '변경할 수 없는 고정환율'로 EU 이사회에 의해 채택되었다. 다른 통화에 관해서 적용되는 환율은 만약 단일한 통일된 비율이 있다면 그 환율이 적용되어야 하고 만약 그렇지 않다면 상계의 의사표시가 이루어진 대상인 수동채권의 통화의 매입환율이 적용되어야 할 것이다.

3. 입법례

단순명쾌한 처리로서는 잉글랜드 법에서 전통적으로 채용되던 처리방법, 즉 외국 통화에 의한 채무는 항상 이행기가 도래한 날짜의 환시세의 파운드로 환산된다고 하는 처리방법이 있었다. 그렇지만 1975년의 Miliangos v. George Frank Textiles Ltd. [1976] A.C. 443 (H.L.) 사건에서, 잉글랜드의 법원은 외국 통화로 표시되어 있는 금전채무에 대해서 판단을 내리게 되었는데, 거기서 환산은 일반적으로 법원이 파운드로 판결한 날짜에 이루어지는 것으로 했다.[26] 이것은 보통법(제정법)상의 상계에 적용된다. 형평법상의 상계에 대한 견해는 아직 분명하지 않은 것 같다.[27] 아일랜드 법은 일반적으로 이 문제에 대해서 잉글랜드 법을 따르고 있다. 스코틀랜드 법은 Miliangos 판결을 따르고 있다.[28] 독일의 경우 지배적 견해에 의하면, 외국 통화에 의한 채무와 국내통화에 의한 채무는 결코 '같은 종류의' 것이 아니다. 그 결과 상계는 당사자가 그것을 가능한 것으로 합의한 경우에만 행할 수 있다.[29] 이와 같은 견해를 시대에 뒤떨어

---

26) Derham 130ff.

27) Derham 131ff. 이것과 비교하여 상계 일반에 있어서의 외국 통화에 의한 채무에 대한 Wood 11-1ff.의 상세한 의논도 참조하라.

28) Commerzbank Aktingesellschaft v. Large 1977 SC 375 참조.

29) 예를 들면 Münchener Kommentar (-von Feldmann) § 387, n. 16을 참조하라. 포르투갈도

지는 것으로 보는 데는 충분한 이유가 있다.[30] 프랑스와 벨기에의 법학자들은 환산할 수 없는 경우를 제외하고 다른 통화에 의한 복수의 채무의 상계를 인정하는 경향이 있다.[31]

Ⅲ 통지에 의한 상계

1. 통지에 의한 상계의 효과발생

상계의 효과는 상대방에 대한 통지에 의해서 발생한다.[32] 즉, 상계권의 행사는 상대방에 대한 통지에 의해서 이루어진다.[33]

상계는 재판 외에서 상대방에 대한 일방적 의사표시로 자유롭게 이루어지는 것으로 충분하다(이와 관련해서 통지의 요건에 관한 PECL 1:303조를 참조). 이 문제가 최종적으로 법정에 갔을 때 법정에서의 결정은 이를 확인하는 효과를 갖는

동일하다(Verela Ⅱ, 205).

30) Gernhnber 238ff.(상계 날짜의 환산) 참조.

31) Malaurie & Aynès no. 123(프랑스)와 Cornelis, Algemene theorie n. 671(벨기에) 참조. 기타 네덜란드에 대해서는 민법 6:129조 3항과 Asser-Hartkamp, Verbintenissenrech Ⅰ, n. 534를 참조하라. 이탈리아의 경우 다른 통화로 채권을 상계할 가능성은 금전채무의 지급에 관한 규율(민법 1278조 이하)에서 묵시적으로 나온다. 오스트리아는 Rummel (-Rummel § 1440, n. 2 (외국 통화에 의한 채무에 관한 상계는 실제로 지급이 이루어지는 것이 합의된 것이 아닌 이상 가능하다)를 참조하라. 그리스는 Stathopoulos, Obligation, 547, n. 24(다른 통화에 의한 복수의 채무는 '같은 종류의' 것이며, 그렇기 때문에 그런 채무가 동일한 통화로 환산될 수 있는 것일 때는 서로 상계가 가능하다)를 참조하라. 덴마크는 Gomard Ⅲ, 184를 참조하라(복수의 채권이 다른 통화로 지불이 가능한 경우에도 상계는 허용된다. 그런 통화가 환산이 가능하지 않을 때는 예외가 되는 경우가 있다). 핀란드는 Aurejärvi & Hemmo 185(다른 통화에 의한 복수의 채권은 같은 종류의 것이라고는 간주되지 않는다) 참조. 외국 통화의 법적 성질에 대해서는 Staudimger (-K. Schmidt) § 244, nn. 11ff., Grothe 558ff., Dullinger 78ff. 참조.

32) DCFR Ⅲ.-6:105조.

33) **PECL 13:104조(통지에 의한 상계)** 상계를 할 권리는 상대방에 대한 통지에 의해 이루어진다.

데 불과하다. 즉, 그 결정은 상계 그 자체의 효력을 발생시키는 것이 아니라, 상계가 이미 효력을 발생시켰다는 것을 확인하는 데 불과하다. 상계의 의사표시는 서로 상응하는 범위에서 양쪽 채무를 소멸시킨다는 효력을 발생시키는 것이므로(PECL 13:106조, DCFR Ⅲ.-6:107조), 양쪽 당사자 사이의 법률관계에 직접 영향을 준다. 상계의 통지에는 법률관계를 변경하는 그 밖의 일방적 권리와 마찬가지로 조건이나 기한을 정할 수 없다. 그러므로 특히 상계의 모든 요건이 충족되었다고 하더라도 채무자는 장래 언젠가의 기일에 효력이 생기는(연기된 상계) 것으로 상계의 의사표시를 할 수 없다. 그러나 다른 한편 자동채권의 이행기가 도래하지 않은 채무자는 상계의 의사표시를 할 수 있지만(시기를 앞당긴 상계의 의사표시), 그와 같은 의사표시는 자동채권의 이행기가 도래했을 때 비로소 효력이 생긴다.

2. 합의에 의한 상계

양쪽 당사자는 통지에 의한 상계의 방법에 의하지 않고 합의(약정)에 의해 상계의 효과를 발생시킬 수 있다. 이것은 계약자유의 일반적인 승인의 귀결이다. 합의에 의한 상계의 경우에 당사자들은 모델법들에서 정한 상계의 요건을 배제할 수 있다. 실제로 양쪽 당사자는 상계를 위한 뭔가의 요건이 충족되지 않은 경우, 합의에 의한 상계에 호소할 수 있다. 당좌계정에 대한 합의는 차변과 대변이 각 계정에서 균형이 이루어진 경우 서로 상계된다는 사실을 함축하는 것이다.

3. 입법례

(1) 통지에 의한 상계와 자동적인 상계

주석학파 시대 이후 유럽 대륙에서는, 2개의 다른 접근방식이 경합했다.[34] 하나는, 상계(Compensation)는 법률상 당연히 감축된다(… ut actiones ipso iure minuanet, …)고 하는 Inst. Ⅳ, 6. 30과 같은 텍스트로 되돌아가는 것이다. 또 하

---

34) Zimmermann, Obligation 760ff. 참조.

나는, 상계가 주장되거나 표시되어야 한다는 취지를 말하고 있는 것처럼 보이는 텍스트에 의거하는 것이다. 이 차이는 현대의 법제도 안에서도 여전히 반영되고 있다.

전자의 접근방식은 프랑스 민법 1290조에 가장 명확하게 표현되어 있다. 동조에 의하면 상계 가능한 두 채권이 서로 대립하자마자 양쪽 채권은 법상 당연히 소멸한다. 하지만 프랑스의 판례나 학설은 이 법리를 그대로 받아들이는 것은 비현실적이라고 생각했기 때문에 채무자가 법원에서 상계를 원용한 경우에만 상계를 유효한 것으로 취급한다.[35] 그 결과 서로 대립하는 두 채권의 자동적인 소멸은 엄밀하게 말하면 상계의 항변이 법원에서 주장되는 것을 요건으로 인정되고 있다. 이 제도는 룩셈부르크에서도 채용되고 있으며, 적어도 언뜻 보기에는 스페인(민법 1202조 및 구 민사소송법 543조) 및 이탈리아(민법 1242조 1항)에서도 채용되고 있다. 스코틀랜드의 상황도 이와 유사하지만 같지는 않다. 즉, 상계는 법원에서 주장되어야 하며, 또한 그것이 판결에 의해 확인되어야 비로소 효력이 발생한다.[36] 아일랜드의 접근방식은 이와 유사하게 보인다.[37] 임대료의 지급을 요구하여 임대인으로부터 제기된 소송에서 임차인이 상계를 원용하여 감액하기 위해서는 임대인에게 통지를 해야 한다.[38]

후자의 접근방식을 채택한 것은 독일 민법이다. 그에 따르면 상계는 상대방에 대한 재판 외의 무방식의 일방적인 의사표시에 의해 주장되어야 한다.[39] 오스트리아 법도 (민법 1438조가 상계의 법상 당연한 효과를 인정하고 있는 것처럼 보인다는 사실에도 불구하고) 이것을 따르고 있다.[40]

(2) 합의에 의한 상계

모든 법제도가 합의에 의한 상계(계약에 의한 상계)를 허용하고 있다.[41]

---

35) 예를 들면 Terré, Simler, Lequette no. 1311을 참조하라.

36) McBryde 25.54 및 Wilson 13.6.

37) 아일랜드 최고법원법 27조 3항 및 최고법원규칙 0.12 R. 7 참조.

38) Deale 42.

39) 독일 민법 388조, von Kübel 1075ff. 참조.

40) Koziol-WelserⅡ, 102ff. 및 Dullinger 96ff. 참조.

Ⅳ 복수의 채권과 채무[42]

1. 상계의 통지를 하는 당사자가 복수의 채권을 가지고 있는 경우

상계의 통지를 하는 당사자가 복수의 채권을 가지고 있는 경우, 그 당사자는 상계의 통지가 결부되어 있는 채권을 특정(적시)하여야 한다. 그렇지 않은 경우 상계의 통지는 특정 불가능을 이유로 무효가 된다. 그러나 상계의 통지가 결부되어 있는 채권을 명시적으로 특정할 필요는 없다. 상계의 통지를 하는 당사자의 의도는 계약 내용이나 상황(PECL 2:102조의 준칙)에 따라 추론하여 확정할 수 있다. 이를 확정할 수 없는 경우 상계의 통지를 하는 당사자가 불확정성에 따른 위험을 부담하여야 한다. 상계는 자동채권의 실현이라는 형태를 취하는 것이며 채무자에 대해서 복수의 채권을 가지고 있는 채권자는 실현되는 채권이 어느 것인가를 인지할 정도로 항상 충분히 특정되어야 한다.

🖹 **사례 1**   A는 B에 대해 30유로짜리 채권 3개를 가지고 있고, B는 A에 대해 300 유로의 채권을 가지고 있다. 모든 채권이 이행 가능하다. A가 상계의 의사표시를 하였다. A는 상계의 통지가 결부되어 있는 채권을 특정해야 한다. 그렇지 않으면 상계의 통지는 무효이다.

---

41) 잉글랜드(및 잉글랜드 법을 따르고 있는 아일랜드)의 경우 Derham 54dff., 스코틀랜드의 경우 McBryde 25.54 및 Wilson 13.6, 독일의 경우 Gernhuber 326ff., 오스트리아의 경우 Dullinger 259ff. 및 Rummel (-rummel) § 1438, nn. 31ff. 참조. 당좌예금 관계에서의 상계에 관해서는 Wood 3-1ff.(잉글랜드), Berger 173, 285ff(독일), 네덜란드 민법 6:140조 및 Parlementaire Geschiedenis 517ff.와 Wood 24-36ff.(비교법) 참조.

42) **PECL 13:105조(복수의 채권과 채무)** (1) 상계의 통지를 하는 당사자가 상대방에 대해서 복수의 채권을 가지고 있는 경우, 그 통지는 대상이 되는 채권을 특정(적시)하는 경우에만 효력이 있다. (2) 상계의 통지를 하는 당사자가 상대방에 대해서 복수의 채무를 이행해야 하는 경우, 이행의 충당에 관한 규정(PECL 7:109조)을 적절히 변경하여 적용한다. (DCFR Ⅲ.-6:106조)

2. 채무자가 복수의 채무를 부담하고 있는 경우

상계의 통지를 하는 당사자가 상대방에 대해서 복수의 채무를 부담하고 있는 경우에 통지를 하는 당사자는 변제의 충당의 법리(PECL 7:109조)에 따른 채무자의 지위에 있다. 상계의 통지를 하는 것은 채무를 소멸시키는 하나의 수단이기 때문에 변제의 충당의 법리는 적절한 변경을 통해 적용되어야 한다. 이것은 보통 상계의 의사표시를 한 당사자의 지정이 결정적이라는 것을 의미한다. 채무자가 상계의 통지가 결부되는 채무를 지정하지 않는 경우 상대방이 이를 지정할 수 있다(PECL 7:109조 2항 참조). 양 당사자 모두 지정하지 아니한 때에는 일반적인 기본규칙(PECL 7:109조 3항[43])에 따라 충당하는 것이 타당하다.[44] 대부분의 법제도는 상계의 통지를 받는 당사자도 또한 상계의 통지를 할 수 있는 지위에 있을 때, 그 자에게 상계의 통지를 하는 당사자에 의한 지정에 대해서 지체 없이 이의를 주장할 권리를 주고 있다. 이 규정이 기초로 삼고 있는 것은 상계에서 어느 쪽 당사자가 먼저 상계의 통지를 했는가 하는 우연한 사정에 의해 충당의 문제가 좌우되어서는 안 된다는 생각이다.

---

43) **PECL 7:109조 3항** 어느 당사자에게서도 충당이 이루어지지 않을 때는, 4항에 따르는 것을 조건으로 그 변제는 다음의 각호 순으로 각호에서 정하는 기준을 충족하는 채무에 충당된다. (a) 이행기에 있는 채무 또는 이행기가 먼저 도래할 채무, (b) 채권자에 있어서 가장 담보가 적은 채무, (c) 채무자에 있어서 가장 부담이 큰 채무, (d) 먼저 발생한 채무. 이들 중 어느 것에도 해당하지 않을 때는, 그 변제는 모든 채무 중 각각의 금액에 따라 충당된다.

44) 유럽의 대부분의 국가에서는 당사자 중 한쪽이 상계에 적합한 복수의 채권을 가지고 있는 경우에 상계의 통지를 하는 당사자는 복수의 채권 중에서 어느 것이 수동채권과 상계가 되는지 지정할 수 있다. 지정이 되지 않은 경우나 상대방이 지체 없이 지정에 이의를 주장한 경우는 변제의 충당에 관한 일반준칙이 적절히 변경된 후 적용된다. 독일 민법 396조, 네덜란드 민법 6:137조 및 Parlementaire Geschiedenis 512ff., 오스트리아 Rummel (-Rummel) § 1438, n. 17, 그리스 민법 452조, 스코틀랜드 Wilson 13.6, 포르투갈 민법 855조. 상계의 효과가 법상 당연히 발생하는 법제도에서는 이 명제의 전반 부분이 타당하지 않은 것은 당연한 것이지만, 후반 부분의 변제의 충당에 관한 준칙은 (적당한 보정을 한 후에) 직접 적용된다. 이에 대해서는 프랑스, 벨기에 및 룩셈부르크 민법 1297조, 이탈리아 민법 1249조, 스페인 민법 1199조를 참조하라.

사례 2   상황은 사례 1과 같지만 상계의 통지를 한 사람은 B였다. 이때, B는 A의 3개의 채권 중에서 어느 것이 소멸하는지를 지정할 수 있다. B가 지정을 하지 않았을 때는, A는 합리적인 기간 안에 지정을 하고 그 선택을 B에게 알릴 수 있다. 지정이 되지 않았을 때는 PECL 7:109조 3항에 정해진 기준이 동조에 나타난 순서로 적용된다.

V 상계의 효과

1. 상계된 채권들의 소멸

(1) 장래를 향한 소멸

PECL에서 상계는 통지된 시점부터 상계에 해당하는 양쪽 채권(채무)을 장래를 향하여 소멸시킨다.[45] 상계에는 소급효가 없다. 상계의 효력은 단순히 장래에 발생할 뿐이다. 즉, 상계는 그 실체적 요건이 전부 충족되고 상계의 통지가 효력을 가진 시점부터 장래를 향하여 효력을 발생한다. 상계는 상계의 의사표시가 이루어진 시점에서 양 채무가 변제된 것처럼 평가되는 것이다.

(2) 소급적 소멸의 입법례

상계의 통지를 요하는 대부분의 법제도에서는 상계는 그 통지에 소급적인 효력을 인정하고 있다. 즉, 상계가 된 결과로서 당해 채권은 상당액에 있어서 그런 것들이 상계에 적합한 상태로 서로 최초에 대립한 시점에서 소멸한 것으로 간주된다. 이 원칙을 채용하고 있는 국가는 독일(민법 389조), 오스트리아(Dullinger 96ff.), 그리스(민법 441조), 네덜란드(민법 6:129조 및 Asser-Harkamp, Verbintenissenrecht Ⅰ, n. 538) 및 포르투갈(민법 854조 및 Varela Ⅱ, 224ff.)이다.[46]

---

45) **PECL 13:106조(상계의 효과)** 상계는 통지의 시점부터 양쪽 채무를 상호 대응하는 범위 내에서 소멸시킨다. DCFR Ⅲ.-6:107과 동일하다.

46) 이탈리아에서도 같은 상황이 보인다. 즉, 이탈리아 민법에서는 상계는 '양쪽 채무가 둘 다 존재

2. 이자

(양쪽 채무의) 이자는 상계의 의사표시가 된 때부터 기산된다. 그 결과, 상계가 가능한 것을 인식했을 때 상계의 의사표시를 하는 것은 보다 높은 이율로 이자를 지급해야 하는 쪽의 당사자에게 유리해진다.

3. 지급지연

예를 들어 B가 매매계약에 따라 A에 대해 10만 유로를 10월 10일에 지급하여야 하는데 이날 지급하지 않았을 때, B는 원칙적으로 PECL 8:108조하에서 면책되지 않는 불이행을 하게 된 것이다. A는 이행을 청구하거나 손해배상을 청구하거나 혹은 계약의 해소를 선택할 수 있다. B가 상계의 의사표시를 하지 않았다거나 나중에야 비로소 A에게 같은 금액의 상계할 채권이 있다는 사실을 알았다고 하더라도 10월 10일 B의 계약위반(채무불이행)을 치유하지 못한다.

4. 채무불이행에 대한 변제합의

채무불이행이 발생한 경우에 대비하는 변제합의가 되었을 경우에도 상계의 통지를 할 권리를 행사하지 않은 당사자는 이 변제를 청구할 수 있을까? 이는 당해 조항의 해석에 달렸다. 보통은 채무불이행에 따른 약정액이 지불되어야 한다는 것이 의도되어 있을 것이다.

📑 **사례 1** A는 B에게서 빌린 1만 유로를 10월 10일에 변제하여야 한다. 만약, A가 10월 10일 1만 유로를 변제하지 않으면, A는 2천 유로를 더 지급해야 한다는 것을 합의하고 있었다. 9월 1일, A는 B에 대한 3만 유로의 채권을 C로부터 상속받았다. 이 사실을 A가 알아차린 것은 11월 20일이었고 그날 그는 상계의 의사표시를

한 날부터' 양쪽 채무를 소멸시킨 것이지만(1242조 1항), 그럼에도 불구하고 통설에 의하면 상계가 고려될 수 있기 위해서는 그 전에 상계의 의사표시가 존재하는 것이 필요하다(Bianca Ⅳ, 494; Perlingieri, Estinzione 273ff.; Cian, (1998) 6 ZEuP 220f.).

했다. 그러나 A는 10월 10일에 1만 유로를 변제하지 않았기 때문에, B는 2천 유로의 약정액을 청구할 수 있다.

5. 상계 후에 행해진 변제

상계의 의사표시가 있었음에도 이후에 변제된 경우 이 변제에 대한 반환청구는 가능하다(대부분의 국내법에서는 부당이득에 따라 반환청구가 된다). 왜냐하면 이 변제는 채무로 부담되지 않는 것에 대한 변제이기 때문이다(법률상의 원인 없는 이행이었던 것이다). 상계의 의사표시가 되기 전에 변제된 경우 이는 채권을 삭감시키는 효과를 가지고 있었던 것이며, 그 결과 상계의 상호성 요건이 사라진다. 그러므로 원상회복에 관한 어떠한 특별한 문제도 발생하지 않는다.

6. 자동채권의 시효

상계를 할 권리의 시효의 효과에 관해서는 PECL 14:503조(DCFR Ⅲ.-7:503조)를 참조하라.

7. 상응하는 채무범위에서 채무 소멸

상계는 상호 상계되는 채무들의 상응하는 범위에서 채무를 소멸시킨다.

▥ **사례 2** A는 B에 대해서만 1만 유로의 채권을 가지고 있다. B는 A에 대해서 5천 유로의 채권을 가지고 있다. A 또는 B의 일방에 의한 상계의 통지가 있었을 때는, 그 결과로 A의 채무는 모두 소멸하지만 B에게는 5천 유로의 채무가 남은 상태이다.

8. 자동채권의 일부의 상계

상계의 의사표시를 하는 당사자는 상대방에 대한 채권의 일부만을 상계할 수도 있다. 이때, 이 채권의 나머지는 소멸하지 않는다.

9. 입법례

(1) 자동적 효력과 소급효

스코틀랜드에서 상계(상계의 효력이 생기기 위해서는 재판에서 주장되고 판결로 확인되어야 한다)는 소급효를 가진다.[47] 상계가 법상 당연한 효과를 발생시키는 국가들(프랑스, 스페인, 벨기에, 룩셈부르크)에서, 상계는 양 당사자가 인식을 하지 않아도 상계의 존재로 그 효과가 발생한다. 그러나 이러한 양자의 접근법은 실제적으로 거의 동일한 결과를 가져온다. 그 결과 특히 일반적으로 인정되고 있는 것은 이자가 더 이상 발생하지 않는다는 것(그리고 이미 지급된 이자는 비채변제(非債辨濟)[48]를 이유로 반환청구를 할 수 있다는 것)이다. 하지만 네덜란드 민법 6:129조 2항은 어느 쪽 당사자도 지체에 빠진 것으로 할 수 없다고 하며 또 위약벌을 청구할 수 없다고 한다.[49]

채무가 상계로 인해 소멸했음에도 불구하고 채무자가 그 채무를 변제했을 때는 프랑스, 벨기에 및 룩셈부르크 민법 1299조에 의하면, 그 채무를 소멸시킨 채권을 몰랐던 것에 대해 정당한 사유가 있을 경우에만 채무자는 비채변제를 이유로 하는 반환청구를 할 수 있다. 독일에서는 이 문제는 오랜 세월에 걸쳐 의논되어 왔다.[50] 오늘날의 통설에 의하면 상계의 통지가 가능하다는 것을 모르고 변제를 한 자는 부당이득을 이유로 반환청구를 할 수 없다.[51]

(2) 장래효

서유럽에서는 방식이 자유로운 상계의 의사표시를 필요로 하지만, 상계에 소

---

47) 이에 대해서 McBryde 25.55; Wilson 13.6. 참조.

48) 채무가 없는데 변제하는 것. 변제자가 채무가 없는 것을 알고 있을 경우에는 반환청구를 할 수 없다. 또 기한 전의 변제와 타인의 채무의 변제를 포함하는 경우도 있다.

49) 독일은 Gernhuber 309ff., 이탈리아는 Cian-Trabucchi art. 1242, II, 네덜란드는 Asser-Hartkamp, Verbintenissenrecht I, n. 538, 또한 네덜란드 민법 6:134조, 오스트리아는 Rummel (-Rummel) § 1438, n. 14 참조.

50) 예를 들면 Dernburg 587ff.를 참조.

51) Gernhuber 299ff. 오스트리아는 Rummel (-Rummel) § 1438, n. 15 참조. 하지만 여기에는 많은 이설들이 있다.

급효를 인정하지 않는 유일한 법제도를 채용하고 있는 국가는 북유럽 제국이다. 잉글랜드 법도(어쩌면 아일랜드 법 역시) 상계에 대해서 장래효만을 인정한다. 독일의 경우 소급효를 인정하고 있다. 즉, 상계는 상계적상에 있는 때로 소급하여 대등액에서 소멸한다.[52]

상계의 소급효는 설득력이 있는 합리적인 근거에 기초하는 것이라기보다는 유스티니아누스 법전(Inst. Ⅳ, 6, 30. 또한 C. 4, 31, 14도 참조)의 애매한 표현(ius commune의 사고모델)을 무비판적으로 수용한 결과이다.[53] 상계의 장래효는 매우 자연스러운 법리이며 충분히 만족스러운 결과를 가져올 것으로 생각된다.

상계할 권리의 배제[54]

1. 합의에 의한 배제

계약자유원칙에 따라 상계할 권리는 사적자치에 관한 일반적 제한(예를 들면 PECL 4:110조: 개별교섭되지 않은 불공정한 조항)이 준수되고 있는 한 합의에 의해 배제할 수 있다.[55] 상계를 배제할 합의가 특정한 법률관계에서 생긴 채권만을

---

52) 독일 및 오스트리아에서 상계의 소급효는 최근에는 비판받게 되었다. 이에 대해서는 P. Bydlinski, (1996) 196 AcP 281FF.; Dullinger 174ff.; Zimmermann, Fs. Medicus 721ff.

53) Zimmermann, Fs. Medicus 724; Pichonnaz, (2000) 68 TR 541ff. 참조.

54) **PECL 13:107조, DCFR Ⅲ.-6:107(상계할 권리의 배제)** 다음의 경우에는 상계할 수 없다. (a) 합의로 상계를 배제한 경우, (b) 압류에 적합하지 않은 범위에서의 수동채권, (c) 고의의 불법행위로 발생한 수동채권.

55) 거의 모든 국가에서 계약에 의한 상계배제가 인정되고 있다. 잉글랜드 Derham 140ff.; 아일랜드 Hegarty & Sdns Ltd. v. Royal Liver Friendly Society [1985] I.R. 524; 스코틀랜드 McBryde 25.54, 25.58 및 Wilson 13.6; 프랑스 Starck, Rolamd & Boyer n. 347; 벨기에 Cornelis, Algemene theorie n. 678 (p. 879 끝부분); 룩셈부르크 Courd' Appel, 10 october 1963, Pas. Lux. Vol. 19, 209; 포르투갈 Varela Ⅱ, 198; 독일 Gerhuber274ff.; 이탈리아 Bianca Ⅳ, n. 251; 네덜란드 Asser-Hartkamp, Verbin-tenissenrecht Ⅰ, n. 531; 오스트리아 Koziol-Welser Ⅱ, 103 및 Rummel (-Rummel) § 1440, n. 29; 스코틀랜드 McBryde 25.58f.;

대상으로 하고 있는지 아니면 양 당사자의 모든 채권을 대상으로 하고 있는지는 해석의 문제이다.

2. 압류에 적합하지 않은 채권

상계에 의해 최저생활수준을 보장하는 채권(예를 들면 부양이나 임금을 목적으로 하는 채권)을 그 채권자한테 뺏어서는 안 된다. 이 문제를 가장 간단하고 적절하게 처리하는 방법은 수동채권이 압류에 적합하지 않은 한도에서 상계를 금지하는 것이다.[56] 수동채권이 압류에 적합하지 않은지, 어느 범위에서 적합하지 않은지는, 이 문제에 적용 가능한 법에 따라 결정된다.

3. 고의의 불법행위에서 생긴 채권

예를 들어 이행기가 도래한 채권을 회수할 수 없는 채권자가 자력구제에 호소하는 것을 생각할 수 있다. 즉, 채권을 회수할 수 없는 채권자가 (미이행의 채권을 채무자의 손해배상채권과 상계할 수 있다는 인식하에서) 채무자를 마음대로 폭행·구타하는 경우를 생각할 수 있다. 이보다 훨씬 적절한 사례로는 채권자가 채무자 소유의 물건을 점유하고 있는 경우 그 물건을 위법으로 양도하고 이로

스웨덴 Lindskog, Kvittning 303f.; 덴마크 Gomard Ⅲ, 196(토지임대차 및 소비지계약에 대해서는 예외가 타당하다. 거기서는 임차인이나 소비자의 상계를 할 권리는 배제할 수 없다); 핀란드에 대해서는 Aurejärvi & Hemmo 192; 그리스 민법 450조 2항에 의하면 채무자는 상계할 권리를 사전에 ― 더구나 일방적으로도 ― 방기할 수 있다.

56) 대부분의 법제에서 최저생활수준을 보장할 권리를 채권자로부터 빼앗는 상계는 허용되지 않는다. 프랑스 및 벨기에 민법 1293조 3호(프랑스: Terré, Simler, Lequette n. 1302, 벨기에 Cornelis, Algemene Theorie n. 674), 독일 민법 394조 및 Gernhuber 261ff.; 이탈리아 민법 1246조 3호 및 Bianca Ⅳ, n. 251; 네덜란드 민법 6:135조(a) 및 Asser-Hartkamp, Verbintenissenrecht n. 552; 스페인 민법 1200조 2항; 포르투갈 민법 853조 1-b호(양쪽 채권 모두 압류에 적합하지 않은 경우를 예외로 한다); 오스트리아 Koziol-Welser, Ⅱ, 103 및 Dullinger 121ff.; 그리스 민법 451조; 스웨덴 Lindskog, Kvittning 247ff. 283; 덴마크 Gomard Ⅲ, 196; 핀란드 Aurejärvi & Hemmo 192ff.; 잉글랜드 법(어쩌면 아일랜드 법도)에 관해서는 Wood12-04ff. 참조.

인해 얻은 매각대금을 수동채권으로 하여 자기 채권의 만족을 얻는 경우를 생각할 수 있다. 불법행위에 의거한 채권이 압류에 적합하지 않다고 하는 법제도에서는 위에서 언급한 규정들(PECL 13:107조 b호, DCFR Ⅲ.-6:107조 b호)에 의해서도 상계를 배제하는 효과가 나올 것이다.

4. 미이행의 출자에 대한 책임

몇몇 국내법들은 출자자가 회사에 대해서 부담하는 미이행의 출자책임을, 자신이 회사에 대해서 부담하고 있는 채무와 상계하는 것을 금지하는 것이 바람직한 것으로 취급하고 있다.[57) 이러한 법리는 회사의 자본금을 감소시키지 않는 점에서 회사채권자의 이익을 보호하는 데 도움이 되지만 상계에 관한 일반 법리라기보다는 오히려 회사법 영역에 속한 문제로 보아야 할 것이다.

---

57) 잉글랜드 Wood 12-127ff. 및 Derham 250ff.; 독일 Gerhuber 270ff.; 오스트리아 Rummel (-Rummel) § 1440, n. 28 참조.

제 **5** 장

시효

I 시효와 권리

1. 시효라는 용어와 그 의미

유럽의 모든 법제도에서 권리와 의무는 기간의 도과로 인하여 영향을 받는다.[1]

대륙법의 전통적 용어법에 따르면 '시효'에는 다음의 두 가지가 있다. (i) 기간의 도과로 인한 소유권의 취득('취득시효')과 (ii) 기간의 도과로 인한 권리의 상실('소멸시효')이다. 그러나 이 양자를 규율하는 원리는 크게 다르며, 따라서 이것들을 단일한 논거하에서 일원적으로 이해하는 것은 유익하지 않다. PECL이나 DCFR이 다루는 것은 후자의 시효에 한정된다. PECL이나 DCFR의 내용을 감안한다면 '소멸'시효라는 용어는 부정확하다. 왜냐하면 PECL이나 DCFR 시효제도에서 권리는 소멸하지 않기 때문이다. 권리를 존속시키면서 채무자에게 이행거절권을 준다는 것이 PECL이나 DCFR의 기본원칙이다(PECL 14:501조 1항, DCFR Ⅲ.-7:501조 참조). 이를 표현하는 용어로서 비교적 적합한 것은 스코틀랜드 법의 용어('소극적 시효')이다. 다른 선택지로서는 '해방적 시효'라는 표현을 생각할 수 있다. 또한 잉글랜드 법의 개념인 '출소기한'을 실체법적으로 변화시킨 용어로서 '채권의 행사기한'이라는 것도 생각할 수 있을 것이다. PECL에서는 취득시효를 다룰 수 없기 때문에 수식어를 붙이지 않고 단지 '시효'로 표기하고 있다.

PECL이나 DCFR에서 '시효'라는 용어는 기간의 도과로 인한 채권의 법적 효과 그 자체를 지적하고 있다. 시효는 어떤 특정 순간에 생기는 것이다. 한편 '시

---

[1] 시효법의 역사에 대하여 Coing I, 183ff.; Coing II, 280ff.; Zimmermann, Obligations 768ff.; Johnston 1. 13ff.; Oetker 12ff. 참조.

효기간'이라는 용어는 시효가 완성되는 데 필요한 기간을 의미하며 그 기간이 도과함으로써 시효의 효력이 발생한다.

2. 채권의 시효[2]

시효제도의 중심이 되는 개념은 '채권'이다. PECL이나 DCFR의 곳곳에서 사용되는 이 개념은 채무의 이행을 요구할 권리를 의미한다. 따라서 시효는 실체법상의 제도로 파악되고 있다.[3] 기간의 도과로 인하여 채무자에게는 이행을 거절할 권리가 부여된다. 채무자가 이행을 거절하면 그 결과로서 채권자는 이행을 요구할 권리를 상실하는 것이다. 채권자는 당연히 법원을 통해서도 채권을 행사할 수 없게 된다. 하지만 시효는 청구할 권리만을 제한하는 것은 아니다. 즉, 시효는 이행을 수령할 권리도 제한한다. 예를 들면 지급청구에 대하여 채무자가 (이행을 수령할 권리의) 시효를 원용하고, 또 시효의 요건이 전부 충족되어 있는 경우 채무자는 이행지체에 해당되지 않으며, 따라서 지체에 따른 효과도 생기지 않는다.

---

2) **PECL 14:101조(권리–채권의 시효)** 채무의 이행을 요구할 권리('채권')는 본 원칙에 따라 일정 기간의 만료에 의해 시효의 적용을 받는다. (DCFR Ⅲ.-7:101조)

3) 잉글랜드 법 및 아일랜드 법에 있어서의 출소기한은 해방적 시효와 동일한 기능을 영위한다. 출소기한은 절차법상의 제도이며 권리에 영향을 미치는 일은 없고 법원에 권리를 행사할 수 없게 되는 데 그친다. 이러한 접근법은 대륙법의 전통적 사고방식과 절대로 양립할 수 없는 것은 아니며 몇몇의 대륙법 국가에서는 현재도 전통적인 사고방식과 다른 조문이나 견해가 실제로 존재한다. 그러나 대부분의 대륙법 국가에서 현재 지배적인 이론은, 시효는 실체법의 문제이며 채무 그 자체가 소멸한다는 것이다. 예를 들어 Marty & Raynaud, Obligations Ⅱ, nn. 341ff.; Ferid & Sonnenberger(1 C 246); Spiro, Begrenzung § 241; Storma, in: Hondius 47을 참조하라. Lipstein(n. 29)에 의하면 현대 유럽의 모든 법제도에 있어서 시효는 실체법적인 요소와 절차법적인 요소의 쌍방을 겸비하고 있다고 한다{Staudinger (–Peters) § 194, n. 4 참조}. '국제동산매매에 있어서의 시효에 관한 UNCITRAL 조약(이하 UNCITRAL 시효조약이라 한다)에서는 "어느 쪽에도 가담하지 않는다"{Smit, (1975) 23 AJCL 339}는 입장을 채택했다(Boele-Woelki 112ff. 참조). UNCITRAL 시효조약은 '제한'이라는 단어를 사용하며 일정한 기간을 도과한 후에는 '채권'의 행사가 제한된다고 표현하고 있다. 시효가 실체법상의 제도인가 절차법상의 제도인가 하는 문제는 국제사법에 있어서의 중요문제였지만, 계약상의 채무의 준거법에 관한 로마조약에서는 실체법상의 제도라고 하는 입장을 취하고 있다(동 조약 10조 1항 d호).

시효는 채권에만 적용되기 때문에 취소를 통지하는 권리(PECL 4:112조), 계약을 해소하는 권리(PECL 9:301조), 그 밖의 법률관계에 변동을 발생시키는 권리는 시효의 영향을 받지 않는다. 이러한 권리는 '합리적인 기간 내에' 행사되지 않으면 안 된다. 이는 PECL 4:113조, 9:303조 2항 등에 달리 규정되어 있다.

3. 이행유보권 및 대금감액청구권

(1) 이행유보권

이행유보권(예를 들어 PECL 9:201조에 규정된 권리)도 시효에 걸리지 않는다.[4] 즉, 이행유보권의 기초가 되는 채권이 시효기간을 도과한 경우에도 이행유보권을 주장할 수 있다.[5]

---

4) 항변권이 시효에 걸리는지 여부는 이론적으로 곤란한 문제이다. 보통법에서는 일반적으로 항변은 시효에 걸리지 않는다고 생각하고 있다. 이 원칙은 현재도 많은 국가에서 계속 받아들이고 있다(프랑스 Ferid & Sonnenberger 1 C 248; 벨기에 Storme, in: Hondius 44; 그리스 민법 273조 참조). 잉글랜드에서도 구제수단이 부정되는 데 그치는 권리는 부정되지 않는다고 하기 때문에 실질적으로 같은 상황이다. 대부분의 법제도는 이에 관한 일반적 준칙을 가지고 있지 않지만 몇몇 법제도에서는 기초가 되는 채권이 시효에 걸린 경우에도 일정한 경우에 항변이 존속하는 취지의 특별규정이 있다(Spiro, Begrenzung § 215; Peters & Zimmermann 266). 그 밖에 이탈리아에 관하여 Cass. 28 July 1987, n. 6542, in: Giust. civ. 1988, Ⅰ, 456, 및 Vitucci 63ff.의 서술을 참조하라. 독립의 항변과 채권을 기초로 한 항변을 구별하는 것도 있다(스페인 STS 12. 3. 1965; Díez-Picazo & Gullón Ballesteros, 467; Pantaléon, Prescripción 5009 참조). 이 경우 독립의 항변은 시효에 걸리지 않는 데 비해 채권을 기초로 하는 항변은 시효에 걸린다(독일 Münchener Kommenter (-von Feldmann) § 194, n. 24 참조. 항변의 시효(및 채권의 시효가 항변에 대하여 가지는 효과)의 전반에 대해서는 Spiro, Begrenzung §§ 215ff., 540 참조).

5) 실무상 가장 중요한 문제가 생기는 것은 이행유보권(PECL 9:201조 참조)이라고 생각된다(Peters & zimmermann 266 참조). 독일의 지배적 견해에서는 이행유보권의 기초가 되는 채권을 칼로 사용하는 것이 더 이상 불가능한 경우에도 이행유보권은 여전히 방패로 사용할 수 있다고 한다(Staudinger (-Peters) § 222, n. 37). 포르투갈에 대하여 민법 430조; 덴마크에 대하여 Gomard Ⅲ, 232; 네덜란드에 대하여 민법 6:56조를 참조하라. 기타 Peters & Zimmermann의 감정서, "Verjährungsfristen", in: Bundesminister der Justiz, Gutachten und Vorschläge zur Überarbeitung des Schildrechts, vol. Ⅰ (1981), 77과 독일 채무법 개정위원회 초안 222조도 참조하라.

☞**사례**　A는 B에게 자동차를 매각했다. 그 자동차의 인도는 1996년 10월 10일에, 대금지급은 같은 해 12월 10일에 이행하는 것으로 되어 있었다. 양 채권의 시효기간은 3년이다. 3년이 지났지만 B는 여전히 자동차를 받지 못하였다. 이 경우 1999년 10월 10일 이후에 B가 A를 상대로 자동차의 인도를 요구하는 소송을 제기했을 때는, A는 시효의 항변을 제출할 수 있다. 반대로 같은 해 11월 10일에 A가 B를 상대로 대금지급을 요구하는 소송을 제기했을 때는, B는 이행유보권(PECL 9:201조, DCFR Ⅲ.-3:401조의 항변권)을 행사할 수 있다. 이행유보권은 B의 A에 대한 채권의 시효에는 영향을 받지 않고 존속되기 때문이다. 같은 해 12월 10일 이후에는, B는 A의 청구에 대하여 시효의 항변을 제출할 수 있다.

(2) 대금감액청구권

대금감액청구권도 시효에 걸리지 않는다(PECL 9:401조, DCFR Ⅲ.-3:601조 참조). 계약에 적합하지 않은 이행을 받은 결과 그 당사자가 대금감액청구권을 가진다면, 상대방이 지급청구를 할 때 이러한 대금감액청구가 실현될 필요가 있다. 물론 대금지급청구권 자체가 시효의 일반준칙에 따르는 것은 당연하다. 대금감액청구권을 가지는 당사자가 감액 후의 대금을 초과한 금액을 이미 지급한 경우에는, 상대방에 대하여 초과액의 반환을 요구할 수 있다(PECL 9:401조 2항 참조). 초과액의 반환을 요구하는 권리는 시효의 일반준칙에 따른다.

Ⅱ　적용범위[6)]

PECL 제14장(DCFR 제7장)은 계약상의 채권뿐만 아니라 그 외의 이행을 요구하는 권리에도 적용된다. 이행을 요구하는 권리 중에 일정한 것에 한하여 시

---

6) 다수 EU 회원국들의 국내법상 시효에 관한 규정의 적용범위는 넓다. 해방적 시효에 관한 독일 민법(동법 195조 이하)은 청구권의 시효(Anspruchsverjährung)라는 관념에 근거하고 있으며 채무법보다도 훨씬 넓은 적용범위를 가진다. 이에 대한 비판은 Peters & zimmermann 186, 287ff.를 참조하라. 이탈리아 민법 2934조는 어떤 제한 없이 권리의 소멸에 대하여 규정하고

효의 준칙을 적용하는 것은 이론적으로 정당화할 수 없는 데다 실무상의 곤란과 불편을 초래할 것이다.[7] 한편 이행을 요구하는 권리 이외의 각종 권리, 예를 들어 물적 권리, 혼인하는 권리, 상속인 또는 유언집행자의 권리를 대상으로 하는 것은 바람직하다고는 생각되지 않는다. 이러한 경우의 대부분은 절대적 권리(소유권 등)의 보호와 연결된다. 절대적 권리를 시효에 걸리게 한다면 절대적 권리에 중대한 제한을 가하는 것이 되는데, 그러한 제한을 정당화하는 것은 불가능할 것이다. 그러므로 절대적 권리에 기한 채권은 그 기초가 되는 절대적 권리와 운명을 같이한다는 견해가 설득력을 갖는다. 게다가 물권법의 영역에 있어서는 취득시효법과의 신중한 조정이 필요하다. 나아가 채무의 이행을 요구하는 권리는 독립된 법영역으로서 충분한 확장과 독자성을 갖추고 있다. 비교법에서도 이와 같은 방향이 제시되고 있어 현대의 시효제도의 대부분은 명시적 또는 실질적으로 채무법에 적용되고 있다.

PECL이나 DCFR에는 기간제한에 관한 규정이 다수 포함되어 있다.[8] 이러한 기간제한은 시효기간이 아니다. 그러나 PECL이나 DCFR에 제시된 몇몇 지침[9]은 승낙의 표명, 취소의 통지, 해제의 통지 또는 이행청구가 각 규정에 정해진 시점부터 '합리적인 기간 내에' 행해졌는지 어떤지를 판단할 때도 중요하다.

PECL이나 DCFR의 시효에 관한 장에서는 시효기간이 만료되기 전에 당사자가 채권의 행사를 금지할 수 있는 경우가 있을 수 있는 것을 배제하지 않고 있다. 예를 들어 이미 채권의 불행사에 대한 합리적인 신뢰를 상대방으로 하여금 갖게 하고, 따라서 채권을 행사한다는 결단이 PECL 1:201조에 있어서의 신

있지만 민법 948조 3항 및 533조 2항에 있어서 물권적 반환청구권(rei vindicatio) 및 상속재산 회복청구권(hereditatis petitio)에 대한 적용을 제외하고 있다. 포르투갈에서 시효에 관한 준칙은 채무뿐만 아니라 원칙적으로 모든 권리에 적용된다(포르투갈 민법 298조 1항). 오스트리아 민법 1451조에서 시효는 '권리'의 상실을 야기한다고 규정하고 있지만 실질적으로는 1458조 이하의 제외규정에 의하여 시효는 채권에 관한 것이라는 점이 나타나 있다.

7) von Bar Ⅲ.-7:201에 관한 주석 참조.

8) 예를 들어 PECL의 경우 승낙의 기간제한에 관한 2:206조, 취소 통지의 기간제한에 관한 4:113조, 해제의 통지의 기간제한에 관한 9:303조 2항 및 이행청구권의 기간제한에 관한 9:102조 3항을 참조하라.

9) 예를 들어 PECL 14:303조(불가항력에 기한 장해 시 시효정지), DCFR Ⅲ.-7:303조 참조.

의성실 및 공정거래의 원칙에 반하는 경우에는 시효기간이 만료되기 전이라도 채권의 행사가 금지될 수 있다.

Ⅲ 법정책적 고려

시효는 기본적으로 다음 세 가지의 법정책적 고려에 근거하고 있다.[10] (1) 채무자는 '시간의 애매화작용(obfuscating power of time)'[11]에 의해 채권의 행사에 대한 방어가 점점 곤란해지기 때문에 채무자를 보호해야 한다. (2) 기간의 만료는 채권에 대한 채권자의 무관심을 나타냄과 동시에 그로 인해 이미 채권이 행사되지 않을 것이라는 합리적인 신뢰를 채무자에게 생기게 한다. (3) 권리불행사상태가 장기간 계속된 채권에 관하여 시효를 통해 소송의 장기화를 방지할 수 있다. 이와 같이 시효는 법적 안정성을 목적으로 한 매우 독특한 제도이다. 시효제도에 의해서 확실한 근거가 있는 채권이라도 무위로 돌아가도록 하는 것은 법제도가 시효의 혜택에 대하여 지불하여야 하는 대가이다. 그러나 법적 안정성을 고려한다고 해도 채권자의 합리적인 이익과의 균형이 유지되지 않으면 안 된다. 시효는 실질적으로 보면 권리의 박탈을 야기하기 때문에 채권자에게는 채권을 행사할 공평한 기회가 주어져야 한다. 이는 PECL 14:301조(DCFR Ⅲ.-7:301조)에 규정된 시효기간 진행정지의 제도로 특별히 발현되고 있다.

시효는 사안에 따라서는 가혹한 결과를 가져올 수 있지만 일반적으로는 현대의 법제도에서 빠뜨릴 수 없는 제도로 생각된다.

---

10) 시효제도의 기초에 있는 법정책적 고려에 대해서는 Savigey, 267ff.; Story, n. 576; English Law Commission Consultation Paper No. 151 on Limitation of Actions, 11ff.; Andrews, (1998) 57 Camb. L. J. 590; Johnston 1. 40ff.; Spiro, Begrenzung §§ 3ff.; Peters & Zimmermann, 104, 112f., 189f., 288ff.; Staudinger (–Peters) Vorbem zu §§ 194ff., nn. 5ff.; Asser-Hartkamp, Verbintenissenrecht Ⅰ n. 653; Loubser, 22ff.; Zimmermann. 2000 JZ853ff. 참조.

11) Windscheid & Kipp § 105, p. 544 참조.

독일의 시효법은 2000년대 초 중대한 개정이 이루어졌다. 독일의 개정 시효법은 주요한 부분에서 PECL과 유사하다. 하지만 세부적으로는 다른 점이 많다.[12] 당초 독일 채무법 현대화를 위한 '토의초안'(2001년 9월 공표)에서는 신법과 전혀 다른 제도가 제안되었는데, 이에 대하여 많은 비판이 제기되었다.[13] 이 것을 받아서 2002년에는 토의 초안의 개정을 임무로 하는 위원회에서 최종적으로 채용된 제도로 연결되는 변화가 있었다. PECL은 2001년 2월에 코펜하겐에서 개최된 유럽계약법위원회 회합에서 승인되었지만, 상기 독일의 위원회는 토의 초안의 변경을 결정하는 시점에서 유럽계약법원칙의 독일어 번역본을 접하였다(또 유럽계약법원칙은 그 후 편집회의에서 약간의 변경을 거치고 있다). 독일의 입법자는 '유럽계약법위원회에서 채용된 시효법의 구조가 광범하게' 받아들여지고 있는 것을 인정하고 있다.[14] 그러나 독일의 개정 시효법에서는 PECL에 대하여 특단의 비판적 검토를 하지 않고 PECL과 다른 규정을 두는 부분도 많고, 세부에 걸쳐 PECL이 받아들여지고 있다고는 할 수 없다.[15]

---

12) 독일의 개정 시효법에 관하여 Heinz-Peter Mansel, Die Neuregelung des Verjährungsrechts, 2002 NJW 89ff.; Heinz-Peter Manse, Christine Budzikiewicz, Das neue Verjährungsrecht (2002) 참조. 독일 신시효법과 PECL이 제안하는 시효제도를 상세하게 비교하고 전자에 부정적 평가를 내리는 것으로 Reinhard Zimmermann, Das neue deutsche Verjährungsrecht: ein Vorbild für Europa?, in: Ingo Koller, Herbert Roth, Reinhard Zimmermann, Schuldrechts modemisierungsgesetz 2002(2002), pp. 9ff. 참조.

13) 특히 Heinz-Peter Mansel, Die Reform des Verjährungsrechts, in: Wolfgang Ernst, Reinhard Zimmermann (eds), Zivlrechtswissenschaft und Schuldrechsreform (2001), pp. 333ff.; Detlef Leenen, Die Neuregelung der Verjährung, 2001 JZ 552ff. 참조.

14) Beshlussempfehlung und Bericht des Rechsausschusses (6. Ausschuss), Drucksache 14/7052 (9 October 2001), p. 178 참조. 이 자세는 Begründung zum Regierungsentwurf, Drucksache 14/6040, pp. 96 and 103에서도 유지되고 있다.

15) 이에 대한 비판으로 Reinhard Zimmermann, Detlef Leenen, Heinz-Peter Mansel, Wolfgang Ernst, Finis Litium?, Zum Verjährungsrecht nach Regierungsentwurf eines Schuldrechts-modernisierungsgesetzes, 2001 JZ 684ff. 참조.

시효기간 및 기산점

I 일반적인 채권의 시효기간

PECL 14:201조와 DCFR Ⅲ.-7:201조는 채권의 일반적인 시효기간을 3년으로 하고 있다.[16] 시효제도는 가능한 한 단순하고, 명쾌하며, 일반적인 것이어야 한다는 관점에서 PECL과 DCFR은 채권법상의 모든 채권에 일반적인 시효기간을 정하고 있다.

1. 통일적인 시효제도의 정당성

(1) 시효법의 기능 중 하나는 많은 비용과 시간이 드는 소송을 억제하는 것이다. 시효에 관한 규정 자체가 원인이 되어 개별사안과 관련하여 시효의 완성 여부를 둘러싸고 소송이 장기화되면 그것은 곤란하다. 어떤 규정이 특정한 유형의 채권에 대하여 시효기간을 정하는 것이라면 그 채권의 유형이 명확하게 정의되어 있을 필요가 있다. 물론 이 정의에 이용되는 개념도 해석의 여지가 있을 것이다. 나아가 어떤 유형의 채권에 관한 규정은 다른 시효기간을 정하는 특별한 규정과 적용영역이 중첩되는 경우도 있을 것이다. 그러면 두 개의 시효기간 중에 짧은 쪽의 기간을 이미 도과한 채권자는 일반적으로 자신의 채권에는 긴 시효기간을 정한 규정이 적용된다고 주장할 것이며, 그 결과 법원은 그 두 규정의 적용범위를 엄밀하게 어디서 나눌 수 있는지를 판단하지 않으면 안 된다.

게다가 이들 시효기간 중 어느 한쪽을 적용하는 것이 어떤 이유에서 부적절하다고 하는 경우에 다음과 같은 문제가 생길 수 있다. 즉, 법원이나 법학자가 시효규정에서 사용되고 있는 개념을 조작하여, 예를 들어 계약의 유형을 일반

---

16) **PECL 14:201조** 일반적 시효기간은 3년이다.

적 시점에서가 아닌 시효제도와 관련해서 재구성해 버릴 위험이 있다.

  (2) 세분화된 시효제도를 정당화할 수 있는 설득력 있는 일반적인 기준은 채권법에 관한 한 존재하지 않는다고 생각된다. 예를 들어 일상적 거래에서 생기는 채권이나 극히 소액의 채권에 대해서는 복잡한 거래관계에서 생기는 채권이나 비일상적인 채권보다도 단기의 시효기간에 걸리게 하는 쪽이 낫다고 생각된다.[17] 그러나 이러한 경계를 설득력 있게 구분하고 법률로 엄밀하게 정의하는 것은 불가능하다. 이와는 달리 채권자 또는 채무자의 전문성을 기준으로 하는 것도 생각할 수 있다. 그러나 당사자의 전문성에 근거한 법률은 매우 불명료한 데다 시대에 뒤지게 될 우려가 있고, 나아가 너무 추상적이거나 일반적인 규율이 될(따라서 해석의 대립을 야기할) 가능성이 높다. 이와 같은 규율은 계약에 따라 이행을 요구하는 권리 외에 계약위반에 따른 손해배상청구가 문제가 되는 경우 의미를 가질 수 있는 데 그치게 될 것이다. 그 외에도 법정채권에 대해서는 법정채권관계의 당사자가 된 경우가 거의 없는 전문가도 있기 때문에 더욱더 이와 같은 규율에 설득력이 있다고는 할 수 없다.

  (3) 시효기간의 세분화와 관련하여 가장 일반적으로 이용되는 기준은 채권의 (법적) 성질이다. 그러나 이 기준도 끝까지 파고들면 적절한 기준이라고는 할 수 없다고 생각된다. 시효의 성공 여부는 당사자 간의 법률관계가 불분명한 경우에 문제가 되는 것도 많다. 예를 들어 계약이 유효하게 성립되어 있는지가 의심스러운 경우도 있을 수 있다. 이 경우의 채권자는 자신이 가지고 있는 것이 이행청구권인지, 손해배상청구권인지 아니면 부당이득반환청구권인지를 알

---

17) 시효에 관한 준칙이 불필요하게 복잡한 것은 널리 비판의 대상이 되어 있다(Sprio Begrenzung § 259: Peters & zimmermann 288ff.; Hondius, 15ff.; Loubser 24 참조). 이 문제에 대해서 독일 법은 특히 엄중하게 비판받고 있다(Peters & Zimmermann 186ff.; 196.; Zimmerman, in: Jayme, 154ff. 참조). 잉글랜드 및 프랑스에서도 같은 비판이 있다(Law Commission Consultstion Paper on Limitation Actions, 241ff.; Bénabent 123ff. 참조). 또 벨기에의 헌법재판소에서는 시효기간이 과도하게 세분화되어 있기 때문에 일관성을 결여하고 있는 상황이 위법인 차별적 취급에 해당한다는 판단이 내려져 있다(M. E. Storme, (1997) 5 ERPL 82ff.; Claeys, 1998-99 R.W. 397ff. 참조). 다만 Andrews, (1998) 57 Camb. L.J. 596도 참조.

수 없다. 또 계약이 매매계약과 임대차계약, 매매계약과 용역계약, 혹은 용역계약과 서비스 제공계약 사이의 경계에 위치한 경우도 있을 수 있다. 또한 채권자의 손해배상청구권에는 계약에 따른 것, 불법행위에 따른 것 또는 계약체결상의 과실에 따른 것이 있을 수 있다(계약체결상의 과실은 계약이나 불법행위 어느 것으로도 분류될 수 있다). 이러한 사례들에서는 채권을 각각의 법적 성질마다 구별하여 취급하는 것이 거의 불가능하다. 시효법과 관련하여 이와 같은 권리들이 서로 밀접하게 연결되고 있는 점은 중요한 의미를 갖게 되는데, 특히 채권의 종류마다 시효기간이 다르다면 일관성이 있는 결론과 평가가 나오기 어려울 것이다.

(4) 따라서, 예를 들어, 계약의 무효에 의한 원상회복청구권은 계약상의 이행청구권보다도 장기 시효기간에 따른다고 해야 하는 것은 아니다. '시간의 애매화작용'으로 인하여 채무자가 직면하는 곤란함은 어느 경우나 같기 때문이다. 이와 마찬가지로 계약법상의 원상회복청구권과 부당이득에 근거한 원상회복청구권의 취급을 달리하거나, 부당이득법상의 채권이라도 다른 유형에 속하는 채권 사이에 취급을 달리하는 것도 타당하다고는 할 수 없을 것이다. 게다가 부당이득반환청구권은 사무관리에 따른 채권과 선택적인 관계에 있는 경우가 많다. 그리고 부당이득반환청구권과 불법행위에 근거한 손해배상청구권도 경합하는 경우가 매우 많지만 이것들은 동일한 시효제도에 따라야 한다. 후자의 손해배상청구권에 대하여 말하면 계약체결상의 과실이나 확대손해에 관한 계약상의 손해배상청구권과 밀접한 관계에 있고 이들과의 사이에서 달리 취급해야 하는 것도 아니다. 증명곤란의 증대라는 관점에서 보면 불이행에 따른 손해배상청구권은 이행청구권보다 장기의 시효기간에 따른다고 해야 할 이유도 없다. 이와 같이 거의 모든 유형의 채권은 서로 밀접한 관련성을 가지고 있는 것이다. 이상의 것들만 살펴보아도 시효제도가 계약상의 채권에 한정되어 마련되어야 하는 것은 아니라는 점이 설득력을 갖는다. 시효에 관한 규정이 PECL 14:101조(DCFR Ⅲ.-7:101조)의 설명에서 기술한 일반적인 법정책 목적에 들어맞는 것이어야 한다고 한다면, 그것은 채권유형마다 최적의 제도를 규율한다는 것은 거의 불가능하겠지만 가능한 한 넓은 적용범위를 가지고 있는 것이어야 한다. 그리고 명확성, 안전성, 예측 가능성의 요청이 쓸데없이 복잡함으로 인

해 손상되지 않도록 특별히 배려되어야 한다. 이런 것들을 종합적으로 고려하면 모든 채권에 대하여 적합성이 떨어질 정도로 똑같은 제도라고 하더라도, 그것은 채무자나 채권자가 자신의 법적 지위를 파악하고 그에 따라 자신의 행동을 결정하는 것을 곤란하게 하는 제도를 채택하는 것보다 바람직하다.

(5) 정기적인 채무에 관하여 특별한 규정을 두는 것도 타당한 것은 아니다(몇 몇 법전은 이와 같은 규정을 두고 있다). 어떤 것이 정기적 채권에 속하는지를 확정하는 것은 곤란하다. 다시 말하면 이와 같은 특별규정이 필요하게 되는 것은 일반적 시효기간이 특히 장기(예를 들면 30년)인 것이 배경으로 되어 있다. 그러나 PECL과 DCFR에서 일반 시효기간은 3년이라는 짧은 기간이다.

PECL과 DCFR이 정하는 일반 시효기간은 모든 이행을 요구하는 권리에 적용된다. 채권법에서 어떤 기준(가령 채권의 성질)에 의해 시효기간을 세분화한다는 것은 일관성 및 정합성이 결여될 우려가 있다. 채권과 성질을 달리하는 법영역(특히 물권법, 친족법, 밀 상속법)에 PECL과 DCFR은 적용되지 않는다.

2. 국제적인 경향

과거 100년간 시효법의 전개와 새로운 입법경향을 볼 때, (i) 시효기간의 단기화경향, (ii) 시효기간의 통일화경향을 알 수 있다. 유럽 제국의 법제도에서는 현재도 6개월에서 30년의 범위로 여러 가지 시효기간이 존재하지만, 2년 내지 6년의 시효기간에 따르는 채권의 종류가 점증하고 있는 국가가 늘고 있으며, 그 범위 내에서 일반 시효기간이 정해져야 한다는 사고방식이 생기고 있다. 일반 시효기간을 몇 년으로 하는가 하는 점이 어느 정도 자의적인 선택이 되는 것은 부정할 수 없다. 그러나 제3의 국제적인 경향, 즉 인식 가능성 기준(discoverability criterion: PECL 14:301조, DCFR Ⅲ.-7:301조를 참조)이 점차 인식되고 있는 것까지 고려하면 2년 내지 6년의 범위 내에서도 비교적 단기기간이 선택되어야 할 것이다. 왜냐하면 자신의 채권의 존재를 모르고 또 합리적으로 보아 아는 것이 불가능한 채권자에 대해서 시효는 진행하지 않는 것이 법제도에 의해 보장되고 있으면 채권자에 대해서 합리적이고 신속한 채권 행사를 기대해도 좋기 때문이다. 유럽의 중요한 입법에서 3년이라는 기간이 규정되어 있고{제조물책임지침(85/374/EWG) 10조} 점차 EU 입법에서도 일반적인 기준이 지평을 넓혀 가고 있다.

3. 입법적 경향

(1) 장기의 일반적 시효기간(복잡한 시효제도)

유럽 국가 대부분의 법제도는 장기의 일반적 시효기간과 함께 특별한 상황에 관한 단기의 시효기간을 다수 가지고 있으며, 이 점이 시효제도를 복잡하게 하고 있다. 독일 민법에서는 고전기 후기의 로마법을 계승하여 일반적 시효기간은 30년으로 되었지만(196조) 다수의 채권에 대하여 보다 짧은 시효기간이 정해졌다.[18] 1900년 이후 입법자는 무수한 특별법으로 민법상의 일반적 시효기간에 대해서 더욱더 다수의 예외를 정하고 있다.[19] 그리스 민법에서 일반적 시효기간은 20년이지만 실제 중요한 다수의 채권에 대해서 단기의 시효기간이 민법으로 규정되고 있다(예를 들면 250조, 554조, 937조를 참조). 이탈리아 민법에서 일반적 시효기간은 10년이지만 중요한 채권에 대해서는 전반적으로 단기의 시효기간이 정해져 있다(2946조 이하). 다만 일정한 물적 권리에 대해서는 20년의 시효기간이 정해져 있다(민법 954조, 970조, 1014조를 참조). 네덜란드에서 일반적 시효기간은 20년이지만(민법 3:306조) 이는 명목상의 것에 지나지 않는다. 네덜란드 민법 3:307조(계약채무의 이행), 3:308조(이자, 종신정기금, 배당 등의 정기적 급부), 3:309조(부당이득), 3:310조(손해배상) 및 3:311조(불이행에 따른 계약해제 또는 추완청구권)의 규정에 의해 실질적으로는 일반적 시효기간은 5년이다. 포르투갈 민법에서 일반적 시효기간은 20년이지만(309조) 대부분 단기의 시효기간이 정해져 있다(예를 들면 310조는 5년의 시효기간을 정한다). 계약 외의 손해배상청구권 및 부당이득반환청구권에 대해서는 3년의 시효기간이 적용된다(498조, 482조). 프랑스 민법에서 일반적 시효기간은 30년이다. 그러나 대부분의 경우 10년의 시효기간이 적용된다. 특히 예를 들면 상사채무(상법 189조 이하), 수급인(청부인 또는 업자)에 대한 소권(민법 2270조) 및 계약 외의 책임에 따

---

18) Peters & Zimmermann 108ff., 115ff. 참조.

19) 예를 들면 Staudinger (-Peters) § 195, nn. 52ff. 참조.

른 소권(1985년 7월 5일법에 의한 민법 2270-1조)에서 그렇다. 그 외 프랑스 민법은 다양한 단기의 시효기간을 규정하고 있다(1171조 이하에서는 5년, 3년, 2년, 1년, 6개월의 시효기간이 규정되어 있다). 룩셈부르크도 거의 동일한 상황이지만 계약 외의 책임에 따른 소권에는 30년의 일반적 시효기간이 적용된다. 오스트리아 민법(1811년 공포)에서 일반적 시효기간은 30년이지만 다수의 단기의 시효기간이 있고, 그 대부분은 3년이다.[20] 스페인 민법(1889년 공포)에서 일반적 시효기간은 15년이다(민법 1964조 후단). 그러나 특별시효기간을 정하는 일련의 규정이 있다(민법 1963~1968조는 30년, 20년, 6년, 5년, 3년, 1년의 시효기간을 규정하고 상법 945~954조는 5년, 4년, 3년, 2년, 1년, 6개월의 시효기간을 규정한다). 덴마크에서 일반적 시효기간은 20년이지만[21] 1908년 12월 22일 법률 제274호는 동산매매와 역무제공 임대법, 이자 및 타인이 손해를 발생시킨 것에 근거하여 생기는, 계약 외의 채권 등 다수의 일반적인 채권에 대하여 5년의 시효기간을 규정하고 있다.

(2) 시효기간의 단기화 및 시효제도의 단순화의 경향

스웨덴은 10년의 시효기간을 정하는 규정이 있지만{시효법(1981:130) 11조} 소비자보호를 도모하기 위해 3년의 시효기간이 적용되고 있다(다만 약간의 예외가 있다). 핀란드도 10년의 시효기간을 정하는 규정을 가지고 있지만(Prescription Decree of 1868의 1조) 특별법으로 짧은 시효기간이 다수 규정되고 있다(예를 들면 1994년의 보험금). 벨기에는 1998년 6월 10일법에 따라 현재는 계약 외의 책임에 따른 손해배상청구권에 대해서는 5년, 그 밖의 인적 권리에 대해서는 10년으로 되어 있다.[22] 하지만 특별시효기간도 다수 존재한다(예를 들면 민법 2270조는 10년의 시효기간을 정한다).

스코틀랜드의 경우 이전에는 20년의 일반적 기간과 특별한 상황에 관한 다

---

20) 이에 대한 비판은 Koziol-Welser Ⅰ, 200 참조.

21) Danske Lov of 1683의 5.14.4조.

22) 벨기에 민법 2262조 1항. 다만 계약책임에 따른 손해배상청구건과 계약 외의 책임에 따른 손해배상청구건을 구별하는 것에 대한 비판에 따라 Claeys, 1998-99 R.W. 381ff. 및 Claessens & Counye 83ff.를 참조하라.

수의 짧은 기간이 존재하였지만, 1973년 시효 및 출소기한법에 의하여 채무법상의 권리는 대부분 시효기간이 5년으로 되었다(동법 6조). 인신손해에 관한 소송 및 명예훼손에 관한 소송에 대해서는 3년의 기간이 적용된다(17조, 18조 및 18A조). 잉글랜드의 1980년 출소기한법에서는 불법행위 또는 '단순계약'에 관한 소송에 대해서는 6년으로 되어 있지만, 인신손해에 관한 소송(3년), 눈에 띄지 않는 숨은 손해(negligent latent damage)에 관한 소송(3년), 제조물책임소송(3년) 및 명예훼손과 고의의 사기에 관한 소송(1년)에 대해서는 단기의 기간이 적용된다(1980년 출소기한법 2조, 5조, 4A조, 11조, 11A조, 12조, 14A조). 아일랜드는 '단순계약'에 대해서는 6년, 불법행위소송 및 계약위반에 따른 인신손해에 관한 소송에 대해서는 기간이 3년이다(1957년 출소기한법 11조). UNCITRAL 시효조약(1974년)에서 국제동산매매에 관한 채권의 시효기간은 4년이다.[23]

독일의 채무법 개정위원회는 3년, 5년 및 10년의 시효기간을 제안했다. 구체적으로는 계약상의 채권 및 계약 외의 채권의 대부분에 대해서 3년, 하자 있는 건물 및 하자 있는 건축자재에 관한 분쟁에 대해서 5년, 부당이득에 대해서 10년이다(채무법 개정위원회 초안 195조, 198조, 199조, 201조).

 ## Ⅱ 재판절차에 의해서 확정된 채권의 시효기간[24]

1. 특별시효기간의 필요성

(1) 특별시효기간으로서 판결: 10년

PECL 14:202조와 DCFR Ⅲ.-7:202조가 정하는 시효기간은 PECL이나 DCFR에서 유일한 특별시효기간이다. 판결로 확정된 채권은 거의 확실하게 확

---

23) 유럽공동체 내에 있어서의 일반적, 통일적 기준의 전개에 관해서는 von Bar Ⅰ, n. 395 참조.

24) **PECL 14:202조(재판절차에 의해서 확정된 채권의 시효기간)** (1) 판결에 의해 확정된 채권의 시효기간은 10년이다. (2) 중재재판 또는 판결과 동등한 효력을 가지는 그 밖의 절차에 의해 확정된 채권에 대해서도 같다. (DCFR Ⅲ.-7:202조 참조)

정되어 있는 것이며 다른 채권에 비해 '시간의 애매화작용'의 영향은 상당히 적다. 게다가 채권자가 채권을 행사할 의사가 있는 것은 의심할 여지가 없고 채무자는 이행요구를 받고 있다는 사실을 인식하고 있다. 또한 당사자 간의 법적 분쟁은 판결로 해결되었다. 따라서 불확실성이 야기되는 일은 없고 공공의 이익에 반하는 일도 없다. 따라서 특별시효기간은 일반적 시효기간보다도 상당정도 긴 기간으로 정해진 것이다.

물론 특별시효기간을 몇 년으로 정하는지에 대해서는 역시 자의적인 면이 있는 것은 부정할 수 없다. 그러나 다음의 것을 생각하면 10년으로 하는 것이 합리적인 선택이라 생각된다. 즉, 10년이라는 기간은 (i) 현대의 입법 또는 입법제안에서 가장 많이 볼 수 있는 기간인 것과 (ii) 이 경우의 시효기간으로 최장의 30년(독일 법)과 최단의 6년(3년의 경우도 있다)(잉글랜드 법 및 잉글랜드 법률위원회 제안)과의 타협점으로서 현실적인 기간이라고 할 수 있는 것이다.

(2) 채권에 대한 판결의 영향

독일 민법은 "그 채권 자체가 단기의 시효에 따른 경우에도" 판결에서 확정된 채권에는 일반적 시효가 적용된다고 명문으로 규정하고 있다(BGB 218조 1항).[25]

(3) 입법례

대부분의 법전에서 재판절차에 따라 확정된 채권의 시효를 규정해 놓고 있다. 프랑스, 오스트리아, 독일(민법 218조 1항 및 채무법 개정위원회 초안 205조 1항(현행 민법 197조)}은 30년, 그리스(민법 268조 1항), 포르투갈(민법 311조 1항), 네덜란드(민법 3:234조), 덴마크(1908년 12월 22일 법률 제274호 1조 2항과 Danske Lov의 5.14.4.조를 참조) 및 스코틀랜드(1973년 시효 및 출소기한법 7조 및 별표의 2항 a호)는 20년, 아일랜드(1957년 출소기한법 6조 a호)는 12년, 이탈리아(민법 2953조. 다만 급부판결(sentenza di condonna)에만 적용되고 확인판결에는 적용되지 않

---

25) 채권에 대한 판결의 영향을 둘러싼 학설상의 논의로 법전편찬 이전의 보통법 시대의 논의는 Windscheid & Kipp § 129, n. 3, 스코틀랜드의 논의는 Johnston 6.43ff.와 Spiro, Begrenzung § 162 참조.

는다), 벨기에(Claessens & Counye 80), 스웨덴{시효법(1981:130) 7조} 및 핀란드 (Prescription Decree의 1조)는 10년이다. 잉글랜드의 1981년 출소기한법만은 단기의 기간(6년)을 규정하고 있다(24조). 판결에서 확정된 채권에 대해서 일반적 시효기간을 선택하는 법제도가 많은 것은 분명하지만, 그 밖의 법제도에 정해져 있는 장기의 시효기간은 단기의 일반적 시효기간에 대한 예외이다.

2. 시효기간의 성질과 확인판결의 관계

10년의 시효기간은 일반규정에 따른 통상의 시효기간이다. 특별히 고려할 것은 이 시효기간의 기산점이다.[26] 확인판결은 채권을 발생시키는 전제조건뿐만 아니라 채권 그 자체의 존재를 확정하는 것인 이상 PECL 14:202조(DCFR Ⅲ.-7:402조)의 취지에 맞는 것이다.

3. 판결 이외의 절차

PECL이나 DCFR에서 다루지는 않았지만 재판상의 화해도 같이 볼 수 있을 것이다.[27] 아일랜드에서는 중재재판에 관해서 1957년 출소기한법 6조 a호에서 정한 12년의 기간은 적용되지 않고 6년의 일반적 기간이 적용된다.

4. 정기적인 지급을 목적으로 하여 장래에 이행기가 도래하는 채권

독일 법, 오스트리아 법 및 포르투갈 법에서는 판결에서 확정된 채권의 장기 시효기간에 대하여 다음과 같은 예외가 인정되고 있다. 그에 따르면 정기적인

---

26) 이에 대해서는 PECL 14:203조, DCFR Ⅲ.-7:203조 참조. 또 시효기간의 갱신에 관한 PECL 14:401조(DCFR Ⅲ.-7:401조) 및 PECL 14:402조(DCFR Ⅲ.-7:402조) 참조.

27) 판결 이외의 10년의 시효기간이 적용되는 그 밖의 절차에 관해서는 독일 민법 218~220조, 채무법 개정위원회 초안 205조(현행 민법 197조, 219조, 204조); 이탈리아 Roselli-Vitucci, 474; 그리스 Full Bench of A.P. 30/1987, HellDni 28(1987) 1444(1445)을 참조하라.

지급목적의 장래 채권에 대해서는 4년의 시효기간이 적용된다.[28] 독일 채무법 개정위원회는 이 준칙을 유지할 것을 제안하고 있다(채무법 개정위원회 초안 205조 3항). 네덜란드 민법에서는 "판결에 따라서 1년마다 또는 그보다 짧은 기간마다 행해져야 하는 지급에 대해서 시효기간은 5년"이라는 준칙이 있다(민법 3:324조 3항).[29]

III 시효기간의 기산점

1. 일반적 기준[30]

시효기간은 원칙적으로 법원에 채권을 청구할 수 있는 채권자 또는 중재절차를 개시할 수 있는 채권자에 대해서만 진행된다. 왜냐하면 사건의 본안심리는 이러한 재판절차에 따라 행해지기 때문이다. 재판절차의 계속 중에 시효기간은 정지된다(PECL 14:302조, DCFR Ⅲ.-7:302조를 참조).[31] 하지만 채권을 법원에 청구하거나 중재법정에서 호소할 수 있는 것은, 그 채권이 이행기에 있는 경우,

---

28) 독일 민법 218조 2항(현행 민법 197조 2항); 오스트리아 Rummel (-Schubert) § 1478, n. 7; 포르투갈 민법 311조 2항.

29) Spiro Begrenzung § 164 및 거기서 인용된 스위스의 판례와 학설도 참조.

30) **PECL 14:203조(시효기간의 기산점)** (1) 일반적 시효기간은 채무자가 이행을 하여야 할 때 또는 손해배상청구권을 발생시키는 행위 때부터 기산한다. (2) 채무자가 계속적인 작위 또는 부작위 채무를 부담한 때는, 일반적 시효기간은 그 채무를 위반한 때부터 기산한다. (3) 14:202조가 정한 시효기간은 판결 또는 중재판단이 기판력을 일으킨 때부터, 그 밖의 절차에 있어서는 그것이 강제 가능해졌을 때부터 기산한다. 다만 채무자가 이행을 하여야 할 때 이전의 경우에는 그러하지 아니하다. DCFR Ⅲ.-7:203조.

31) PECL이나 DCFR에서는 우리 민법에서 인식하는 중단(interruption)이란 개념보다 정지(suspension)라는 용어를 주로 사용하고 있는데 이는 정지 이후에 갱신(renewal)이라는 개념을 연동하기 때문이라 생각된다. 즉, 정지라고 하더라도 정지 이후에 갱신의 개념으로 보면 이는 실질적으로 중단과 같은 의미가 된다. 참고로 2012년 법무부 연구용역 과제보고서 'DCFR 총칙 및 계약편의 번역 및 해설'에서는 'suspension'을 중단이라는 개념으로 번역하고 있다.

즉 채무자가 이행을 하여야 하는 때(PECL 7:102조를 참조)로 제한된다. 당사자가 이행을 하여야 하는 때라는 개념은 널리 인정되고 있으며 대부분의 상황에서 유용한 기준이다.[32] 계약의 경우에는 PECL 7:102조 또는 DCFR Ⅲ.-2:102조(이행의 시기)가 기준이 될 것이고, 법정채권의 경우에는 채권 발생의 모든 요건이 충족된 때가 일반적인 기준일 것이다.

🖻 **사례 1** A와 B는, 인도된 자동차의 대금을 A가 B에게 10월 10일에 지급하기로 합의했다. 이러한 경우 A의 이행기는 계약에서 10월 10일로 확정된 것이다(PECL 7:102조 1항). 이때, 시효기간은 B와의 관계에서는 10월 10일부터 진행된다.

🖻 **사례 2** A는 착오로 인해 B에게 급부해야 할 일정액의 금액을 C에게 급부했다. C는 금전을 수령한 순간 그 금전을 반환해야 하는 채무를 진다(이 채무는 부당이득에 따른 채무이다). 이때, A의 금전반환채권의 시효기간은 C가 금전을 수령한 날부터 진행된다.

---

32) 채권이 강제 가능해진 때라는 시점은 시효기간의 기산점으로 널리 이용되고 있다. 오스트리아 민법 1478조; 이탈리아 민법 2935조; 포르투갈 민법 306조; 벨기에에 대해서는 Claessens & Counye 84; 스코틀랜드에 대해서는 1973년 시효 및 출소기한법 6조, 7조, 11조, Johnston 4.06ff.; 덴마크에 대해서는 1908년 12월 22일 법률 제274호 3조(그러나 Danske Lov의 5.14.4조에 의하면 시효는 채무가 발생한 때부터 진행한다); 스페인 민법 1969조; 네덜란드 민법 3:307조(계약채무의 이행을 요구하는 권리). 독일 민법 198조(현행 민법 199조, 200조)에 의하면 시효는 채권발생 시부터 진행하지만 일반적으로 이것은 채무자의 이행을 강제당할 수 있을 때(이행기)로 해석해야 한다는 점에서 일치하고 있다{Peters & Zimmermann 172ff.; Staudinger (-Peters) § 198, nn. 1ff.; Peters & Zimmermann 감정의견 196조 1항; 채무법 개정위원회 초안 196조 1항 참조}. 핀란드에서 시효는 채무발생 시부터 진행하고(Prescription Decree의 1조), 스웨덴에서는 채권발생 시부터 진행한다{시효법(1981:130) 2조}. 그리스 민법 251조에 의하면 채권이 발생하고 또 강제 가능해지지 않으면 안 된다. 더 상세하게는 Spiro Begrenzung § 26; Koopmann 45ff.; Loubser 48ff.를 참조하라. 잉글랜드의 1980년 출소기한법에서는 소송원인이 성립한 날로 되어 있다(예를 들면 2조와 5조 참조). 이것은 '원고가 될 가능성이 있는 자가 피고가 될 가능성이 있는 자에 대하여 소송할 수 있는 권리를 최초로 취득한 때'이다{Preston & Newsom 8, 또한 Dannemann, Karatzenis & Thomas, (1991) 55 RabelsZ 702 참조}. 아일랜드 법도 동일하다(1957년 출소기한법 11조 1항). UNCITRAL 시효조약 9조에서는 '채권이 발생한 때'로 되어 있다.

2. 손해배상청구권

(1) 기산점의 일반적 원칙: 요건 충족 시

타인이 야기한 손해에 대한 배상청구권의 이행기는 원칙적으로 그 권리의 발생 시점에 도래한다. 이러한 손해배상청구권은 손해배상책임의 성립요건이 모두 충족되는 시점에 발생한다.

(2) 잠재적 손해의 문제

문제는 손해가 배상책임을 야기한 원인행위(신체 또는 재산에 대한 침해) 시부터 수년이 지나 발생한 경우이다. 이 경우 어떤 당사자가 불법행위에 근거한 손해배상청구권을 가지고 있는지 여부가 몇 년씩 확정되지 않는 경우도 있을 수 있다. 또한 손해의 발생이 배상책임규정을 적용하기 위한 요건의 하나인가 하는 점도 의문의 여지가 있다. 다시 말하면 불법행위에 근거한 손해배상청구권은 모든 동일한 시효제도에 따른다고 해야 할지, 아니면 예측 불가능한 잠재적 결과에 대해서는 그것이 현재화했을 때부터 시효기간이 진행된다고 해야 할지 등도 곤란한 문제가 될 것이다.

(3) 손해요건을 제외한 기산점계산 방식

잠재적 손해 등의 기산점계산이 어렵다는 점을 고려하여 시효기간의 기산점을 손해의 발생과 상관없이 결정하는 방식을 생각할 수 있다. 즉, 시효기간은 손해배상총구권의 요건 중에서 손해발생 이외의 모든 요건이 충족된 때, 즉 불법행위가 행해진 때(또는 계약위반이 발생한 때)부터 진행된다고 하는 것이다. 이러한 처리방식에 의해서 채권자가 불이익을 당하는 일은 없을 것이다. 왜냐하면 채권자가 잠재적인 손해를 모르거나 합리적으로 봐서 이를 알 수 없을 때는 PECL 14:301조 또는 DCFR Ⅲ.-7:301조(부지에 의한 정지, Suspension in case of ignorance)에 따라 그동안은 시효기간의 진행이 정지되기 때문이다.

따라서 이러한 것이 실질적으로 의미가 있는 것은 PECL이나 DCFR상 표현으로는 시효기간이 확장될 수 있는 최장기간(PECL 4:307조, DCFR Ⅲ.-7:307조), 즉 정지의 최장기간을 계산할 때로 한정된다.[33]

한편, 인식 가능성 기준은 필연적으로 불확실성이 따르기 때문에, 이와 관련하여 용이하게 확정할 수 있는 시점을 정할 필요가 있다. 이 시점으로 유일하게 생각할 수 있는 것은 불법행위 시(손해에 대한 권리를 발생시키는 행위 시)이다. 일반적 시효기간과 '정지의 상한기간'에 대해서 하나의 동일한 기산점을 규정한다는 명쾌한 규정방법도 PECL이나 DCFR의 규정이 갖는 또 다른 장점이다.

📑 **사례 3** A는 1956년 10월 1일 B에게 책임이 있는 교통사고로 인해서 상처를 입었다. A는 경상(타박상과 가벼운 뇌진탕)을 입은 것으로 끝난 것처럼 보였다. 그러나 1961년 여름이 되어 A는 내장에 중대한 장해를 입은 것이 판명되었다. 이때, A가 사고로 인해 잠재적인 결과를 모르거나 합리적으로 봐서 그것을 알 수 없었던 동안(본 건에서는 어쩌면 1961년 여름의 일정 시점까지의 기간)은 시효기간의 진행이 정지된다(PECL 14:301조, DCFR Ⅲ.-7:301조: 부지에 의한 정지). 가령 사고의 시점에서 손해발생이 분명했다면 3년의 시효기간은 1956년 10월 1일부터 진행된다. 1986년 12월까지 잠재적 결과가 현재화하지 않았을 때는 시효기간은 30년을 초과해 확장될 수 없기 때문에(PECL 14:307조, DCFR Ⅲ.-7:307조: 기간의 최장기), A의 채권은 시효에 걸린다.

그 밖의 손해배상청구권에 대해서도 동일한 처리방식이 타당하다. 채무불이행으로 인한 손해배상청구권(PECL 8:101조, 8:108조, 9:501조 참조)의 시효기간은 채무불이행 시부터 기산점이 진행되고, 계약체결상의 과실에 기한 손해배상채권의 시효기간은 상대방이 신의칙과 공정성에 반하여 교섭을 파기한 때(PECL 2:301조 2항 참조)부터 시효가 진행된다.

---

33) 손해배상청구권의 기산점계산과 관련하여 그 시효의 기산점을 이행기 또는 소송원인 발생 시로 하고 있는 모든 법제도에 있어서 문제가 생기고 있다{Peters & Zimmermann, 173.; Staudinger (-Peters) § 198, nn. 17ff.; Law Commission Consulation Paper on Limitation of Actions, 30ff. 참조}. 이것은 인식 가능성 기준이 점차 중시되고 있기 때문이다(PECL 14:301조 참조). 그러나 시효확장최장기간(PECL 14; 307조 참조)은 일반적으로 위법행위 시부터 기산되고 있다(예를 들면 독일 민법 852조 1항, 네덜란드 민법 3:310조 참조). 그러나 스코틀랜드에서 시효확장최장기간은 권리행사가 가능해진 때부터 진행한다. 스코틀랜드의 1973년 시효 및 출소기한법 7조 참조.

3. 부작위 또는 작위 채무에 관한 채권

(1) 부작위 채무에 관한 채권

시효는 채무의 이행을 요구하는 권리와 관련되는데(PECL 14:101조, DCFR Ⅲ.-7:101조), 여기에 채무자의 부작위 채무도 포함된다. 부작위 채무의 경우 기존의 이행기 개념으로는 기산점을 계산하기 곤란하다. 왜냐하면 채권자가 가지고 있는 채권은 채무자가 부작위 의무를 위반하기 이전부터 이행기에 있고, 채권자는 보통 채무자의 위반행위가 있기까지는 시효기간의 진행을 정지시키기 위해 채무자를 제소할 이유를 가지고 있지 않기 때문이다. 시효가 문제가 될 수 있는 것은 채무자가 부담하고 있는 채무가 일정 기간에 걸친 경우, 즉 채무자가 계속적인 부작위 채무를 부담하는 경우로 한정될 것이다. 이 경우, 시효 기간은 최초의 위반행위 시 한 번만 진행을 개시하는 것이 아니라 다시 위반행위가 있을 때 새로이 진행된다고 보는 것이 적절하다고 생각된다.[34]

📖 **사례 4** 녹음 스튜디오를 가지고 있는 A는 유명한 피아니스트들의 CD를 제작하고 있다. A는 알프레드 브렌델이 슈베르트를 연주하는 CD 제작에 임하여 10월 10일에 녹음하는 것을 기획했다. A의 이웃인 B는 10월 한 달 동안 자기 집을 건축하고 있었다. A는 B로부터 10월 10일은 건축 작업을 중단한다는 약속을 얻어냈다. 그러나 B는 약속 당일 건축 작업을 했다. 이때, 시효에 대해서 특별한 문제는 생기지 않는다. 10월 10일까지 시효기간은 진행을 개시할 여지가 없고 10월 10일을 넘기면 약속을 준수하는 것이 불가능해져 A는 손해배상을 청구할 수 있는 데

---

34) 독일 민법은 부작위 채무에 관한 특칙을 두고 있는데 그것에 의하면 시효는 각각의 위반 시부터 진행된다(독일 민법 198조 2문(현행 민법 199조 5항); Peters & Zimmermann 303f.; Staudinger (-Peters) § 198, nn. 33ff. 참조). Peters & Zimmermann 감정의견 196조 3항도, 채무법 개정위원회 초안 196조 1항 2호도 이 규정의 유지를 지지한다. 독일의 학설은 이 규정의 계속적 작위 채무에 대한 유추적용을 지지한다(Münchener Kommenter (-von Feldmann) § 198, n. 11 참조. 다만 Staudinger (-Peters) § 198, n. 13(이것은 당연한 귀결이라고 한다)도 참조). 그 밖의 법제도에서는 일반원칙에서 같은 결론을 이끌어 내고 있다(Asser-Hartkamp, Verbintenissenrecht Ⅰ, n. 664; Spiro, Begrenzung § 48f. 참조. 덴마크에 대하여 Ussing, Alm. Del. 399 and 407(시효는 각각의 위반행위 시부터 진행된다)을 참조).

그치기 때문이다. 이 손해배상청구권은 통상의 시효의 규정에 따른다.

📜 **사례 5** A는 함부르크의 B 보험회사 종업원이었다. A는 퇴직 후 3년간 함부르크에서 자신의 (이익을 위한) 보험증권을 판매하지 않을 채무를 부담하고 있었다. A는 3월 20일에 함부르크 교외에서 약간의 보험증권을 판매했다. 게다가 A는 10월 20일이 되어 함부르크 중심부에 자신의 보험대리점을 개설했다. 이때, 시효기간은 3월 20일의 위반으로 인하여 그 날부터 진행되는 것이지만, 10월 20일의 위반으로 인하여 10월 20일부터 다시 새로운 시효기간이 진행된다. 이 결론이 정당화되는 것은 다음과 같은 근거에 비롯된다. 시효기간의 확장 또는 재기산의 효과를 노린 일정한 조치를 B가 강구하지 않았던 것은 B가 A의 채무의 위반을 너그럽게 봐주려고 했던 것이 아니라 최초의 위반이 그러한 조치를 강구하는 비용과 부담에 걸맞을 정도로 중대하지 않았기 때문이라는 관점에서 정당화된다.

(2) 작위 채무에 관한 채권

이와 동일한 문제는 채무자가 일정한 작위를 하는 계속적 채무를 지는 경우에도 생길 수 있다.

📜 **사례 6** 낙농업자 D는 인접하는 레스토랑에 매일 아침 20통의 우유를 인도하기로 합의했다. D가 이 채무를 준수하고 있는 이상 레스토랑 경영자는 D를 제소할 이유가 없다. 만일 인도된 생우유가 20통이 되지 않는 일이 있거나 D가 고용하는 배달인에게 발생한 일시적 장애로 인해서 하루 이틀 D가 우유를 인도하지 않는 일이 있었다 해도 레스토랑 경영자가 D를 제소하지 않고 그냥 지켜볼 것이라고 생각하는 것은 흔히 있을 수 있는 일이다. 그러나 4년 후에 D가 더 이상의 채무를 이행하지 않는다고 판단했을 때, 레스토랑 경영자가 D를 제소하는 것이 곤란해서는 안 된다.

4. 재판절차에 의해 확정된 채권

이와 관련해서 문제 되는 것은 판결일과 판결이 확정된 날(즉, 상소되지 않거나 상소할 수 없게 된 때) 중 어느 날이 기산점이냐 하는 것이다. 현행법에서 비교적 많이 볼 수 있는 것은 후자이다.[35] 그 논거에 대해서는 시효기간의 진행에 대한 재판절차의 효력문제를 참조할 필요가 있다(PECL 14:302조, DCFR III.-7:302조를 참조). 이들 조항에서 판결에 대하여 상정할 수 있는 모든 상소의 유형을 포괄하기 위해 기판력이 생긴 때로 정하고 있다.

확인판결에 의해 채무자의 장래 정기금지급채무가 확정될 경우 시효기간은 각각의 지급에 대하여 (확인판결 시가 아닌) 각각의 이행기부터 시효기간이 기산된다.[36]

중재재판의 경우에는 기판력을 일으키는 시기에 대하여 적절한 시기가 중재 재판 중에 명시될 것이다. 그러나 그 밖의 절차에 대해서는 시효기간은 강제가능해진 때부터 진행된다(PECL 14:203조 3항, DCFR III.-7:203조 3항). 왜냐하면 강제할 수 있는 것이 아니라면 이러한 절차에 판결과 동등한 효력을 인정할 수 없기 때문이다(PECL 14:202조 2항, DCFR III.-7:202조 2항).

5. 특수한 기산점

몇몇 민법에서는 일정한 경우에 대하여 특수한 기산점이 규정되어 있다. 예를 들면 용역제공 또는 동산인도가 있던 해의 종기(終期)(독일 민법 201조), 금전의 지급을 요구하는 통지를 할 수 있었을 때(독일 민법 199조, 그리스 민법 252조)이 다.[37] 그러나 이와 같은 기산점의 필요성에 대해서는 의문이 제기되고 있다.[38]

---

35) 판결에서 확정된 채권의 시효가 판결일부터 진행되는 것은 네덜란드(민법 3:324조 1항) 및 오스트리아{Rummel (Schubert) § 1478, n. 7}이다. 판결확정 시부터 시효가 진행되는 국가는 독일{민법 218조 1항, 채무법 개정위원회 초안 205조 1항(현행 민법 197조)}, 이탈리아(민법 2953조), 그리스(민법 268조 1문), 및 스웨덴{시효법(1981:130) 7조}이다. 잉글랜드의 1980년 출소기한법 24조 1항에서는 판결의 강제에 관한 출소기한은 그 판결이 강제 가능해진 때부터 진행된다. 아일랜드의 1957년 출소기한법 6조 a호도 같다. 이것은 확인판결을 배제하고 있으며 매우 제한적이라고 생각된다{Spiro, Begrenzung § 133; Staudinger (-Peters) § 218, n. 5 참조}.

36) PECL 14:203조 3항, DCFR III.-7:203조 3항. 단서, "채무자가 이행하여야 하는 때가 아닌(이행기 이전의) 경우에는 그러하지 아니하다" 참조.

37) 비교법분석으로 Spiro, Begrenzung § 35; Loubser 54ff. 참조.

38) Peters & Zimmermann 245ff.; Spiro, Begrenzung § 125 참조. Staudinger (-Peters) § 198, nn. 7ff.도 참조.

제3절 ● 시효기간의 연장

I 채권자의 인식결여(부지)와 시효의 정지[39]

1. 용어상의 구별(중단과 정지)

대륙법에서는 전통적으로 시효기간의 '중단(interruption)'과 '정지(suspension)'가 구별된다.[40] 시효중단의 경우 중단사유 발생 전에 경과된 기간은 산입되지 않고 시효기간은 새로이 진행된다. 시효정지의 경우 정지 동안의 기간이 산입되지 않는다는 효과가 있으며, 정지의 원인이 소멸한 경우에는 정지 전의 시효기간이 다시 진행을 개시한다.[41] 따라서 시효정지는 처음의 시효기간을 확장하는 효과가 발생한다. 시효확장 기능을 하는 제도로는 정지 외에 시효기간 만료의 연장이 있다.[42] 시효기간 만료가 연장되는 경우에는 시효기간은 통상대로 진행되지만 부가된 일정한 기간이 경과되지 않으면 시효는 완성되지 않는다.

---

39) **PECL 14:301조(채권자가 인식결여와 시효기간의 진행정지)** 채권자가 다음의 각호의 사항에 대하여 모르며 또 합리적으로 봐서 알 수 없었을 동안은 시효기간의 진행은 정지된다. (a) 채무자의 인적사항 또는 (b) 채권의 발생 원인이 되는 사실(손해배상청구권에 있어서는 손해의 종류를 포함). DCFR III.-7:301 참조.

40) 시효의 중단과 중지와의 전통적인 구별에 대해서는 Windscheid & Kipp §§ 108f.; Mugdan I, 523; Spiro, Begrenzung §§ 69., Peters & Zimmermann 124ff. 참조. 각각의 정의에 대해서는 독일 민법 205조, 217조(현행 민법 209조, 212조 1항), 그리스 민법 257조, 270조, 오스트리아 민법 1494조, 1497조 참조.

41) 시효의 정지는 잘 알려진 개념이다(프랑스 민법 2251조, 오스트리아 민법 1494조 이하, 독일 민법 202조(현행 민법 205조) 이하, 그리스 민법 255조 이하, 이탈리아 민법 2941조 이하 참조).

42) 시효기간 만료의 연장이라는 개념은, 일반적으로는 비교적 최신의 것이지만 널리 알려져 있어 오스트리아, 독일, 그리스에서 찾아볼 수 있다(Mugdan I, 528; Spiro, Begrenzung §§ 87ff.를 참조). 네덜란드에서는 이 개념이 시효의 정지라는 개념을 완전히 대체하였다(네덜란드 민법 3:320조 이하, Asser-Hartkamp, Verbintenisserecht In. 682; Koopmann 83ff. 참조).

PECL과 DCFR은 이런 세 가지 제도를 마련하고 있지만 오해할 우려가 있기 때문에 '중단'이라는 용어를 사용하지 않고 있다. 그 대신에 어떤 사실이 발생했을 때 새로운 시효기간의 진행이 개시되는 경우를 가리키는 것으로 '갱신'이라는 말을 사용하고 있다. 이를 정리하면 시효기간은 (i) 연장되는 것, (ii) 갱신되어 새로운 시효기간이 진행되는 것이 있게 된다. 전자의 시효기간의 연장은 (a) 시효정지(PECL 14:301~14:303조), (b) 시효기간 만료의 연장(PECL 14:304~14:306조)으로 인해 생길 수 있다. 시효가 진행되지 않았어도 시효 진행이 정지되는 경우가 있는 것에 주의해야 한다.[43] 시효기간의 갱신이 일어나는 것은 채무자에 의한 승인이 있을 때(PECL 14:401조) 또는 재판절차에서 확정된 채권에 관한 10년의 시효기간의 경우 채권자가 강제집행을 위한 적절한 조치를 강구한 때(PECL 14:402조)이다.

2. 일반적으로 인식 가능성 기준을 채용하는 것의 정당화 근거

시효는 사실상 채권자 재산을 감소시키는 효과를 낳는다. 채권자의 자산인 채권이 법원을 통해 실현될 수 없게 되면 그 가치는 사라지기 때문이다. 시효의 효과는 채권자가 채권을 실현하기 위한 적절한 기회를 가지고 있던 경우에 비로소 정당화된다. 따라서 채권자는 채권에 대하여 알고 있었든지 아니면 적어도 합리적으로 보아 알아야 했다고 할 수 없으면 안 된다.[44] 인식 가능성 기

---

43) 시효진행개시의 정지라는 개념은 몇몇 국가에서 잘 알려져 있다. 독일 민법 204조, 그리스 민법 256조, 이탈리아 민법 2941조 1호(배우자에 대한 채권시효의 진행은 혼인이 계속되고 있는 동안은 정지된다) 참조.

44) 과거의 독일 민법은 불법행위에 대한 손해배상청구에 대해서만 주관적 기준을 채용하고 있다. 즉, 피해를 입은 당사자가 침해의 사실 및 누가 손해배상의무를 지는 것인지를 모르는 이상, 시효는 진행되지 않는다고 하고 있었으나(852조 1항), 현행 민법 199조에서는 규정방식을 바꾸어 시효진행의 적극적 요건으로 위 사실들을 규정하고 최장기간으로 30년을 넘지 못하도록 하고 있다(동조 1항 2호, 2항). 그리스 법(민법 937조)도 동일한 것을 정하고 있다. 오스트리아 법(민법 1489조)은 계약상의 채무와 계약 외의 채무를 구별하고 있지 않다(Rummel (-Schubert), § 1489, n. 2). 스위스 법은 불법행위에 대한 손해배상청구권과 부당이득반환청구권의 소멸시효에 관해서 채권자가 알고 있기를 요구하고 있다(채무법 60조 1항, 67조 1항). 네덜란드에서는 부당이득반환청구권, 손해배상청구권 및 이행의 나태에 근거하여 계약을 해소할 권리 또는 (완

준의 중요성은 (본 원칙과 같이) 비교적 짧은 일반적 시효기간이 정해져 있는 경우에 더욱 두드러진다. 단기의 시효기간 및 채권의 소멸시효제도 자체는 주로

전) 이행을 요구할 권리의 시효에 관해서 채권자가 알고 있는 것을 요구하고 있다(민법 3:309조, 3:310조, 3:311조). 잉글랜드의 1980년 출소기한법은 신체 또는 생명의 침해, 과실불법행위에 있어서의 잠재적인 손해 및 제조물책임에 관한 소송에 있어서 채권자의 지·부지를 문제로 삼고 있다(11조, 11A조, 12조, 14조, 14A조 참조). 아일랜드에서 1991년의 (개정) 출소기한법이 다음과 같이 규정하고 있다. "(불법행위법상, 계약상 또는 제정법상의) 의무위반으로 인한 인신손해에 있어서는 피해를 입은 당사자는, 소송원인이 발생한 때 또는 피해자가 그것을 알았을 때(소송원인의 발생에서 늦게 그것을 알았을 경우)부터 3년 내에 소송을 제기하지 않으면 안 된다." 스코틀랜드에서 잠재적인 손해 및 인신손해에 대해서는 인식 가능성 기준이, 명예훼손에 대해서는 채권자의 지·부지의 기준이 채용되고 있다(1973년 시효 및 출소기한법 11조 3항, 17조, 18조, 18A조; Johnston, 4.17ff.) 벨기에는 "손해가 명백해졌을 때 비로소 시효가 진행을 개시하는 것이 아닌 이상" 단기의 시효기간을 정하는 것에는 위헌의 의심이 있다고 되어 있다{M. E. Storme, (1997) 5 ERPL 88; Claeys, 1998–99 R.W. 381도 참조}. 아일랜드에서도 1991년의 (개정) 출소기한법 제정 전에는 재산권을 가지고 있는 것을 모르는 경우에도 권리자가 그 재산권을 빼앗기게 되는 제도에서는 위헌의 의심이 있다고 되어 있었다. 이와 같은 위헌의 의심은 당시는 위반이 있던 때부터 기간이 진행된다고 되어 있던 특정의 계약위반에 대하여 주장된 것이다. Morgan v. Park Developments Ltd. [1983] I.L.R.M. 156; Heagerty v. O'Loughren [1990] ILR 148; Brady & Brady & Kerr 59ff.를 참조하라. 스페인 법에서는 불법행위에 의해 발생한 채권에 대하여 채권자의 지·부지의 기준 또는 인식 가능성의 기준에서 어느 것을 채용해야 하는지를 다투고 있다. STS (Sentencias del Tribunal Supremo) 10. 10. 1977 및 이것에 반대되는 STS 11. 11. 1986을 참조하라. Díez-Picazo & Gullón Ballesteros I, 472도 참조. 포르투갈 민법 498조 2항에 의하면 채무자가 누구인지 또는 손해의 범위를 피해자가 모르는 경우에도 손해의 발생을 안 경우에는 그때부터 시효가 진행된다. 이탈리아는 민법 2941조 8호를 참조하라. 채무자가 사해적으로 채무를 은닉한 경우에 그 사해행위가 분명해질 때까지 시효는 정지된다. 덴마크는 1908년 12월 22일 법률 274호에서 시효(시효기간 5년)는 채권의 존재 또는 채무자의 소재를 채권자가 모르고 또 합리적으로 봐서 알 수 없는 경우에는 진행을 정지한다(동법 3조). 핀란드에서 불법행위에 대한 손해배상청구권에 대해서 10년의 시효기간을 정하는 규정은 그 행위의 결과가 분명해진 때부터 10년이라는 것을 의미한다고 해석되고 있다. Routamo & Ståhlberg 345 참조. 벨기에는 1998년 6월 10일법에 의해 불법행위에 대한 손해배상청구권에 대한 5년의 시효기간은 인식 가능해진 시점부터 진행된다고 되어 있다(민법 2262조 1항 2문). 이에 비해서 스웨덴 법은 채권자의 부지를 시효기간의 신장의 근거로 하고 있지 않다(다만 제조물책임을 제외한다). von Bar에 따르면 EC 각국은 시효에 관한 입법에서 인식 가능성이 기준이 되고 있다고 설명한다(von Bar I, n. 395 참조). 비교법적으로 더 자세히는 Zimmermann, 2000 JZ861ff를 참조하라. 그러나 또한 Andrews, (1998) 57 Camb. L.J. 589FF에서는 인식 가능성 기준을 확장하려고 하는 잉글랜드 법률위원회의 제안을 비판하고 있다.

채무자의 보호를 의도한 것이지만(PECL 14:101조 참조), 인식 가능성 기준은 채권자의 합리적인 이익도 고려하여 양 당사자의 균형을 도모하는 데 필수적이다.

(1) 인식 가능성 기준의 확대와 시효기간의 단기화

기산점을 계산할 때 (i) 채권자의 인식부재를 고려한 채권의 범위가 점점 확대되고 있다는 경향과 (ii) 채권자의 인식부재를 고려하면 시효의 완성이 늦어질 것을 우려하여 채권자의 구체적인 인식에서 합리적인 인식 가능성으로 기준을 옮기는 방법을 사용하여 이러한 우려를 불식시킨다는 경향성이 서로 대립하면서 접점을 찾아 가고 있다.

이 문제는 근본적으로 선택적 판단의 문제이다. 인식 가능성 기준이 모든 채권에 대하여 일률적으로 적용되는 것이면 3년이라는 통일적인 시효기간을 받아들일 수 있다. 그러나 채권의 종류마다 채권자의 인식 가능성을 기준으로 하게 되면 필연적으로 불확실성 문제가 중요하게 부각되기 때문에 시효의 진행을 순수하게 객관적인 기준에 따라 계산하면 그 귀결은 채권의 종류마다 다른 시효기간을 만들지 않으면 안 되게 된다.

(2) 객관적 기준인가 아니면 채권자의 인식 가능성 기준인가

모든 종류의 채권을 하나의 객관적인 시효의 틀에 따르게 하는 것이 불가능하다는 것은 대부분 동의하고 있다. 특히 타인에 의해 야기된 손해에 대한 손해배상청구권의 시효는 채권자의 인식(또는 합리적인 인식 가능성)을 기준으로 하는 것이 타당하다. 특히 신체상의 손해에 따른 손해배상청구권의 경우에는 인식 가능성 기준이 중요해진다.

(3) 계약에 기한 손해배상과 불법행위로 인한 손해배상에 있어서 채권자의 인식 가능성

이 밖에 채권자가 채권을 잘 인식하지 못하는 흔한 상황으로 계약위반이 있다. 계약 외의 손해배상청구권과 계약위반에 따른 손해배상청구권은 밀접하게 관련되는 것으로, 두 채권이 선택적인 관계에 있을 수 있다. 즉, 한쪽의 손해배상청구권에 관해서 채권자가 채권의 존재를 모르거나 합리적으로 보아 알 수 없었음에도 불구하고 채권을 시효로 인해서 소멸시키는 것이 불공정하다면 다른 쪽의 손해배상청구권에 대해서도 마찬가지로 불공정하다고 볼 수 있다.

어떤 법제도에서 손해배상청구권에 관해 주관적 기준이 채용되었다고 했을 때, 채무법의 영역에서 여러 가지 채권이 서로 관련 있는 것을 고려하기 시작하면 결국 모든 채권에 대하여 일률적으로 주관적 기준을 적용해야 한다. 이와 같이 일률적으로 주관적 기준을 적용함으로써 법적인 불확정성이 일어난다고 해도 그 대상은 그 정도로 큰 것은 아니다. 몇몇 전형적인 채권의 유형에 대해 말하면 계약의 당사자는 보통 자신들의 거래가 언제 체결되고 언제 그 이행(특정이행)을 청구할 수 있게 되는지를 알고 있을 것이다. 또 계약당사자는 계약이 무효가 되었을 때 자신이 급부한 것의 원상회복이 가능해졌는지 여부를 인식하고 있는 경우가 보통이다. 이것은 특히 착오, 강박 또는 사기를 이유로 하는 취소에 대하여 상대방에 대한 통지를 요구하는 제도에 적합하다. 또한 위법한 침해에 대한 원상회복은 계약 외의 손해배상청구권과 밀접하게 관련되기 때문에 양자를 다르게 취급하는 것도 정당화되지 않는다.

3. 인식 가능성의 대상은 무엇인가

(1) 채권발생의 원인과 채무자에 대한 인식

어떠한 사항이 채권자의 인식결여의 대상이 되어야 할까. 채권발생 원인이 되는 사실과 채무자가 누구인가 하는 사항이 중요하다고 보는 데는 의견이 대체로 일치한다.

▨ 사례 1 1994년 10월 10일 이른 아침, A는 B의 집 앞에 서 있던 B의 차를 추돌하였다. A는 음주운전처벌이 무서워 사건현장에서 도주했다. 이 사고를 목격한 자는 없었다. 1998년 초, A는 술집에서 술을 마시면서 그 사고를 자랑스럽게 말했다. 마침 거기에 있던 자 중에 한 명이 그 사실을 B에게 전했는데, B는 A에 대해서 손해배상을 청구하기로 했다. 이때. 시효기간의 진행(보통이라면 1994년 10월 10일에 개시되어 있었을 것이다)은 A가 사고 당사자인 점을 B가 들었던 때까지 정지되어 있다. 그 이전에는 B는 채무자가 누구이지를 모르고 또 합리적으로 봐서 알 수가 없었기 때문이다.

(2) 채권의 중요성(significance) 심사

채권자가 자신의 채권이 중요함을 모르고 또 합리적으로 보아 그것을 알 수 없는 동안은 시효기간의 진행은 정지된다. 예를 들면 사고 피해자가 처음에는 손해가 물적손해로 별것 아닌 것으로 인식하였으나 나중에야 비로소 그 사고로 인해 건강상의 피해도 입은 사실을 알아차린 경우이다. 이 기준은 처음에는 세세한 침해로 생각되지만 나중에 예상도 못했던 중대한 결과가 일어난 경우에, 그 중대한 결과에 대하여 처음 침해 시부터 시효가 진행되는 것을 막는 경우를 의도한 것이다.[45] PECL 14:301조 b호(DCFR Ⅲ.-7:301조 b호)에서는 이를 채권 발생 원인이 된 사실 중 '손해의 종류'의 인식으로 표현하고 있다.

📑 **사례 2** A는 풋볼 시합을 하고 집으로 돌아오는 도중, 상대팀의 열광적인 팬에게 얻어맞았다. A는 이마에 상처를 입어 많은 피를 흘렸지만 쉽게 치료가 되었다. 그래서 A는 자기를 때린 자들을 제소하지 않기로 했다. 1년 후인 1995년 10월, A는 내장에 심한 손상을 입었다는 것을 알았다. 이때, 시효기간은 1995년 10월부터 진행을 개시한다.

📑 **사례 3** A는 싸움 도중에 B에게 몽둥이로 머리를 얻어맞아 중상을 입었다. 그 결과 A는 시력을 40%나 잃었다. 4년 후, A는 완전히 실명했다. 실명의 원인이 B로 인한 두부의 구타인 것은 입증 가능하다. 이때, 실명으로 인해 발생한 손해배상청구권의 시효기간의 진행은 (40%의 시력상실로 인한 손해와는 다른) A가 실명된 때까지 정지된다(다만 당초 A가 부상당한 시점에서 실명된 것이 합리적으로 보아 예측 가능한 경우를 제외한다).

---

45) 중요성의 기준과 관련하여 잉글랜드에서는 인신손해에 대한 손해배상청구권에 있어서 3년의 출소기한은, 채권자가 그 침해의 중대함을 모르는 한 진행되지 않는다. 잠재적인 손해에 대해서도 마찬가지이다(1980년 출소기한법 14조 1항, 14A조 7항). 아일랜드의 1991년의(개정) 출소기한법 2조 1항도 동일한 준칙을 정하고 있다. 그 밖의 법제도에서는 손해배상청구권에 관한 채권자의 지·부지의 요건에 대한 법원의 해석을 통하여 동일한 결과를 가져오고 있다(예를 들면 독일의 경우 Münchener Kommenter (-Stein) § 852, n. 22 참조).

4. 시효정지 사유로서의 채권자의 인식결여

채권자가 채권에 대하여 모르며 또 합리적으로 보아 알 수 없는 동안은 시효기간을 진행시켜서는 안 된다. 채권자가 인식이 없는 상태라면 합리적으로 인식 가능해질 때까지 시효기간의 진행이 개시되지 않는다는 것은 시효기간의 진행이 '처음부터' 정지되는 것을 의미한다. 채권자의 부지가 시효기간의 진행개시 후에 일어나는 경우, 예를 들면 채권자가 사망하여 상속에 의해 새로 채권자가 된 자가 채권이 상속되었다는 사실을 모르는 경우 또는 채무자가 사망하여 채권자가 누가 새로운 채무자인지를 합리적으로 보아 알 수 없는 경우는 도중에 시효기간의 진행이 정지되게 된다.

채권자의 인식을 시효기간의 기산점의 기준으로 하는 경우에 비해서 채권자의 부지를 시효기간의 진행정지 사유로 하는 것에는 다음과 같은 이점이 있다.

(i) 시효기간의 기산점이 채권자의 인식 가능성에 의해 결정된다고 한 경우에도 시효가 진행되려면 이행기 도래가 필요하다.

(ii) 합리적으로 보아 채권에 대하여 알 수 없는 채권자에 대해서는, 시효가 진행되어서는 안 된다는 사고방식은 보다 상위의 명제, 즉 채권자가 그것을 행사할 수 없는 경우에는 채권을 시효에 의해 소멸시켜서는 안 된다는 명제의 결과이다. 이 명제는, 불가항력에 의한 경우에는 시효기간이 진행되지 않는 것과 채권자가 무능력해지고 또 법정대리인이 선임되지 않은 경우에는 시효기간의 만료가 연장되는 근거도 된다. 이러한 장애사유들은 시효기간을 연장할 때에 고려되지만, 장애사유가 시효기간의 기산점에 있어서 이미 발생했는지 여부는 고려되지 않는다.

(iii) 채무자에 대해서 소송을 제기한 채권자는 채권의 근거가 되는 요건을 증명하지 않으면 안 된다. 채권이 시효에 의해 소멸되어 있지 않다는 사실은 증명해야 할 요건은 아니다. 시효는 항변이다. 시효를 원용하는 자가 채무자라면 시효의 요건에 대한 증명책임은 채무자에게 있다. 그 증명의 핵심은 시효기간의 도과에 있다. 시효기간의 도과 여부는 시효기간의 기산점에 의해서 결정된다. 기산점이 채권자의 인식 가능성에 의해서 결정된다고 한다면 대부분의 경우 채무자는 시효의 항변의 증명활동에 있어서 불합리한 곤란에 직면할 것이

다. 채권자의 가옥에 발생한 손해, 채권자의 신체에 대한 침해, 하자가 있는 이행으로 발생한 결과 등이 합리적으로 보아 인식 가능했는지 여부, 또는 채권자가 그런 사실들을 구체적으로 인식하고 있었는지 여부는 채권자의 영역에 속하는 사항이며 채무자의 인식이 미치는 부분은 아니다. 또한 채무의 종류를 불문하고 대개 채권자는 채권의 이행기가 도래한 시점에서 그 채권에 대하여 알고 있는 것이 보통이다. 이런 상황에서 채권자가 자신의 채권에 대하여 모른다는 것은 예외적인 것이고, 따라서 그러한 예외적인 사항들은 채권자가 증명해야 한다.[46] 이 점은 인식 가능성이 시효기간의 기산점을 위한 요건으로 작동할 때보다, 채권자가 합리적으로 보아 채권에 대하여 알 수 없는 것을 시효기간 연장사유로 할 때에 보다 명확해진다(일반원칙에 의하면 통상 시효기간의 진행이 정지된 것, 또는 그 밖의 이유로 인해 시효기간이 확장된 것의 증명책임은 채권자가 진다고 한다).

(iv) 마지막으로 이상과 같이 생각함으로써 시효의 구조를 상당히 간소화할 수 있다. 왜냐하면 '통상의' 시효기간의 기산점과는 다른 시점에서 진행을 개시하게 함으로써 기간의 연장이나 갱신에 관한 규율을 통해 '상한기간'을 별개로 규정할 필요가 없게 되기 때문이다. 그 결과 시효기간은 10년(또는 30년)을 초과하여 확장할 수 없다고 규정하는 것으로 충분하다(PECL 14:307조, DCFR Ⅲ.-7:307조를 참조).

---

46) 증명책임의 문제와 관련에서는 Spiro, Begrenzung §§ 359f.; Peters & Zimmermann 248, 306; Loubser 112; Law Commission Consultation Paper on Limitation of Actions. 398 참조.

II 재판 또는 그 밖의 절차에 있어서의 시효기간의 정지[47]

1. 재판절차에 따른 선택지

채권실현을 위해 법적 절차를 밟는 채권자는 시효법에 따라 기대되고 있는 행위를 했다고 할 수 있다. 우선 채권자가 법원에 채권실현을 위한 청구를 하고 그에 따라 재판을 개시한 때부터 시효는 정지한다.[48]

재판절차에 계속되어 있는 동안도 시효기간이 계속 진행된다면 분명히 부당할 것이다. 재판절차는 채권이 실효되는 것을 막는 기능을 한다. 이와 같은 상황에서 법제도가 취할 수 있는 선택지는 다음의 세 가지이다. (1) 시효기간의 진행이 종료된다. (2) 시효기간이 중단 또는 갱신된다. (3) 재판절차가 진행되는 동안은 시효기간의 진행이 정지된다.

(1) 시효기간의 진행종료

제1의 선택지(종료)는, 출소기한이라는 사고방식에서는 가장 자연스럽게 나오는 선택지이다. 그런데 이 선택지는 재판절차가 본안에 대하여 판결하는 일 없이 끝난 경우에 어떻게 되는지가 불분명하여 실체법상의 효과를 정하는 원칙

---

47) **PECL 14:302조(재판 또는 그 밖의 절차에 있어서의 시효기간의 진행정지)** (1) 시효기간은 채권에 대하여 재판절차가 개시된 때부터 진행을 정지한다. (2) 시효기간의 진행정지는 판결이 기판력을 일으키거나 그 밖의 방법에 의해 분쟁이 해결될 때까지 계속한다. (3) 전 2항의 규정은 중재절차 및 판결과 동등한 효력을 갖는 문서를 얻을 목적으로 개시된 그 밖의 모든 절차에 적절하게 변경하여 준용한다. (DCFR III.-7:302조 참조)

48) 잉글랜드에서는 채권자가 채무자에 대해서 절차를 개시한 때에 출소기한의 진행이 종료된다 (McGEE 2.001FF.; Law Commission Consultion Paper on Limitation of Actions 164). 이러한 접근방식은 아일랜드 및 UNCITRAL 시효조약 13조에서도 채용되고 있다. 절차 지연의 문제에 대해서는 잉글랜드 법에 관해서 McGee 355ff.를 참조하라. UNCITRAL 시효조약 17조에서는 재판절차가 본안에 관하여 판단하는 일 없이 종료된 경우 출소기한은 계속 진행된 것으로 간주되지만, 절차가 종료된 시점에서 출소기한이 경과했거나 나머지 기간이 1년 이하이면 채권자에게 1년의 추가기간이 주어진다. 이에 대한 비판으로 Smit (1975) 23 AJCL 342ff.를 참조하라.

과의 관계에서 보면 바람직한 것은 아니다.

(2) 시효기간의 중단[49] 또는 갱신

제2의 선택지(중단 또는 갱신)는 로마법에 기원을 가진 법제도에서 전통적으로 채용되어 온 것이다. 그러나 소송의 제기가 시효기간을 단순히 정지시킬 뿐 아니라 중단시킨다는 생각에는 약간의 문제가 있다. 왜냐하면 원고의 소송제기로 인해 개시된 법원의 절차는 판결 또는 그 밖의 방법에 의해 분쟁이 해결될 때까지 계속되기 때문이다.

재판절차를 통한 중단의 선택은 순간의 사건이 아닌 계속적인 프로세스이고 이로 인한 시효기간의 연장기능이 크다. 중단이라는 방법을 취하는 법제도는 일반적으로 '중단'이 언제까지 계속되는지를 명시하고 있거나, 또는 소송절차의 당사자나 법원이 하는 모든 행위를 중단의 원인으로 하고 있지만 어느 쪽도 만족할 만한 것은 아니다. 특히 본안에 대하여 판단하는 일 없이 절차가 종료되는 경우 이러한 처리 방식은 불필요하게 복잡함과 바람직하지 않은 결과를 초래하고 만다. 관할권 없는 법원에 대한 제소나 그 밖의 절차상의 하자로 인해서 본안에 대하여 판단하는 일 없이 소송이 각하된 경우에도 시효기간은 일

---

49) 재판절차의 개시의 효과로 시효가 중단되는 나라는 프랑스, 벨기에 및 룩셈부르크(각각의 민법 2244조), 오스트리아(민법 1497조), 독일(민법 209조. 현행 독일 민법은 중단 대신에 정지와 갱신으로 개정하였다. 204조, 212조 참조), 스페인(민법 1973조, 상법 944조 1항), 포르투갈(민법 323조), 그리스(민법 261조), 스위스(채무법 138조), 이탈리아(민법 2943조), 네덜란드(민법 3:316조), 스코틀랜드(1973년 시효 및 출소기한법 6조, 7조, 9조 및 Johnston 5.04ff) 및 스웨덴(시효법(1981:130) 7조)이다. 덴마크에서는 1908년 12월 22일 법률 274호에서 정하는 시효는 채권자가 재판상의 소송을 제기하고 또 판결, 화해 또는 그 밖의 법원의 판결을 받기 위하여 불합리하게 지연시키는 일 없이 그 소송을 수행한 경우에 중단된다(2조). Danske Lov 5. 14.4 조에서 정하는 시효에 대해서는 이와 같은 준칙은 없고 채권자에 의한 최고 후, 새로이 시효의 진행이 개시된다고 되어 있다. 핀란드에서는 Danske Lov와 같은 규정을 두고 있다. 스웨덴 법에서도 마찬가지로 최고에 의해 새로운 시효기간이 개시된다고 되어 있다(시효법(1981:130) 5조 이하}. '중단'이 계속되는 기간에 관한 준칙으로, 독일 민법 211조, 그리스 민법 261조, 이탈리아 민법 2945조를 참조. 오스트리아 민법 1497조에서는, 중단은 재판절차가 '적절하게 계속되고 있는' 한 계속된다. 스위스 채무법 138조에서는 당사자 및 재판소에 의한 절차상의 행위는 모두 새로운 중단의 원인으로 된다. Spiro, Begrenzung § 147 참조. 스코틀랜드 법에 대해서는 Johnston 5.40 참조.

정 부분 진행될 필요가 있다.[50] 왜냐하면 (a) 채무자가 그와 같은 하자를 항상 피할 수 있어야 하는 것은 아니라는 점, (b) 개별사안별로 채권자의 재판절차행위과정과 관련하여 채권자를 비난할 수 있는지를 조사하는 일은 실제상 불가능할 것이라는 점, (c) 어차피 채권자는 채권을 행사할 의사를 분명히 하고 있을 것이라는 점 때문이다. 중단이라는 선택지를 취하는 법제도는 이와 같은 상황에 있어서 다음의 두 가지 결론 중 어느 것을 선택하는 수밖에 없다. 즉, 시효기간이 중단되든가(그러나 그러면 시효기간이 너무 길어지게 될 것이다), 결국 중단되지 않든가(그것은 어리석은 허구일 뿐만 아니라 앞서 서술한 이유로 실제적으로도 용인할 수도 없다) 그 어느 쪽이다.

(3) 시효기간의 진행정지

따라서 바람직한 해결법은 제3의 선택지, 즉 재판절차가 계속되고 있는 동안은 시효기간의 진행이 정지된다는 것이다. 재판절차에 있어서 본안에 대하여 판결이 내려질 때 생각할 수 있는 귀결은 두 가지이다. 즉, 원고가 승소하고 채

---

50) 절차상의 하자가 있는 소송 및 소송의 취하: 오스트리아 민법 149조 2문에 의하면 모든 절차상의 요건을 충족시킨 소송에 의해서만 시효가 중단된다. 19세기의 독일 법에서는 절차적으로 하자가 있는 소송이라도 상관없다고 되어 있지만 관할권의 결여를 이유로 소송이 각하된 경우에는 그 예외로 되어 있다. 프랑스 및 룩셈부르크에서는 관할권이 없는 법원에 대한 소송의 제기에 의해서도 시효가 중단된다(민법 2246조). 이탈리아 민법 2943조 3항도 법원이 관할권을 가지고 있지 않아도 소송제기에 의해서 중단 효과가 생긴다고 한다. 그 밖의 하자 있는 소송이라도 그것에 의해서 채무자가 불이행상태에 빠지는 것이면 마찬가지로 중단의 효과가 생긴다. 독일에서는 민법 212조 1항, 2항에 근거하여 절차가 본안의 심리로 나가는 일 없이 종료한 경우에는 절차의 개시는 중단사유가 되지 못한다. 하지만 채권자는 그 절차의 종료 후 6개월 이내에 다시 소송을 제기함으로써 중단의 효과를 유지할 수 있다. 이 경우, 시효는 이전의 소송의 제기에 의해서 중단된 것으로 취급된다(이중의 의제). 채권자가 제소 후에 소송을 취하한 경우도 마찬가지로 처리된다. 그리스에 대해서는 민법 263조, A.P 1267/1995, HellDni 38 (1997) 838eh 참조. 네덜란드에 대해서는 민법 3:316조 2항을 참조하라. 독일, 그리스, 네덜란드에서는 소송이 취하된 경우, 통상 소송에 절차적인 하자가 있은 경우와 마찬가지로 취급된다(Spiro, Begrenzung § 142 및 거기서 예로 든 문헌 참조). 스페인 상법 944조 2항에서는 채권자가 패소한 경우 또는 소송이 취하된 경우에는 시효는 중단된 것이라고 취급하지 않는다. 스페인 법에서는 중단의 효과가 생기는 것은 소송이 본안판결에 이른 경우뿐이며 채권자가 소송을 취하한 경우에 대해서는 문제가 남는다(Spiro, Begrenzung §§ 139ff. 참조). 이러한 문제의 대부분은 재판절차에 의해서 생기는 효과를 중단에서 진행정지로 '격하'함으로써 회피된다.

권이 재판절차에 따라 확정되든가(이 경우 PECL 14:202조, DCFR Ⅲ.-7:202조) 또는 소송이 늦어져 시효가 문제가 될 수 있었던 채권의 부존재가 공적으로 확정되든가이다. 소송 절차상의 하자나 사후의 소송취하로 인하여 본안에 대하여 판결이 내려지는 일 없이 절차가 종료된 경우에는 채권자에게는 새로운 소송을 제기하기 위한 기간으로 원래의 시효기간의 나머지 부분이 주어지는 데 지나지 않는다. 이것으로 필요하고 충분하다. 채권의 존재가 확정되지 않은 이상, 완전히 새롭게 시효기간을 개시시키는 것은 정당화될 수 없을 것이다.

2. 적용 면에서의 제 문제

다음과 같은 경우는 특별한 주의가 필요하다. 즉, 시효완성까지 극히 짧은 기간밖에 남아 있지 않은 시점에서 절차상의 이유로 소송이 각하된 경우이다.[51] 이때 정지사유가 그친 후에 채권자가 행동하기 위한 최소한의 기간을 확보하는 것은 합리적이라고 할 수 있다.[52] 그러나 채권자가 소송을 제기하지 않은 경우보다 유리한 지위에 둘 이유는 없다.

어느 시점에서 시효기간의 진행이 정지되는지는 적용되는 방법에 있어서 무엇이 소송을 개시시키기 위한 행위라고 생각할 수 있는지에 달렸다. 시효기간의 진행정지는 판결이 기판력을 일으키거나 또는 그 밖의 방법(화해 조정 등)에 의해서 분쟁이 해결될 때까지 계속된다. 그러므로 채권자가 승소판결을 받은

---

51) 몇몇 법전에서는 채권자가 소송절차의 진행을 게을리했기 때문에 재판절차가 정체된 경우에 대하여 규정을 두고 있다(독일 민법 212조 2항, 그리스 민법 261조, 이탈리아 민법 2945조 3항. 또 비교법적 고찰과 관련해서는 Spiro, Begrenzung § 147 참조). 그러나 이러한 상황에 관한 규정은 불필요한 것 같다. 왜냐하면 채권자는 절차의 진행을 게을리한 경우, 통상은 피고가 소송을 각하시키기 위한 조치를 취하는 것을 기대할 수 있기 때문이다(Spiro, Begrenzung § 147(n. 16); Peters & Zimmermann 261, 325 참조. 반대의 견해로는 AbschluBbericht, 86 참조). 물론 세부에 대해서는 적용되는 절차법에 맡겨진다.

52) 본안판결에 이르지 못하고 절차가 종료된 경우에 다시 소송을 제기하기 위하여 채권자가 얻을 수 있는 최저한의 기간은 60일(스위스 채무법 138조), 6개월(독일 민법 212조 2항, 그리스 민법 263조 2항, 네덜란드 민법 3:316조 2항), 1년(UNCITRAL 시효조약 17조 2항)으로 여러 가지이다. 기간의 추가를 인정하는 것에 반대하는 것으로 독일의 채무법개정위원회 보고서 (AbschluBbericht, 86)가 설득력이 있다.

경우, 판결에 따라 확정된 채권의 시효기간은 판결이 기판력을 일으킨 시점부터 개시되는 것이며(PECL 14:203조 3항, DCFR Ⅲ.-7:203조 3항을 참조) 판결의 언도 시부터는 아니다. 판결의 언도 시부터 새로운 시효기간이 진행된다는 사고방식은 이미 부정된 사고방식, 즉 판결을 포함한 재판절차의 모든 사건이 중단 사유가 된다는 생각에 가까운 것이다.

📑 **사례**   A는 B에 대해서 지급일 1994년 3월 15일자인 채권을 가지고 있었다. 1997년 3월 1일, A는 이 채권에 대하여 레겐스부르크의 지방법원에 소송을 제기했다. 1997년 10월 10일, 법원은 관할권 없음을 이유로 소송을 각하했다. 소송은 레겐스부르크의 구 법원에 제기해야 하는 것이었다. 같은 날, A는 항소를 포기했다. 이때, 시효기간은 1997년 3월 1일(재판절차가 개신된 날)부터 10월 10일(지방법원의 판단이 기판력을 얻은 날)까지 진행을 정지했다. 그 결과 A에게는 레겐스부르크의 구 법원에 재판절차를 요구하기 위하여 14일간의 기간이 주어졌다.

원고가 소송을 제기할 때는 강제집행의 권원을 요구하는 것이 통상이다. 하지만 채권의 존재를 확정하는 확인판결의 제기라도 시효기간의 진행을 정지시키기에는 충분하다.[53] 확인판결 자체가 재판절차에 의해서 확정된 채권의 시효기간(PECL 14:202조, DCFR Ⅲ.-7:202조)이 정하는 특별시효기간의 적용을 정당화하기에는 충분한 것과 같다.

3. 그 밖의 절차

재판절차에 적용되는 규정은 그 밖의 절차에 대해서도 그것이 강제 가능한 수단의 취득을 목적으로 하는 것인 한 적용된다. 그와 같은 절차로서 어떠한 것이 있는지는 적용되는 법에 의한다. 특히 중재절차가 언급되는데 그것은 일

---

53) 확인판결을 요구하는 소송에 의해서도 시효는 중단될 수 있다. 독일 민법 209조(현행 민법 204조), 채무법 개정위원회 초안 208조, 남아프리카에 대하여 Loubser 135, 비교법적 고찰로 Spiro, Begrenzung § 133을 참조하라.

반적으로 알려져 있고, 실무상도 중요하기 때문이다.[54] 중재절차의 개시에 관해서는 채권자가 취할 수 있는 모든 수단을 강구한 것이 아니면 절차는 개시하지 않는다고 하는 것이 일반적인 기준이다. 직접 집행이 가능한 사적 문서(PECL 14:202조의 설명 참조)에 관해서 언제 절차가 개시되는지는 해석에 맡겨진다.

Ⅲ 채권자의 통제를 벗어난 장애와 시효기간의 정지[55]

1. 소송 불가능의 경우

소송할 수 없는 자에 대해서 시효는 진행되지 않는다. PECL 14:201조 또는 DCFR Ⅲ.-7:202조에 규정된 단기의 일반적 시효기간이 채무자의 합리적인 이익을 고려하고 있는 것과 비교하여 시효기간 진행의 개시와 정지에 관한 규정들은 채권자를 위한 기능을 포함하고 있는 것이어야 한다. 나아가 채권에 대한 인식이 결여된 채권자를 보호하면서 채권을 행사할 수 없는 채권자를 보호하지 않는다고 하는 것은 불균형한 것이다.[56]

---

54) 중재절차가 계속되고 있는 동안도 시효가 정지 또는 중단될 수 있다. 독일에 대하여 민법 220조 및 채무법 개정위원회 초안 217조(현행 민법 204조), 스위스에 대하여 채무법 135조 2호, 그리스에 대하여 민법 269조, 이탈리아에 대하여 민법 2943조 4항, 포르투갈에 대하여 민법 324조, 스코틀랜드에 대하여 Johnston, 5.07f, 또한 UNCITRAL 시효조약 14조를 참조하라. 이런 규정의 몇몇은 어느 시점에서 시효의 진행이 정지되는지에 대하여 명확하게 정해져 있다. 예를 들면 독일 민법 220조 2항, UNCITRAL 시효조약 14조를 참조하라.

55) **PECL 14:303조(채권자의 통제를 벗어난 장애와 시효기간의 정지)** (1) 채권자가 자기의 지배를 초월한 장애로 인하여 채권의 행사를 방해받고 또 채권자가 그 장애를 회피 또는 극복하는 것이 합리적으로 보아 기대할 수 없었다면 소멸시효는 진행을 정지한다. (2) 제1항은 시효기간의 최후의 6개월 내에 장애가 발생 또는 존속하고 있는 경우에만 적용된다. (DCFR Ⅲ.-7:303조 참조)

56) 따라서 채권자에 의한 채권의 행사가 사실상 불가능한 경우에 시효기간의 진행을 정지하는 법률을 정하고 있는 국가들이 있다. 독일은 채권자가 불가항력으로의 권리의 행사를 방해받고 있는 경우 시효기간의 진행은 정지된다. '사법의 정지'가 그 예이다[독일 민법 203조(현행 민법

2. 시효기간 만료점에 근접한 장애사유

그런데 소송제기를 방해하는 장애가 시효기간이 만료되기 훨씬 전인 경우라면 시효기간을 연장해야 할 불가피한 이유는 존재하지 않는다. 따라서 채권자가 시효기간 최후의 6개월 내에 채권을 행사하는 것을 방해받은 경우에 방해받은 기간만큼 시효기간을 연장하면 충분하다.[57]

─────────────────

206조)}. 그리스 민법 255조 1항은 실질적으로 독일과 동일하며 포르투갈 민법 321조도 그러하다. UNCITRAL 시효조약은 "채권자의 지배를 초월, 채권자가 회피도 극복도 할 수 없었던 상황"이 고려되고 있다(21조). 스위스 채무법 134조 6호는 스위스 법원에서 채권을 주장할 수 없는 동안은 시효기간의 진행이 정지된다고 정하고 있다. 이 규정의 해석에는 논쟁이 있다(Spiro, Begrenzung § 72; Peters & Zimmermann 271조 참조). 오스트리아의 경우 민법 1496조를 참조하라.

반면에 이와 같은 규정을 갖지 않거나(네덜란드의 경우 Asser-Harkamp, Verbintenissenrecht I n. 684 참조) 매우 특수한 상황만을 다루는 규정을 가지고 있는 국가(이탈리아 민법 2942조는 전시에 있어서의 군인 및 군관계자에 대한 채권에 대하여 규정한다. 스페인 상법 955조에 의하면 전쟁, 질병 또는 혁명의 경우 정부가 시효를 정지시킬 수 있다. 스페인 민법에 똑같은 규정은 없다)들이 있다. 아마 이런 국가들의 법원은 악의의 항변과 같은 유사한 수단을 이용할 것이다(Spiro, Fs Müller-Freintfels, 624 참조). 프랑스는 민법전의 기초자가 특정한 정지사유만을 채용하여 이들 사유가 한정열거임을 분명히 하고 있다(민법 2251조). 그런데도 프랑스 법원은 소송이 절대적으로 불가능한 경우에 "소송하는 것이 불가능한 자에 대해서 시효는 진행되지 않는다"는 로마법·카논법의 격언(그것은 폐지되었다고 생각되지만)을 원용했다(Ferid & Sonnenberger I C 224 참조. Ferid & Sonnenberger은, 법원이 실질적으로 법률의 문언에 반하는 판결을 내렸다고 기술한다. 같은 견해는 Terré, Simler Leqette n. 1396에서도 보인다). 벨기에의 판례는 채권자가 법률상의 장애로 인하여 권리의 행사를 방해받은 경우에는 시효기간의 진행정지를 승인하고 있지만(Stome, in: Hondius 69 참조), 그 밖의 경우에 대해서는 법률상의 정지사유가 한정열거라고 계속 판시해 왔다. 이탈리아의 경우 "소송할 수 없는 자에 대해서 시효는 진행되지 않는다"는 준칙은 지금도 가끔 원용된다. 그러나 그것은 청구하지 않는다는 합의의 사례에 있어서처럼 특정의 정지사유를 유추적용하는 것을 정당화하기 위하여 원용되고 있는 데 지나지 않는다(Roselli-Vitucci 413 참조). 잉글랜드 법 및 아일랜드 법은 불가항력을 정지사유로 인정하지 않는다. 스웨덴 법, 덴마크 법, 핀란드 법에서도 불가항력이 시효에 미치는 효과에 관한 준칙은 없다.

57) 독일 및 그리스 법에 의하면(독일 민법 203조, 채무법 개정위원회 초안 212조(현행 민법 206조), 그리스 민법 255조 1항) 채권자가 시효기간의 최후의 6개월 내에 불가항력의 결과로 채권의 행사를 방해받는 데 있어서만 시효기간의 진행이 정지된다. 따라서 시효기간의 진행이 정지될 수 있는 최장기간은 6개월이다. 포르투갈에서는 3개월이라는 기간이 정해져 있다(민법 321

📋 **사례 1** B는 A에 대해서 10만 유로의 채권을 가지고 있었다. 그 채권은 1992년 3월 10일에 이행기가 도래했다. 1993년 1월 1일, B가 머무르고 있던 오스트리아의 리조트가 대규모 붕괴로 인해 외부로부터 고립되었다. 2주 후에 겨우 교통이 회복되어 B는 그 리조트에서 나올 수 있었다. B의 채권은 1995년 3월 10일에 시효에 걸린다. 이때, 시효기간은 연장되지 않는다. 왜냐하면 B는 1993년에 2주간 그의 지배를 초월하는 장해로 인하여 금전의 지불청구를 할 수 없는 상태였지만 그 사건의 후에도 또 채권을 행사할 수 있는 기간으로 2년 이상의 기간이 남아 있었기 때문이다.

📋 **사례 2** 사례 1과 동일한 사실에서 B는 1994년 8월 25일부터 같은 해 9월 16일까지 고립되어 있었다. B의 채권은 1995년 3월 16일에 비로소 시효에 걸린다. 왜냐하면 그 장애는 시효기간의 최후의 6개월 내에 있어서의 6일 동안 B의 채권행사를 방해했기 때문이다.

📋 **사례 3** 사례 1과 동일한 사실에서 B는 1995년 1월 20일부터 23일까지 고립되어 있었다. B의 채권은 1995년 3월 14일에 시효에 걸린다. 왜냐하면 B는 시효기간의 최후의 6개월 내에 있어서의 4일 동안 채권의 행사를 방해받았기 때문이다.

📋 **사례 4** 사례 1과 동일한 사실에서 B는 1995년 3월 6일부터 14일까지 고립당해 있었다. B의 채권은 1995년 3월 19일에 시효에 걸린다. B는 시효기간의 최후의 6개월 내에 발생한 장애 때문에 9일간에 걸쳐 채권의 행사를 방해받았다. 그런데 시효기간 최후의 6개월 내에 B가 고립되었던 것은 1995년 3월 6일부터 10일까지의 5일간이다. 11일부터 14일까지는 시효기간 만료 이후이기 때문에 고려되지 않는다. 따라서 B의 채권이 시효에 걸리는 것은 고립으로부터 벗어난 14일에 5일을 더한 1995년 3월 19일이다.

조). UNCITRAL 시효조약 21조는 "채권행사의 장애가 되는 상황이 끝난 날부터 1년이 경과할 때까지는 만료되지 않도록" 출소기한을 연장한다{10 UNCITRAL Yearbook (1979) 164 참조}. 그러므로 사실상, 채권자는 채권을 행사하기 위하여 최단 1년의 기간을 보장받고 있다.

1. 당사자의 협상과 시효

(1) 신의칙

재판 외 화해를 위한 당사자의 협상은 촉진하는 것이 바람직하지만, 채권 시효기간 만료에 임박했다는 압력 속에서 그와 같은 협상이 이루어져서도 안 된다. 또 그와 같은 협상이 채권자에게 함정이 되는 것 같은 일이 있어서도 안 된다. 채무자가 채권에 대하여 협상을 개시하고 그것으로 인해 채권자가 소송제기를 단념하게 된 경우에는, 채무자가 나중에 협상 중에 시효기간의 만료를 원용하여 이행을 거절하는 것은 허용되지 않는다. 그와 같은 거절은 신의칙에 반한다.

(2) 협상과 시효기간

협상이 시효에 미치는 영향을 최소한으로 억제하기 위해서는 시효기간의 진행을 정지시키는 것이 아니라 시효기간의 만료를 연장하는 것으로 충분하다. 협상이 실패한 경우, 채권자는 재판을 통하여 채권을 행사할지 여부를 판단하기 위한 합리적인 최소한의 기간이 있으면 충분하며 그 이상의 기간은 불필요하다.

📑 **사례 1** A는 B에 대해서 2만 유로의 채권을 가지고 있다. 그 채권의 변제기는 2004년 10월 10일이다. 2004년 10월 10일부터 2005년 3월 10일까지, A와 B 사이에 채권의 존부에 대하여 협상이 이루어졌다. 이때, 시효는 2007년 10월 10일에 완성된다. 즉, 이 경우에는 협상에 의하여 시효기간이 연장되는 일은 없다.

---

58) **PECL 14:304조(협상에 있어서의 시효기간 만료의 연기)** 당사자가 채권 또는 채권을 발생시킬 수 있는 사정에 관하여 협상하고 있는 경우, 그 협상에 있어서의 최종의 통신이 있은 때부터 1년이 경과하기 전까지는 시효기간은 만료되지 않는다. (DCFR Ⅲ.-7:304조 참조)

☞ **사례 2** 사례 1과 동일한 사실에서 협상은 2006년 12월 20일부터 2007년 5월 5일까지 이루어졌다고 한다. 이때, 시효기간이 만료되는 것은 2008년 5월 5일(협상종료 후 1년. PECL 14:304조, DCFR Ⅲ.-7:304조 참조)이다.

☞ **사례 3** 사례 1과 동일한 사실에서 협상은 2007년 9월 1일부터 2008년 5월 15일까지 이루어졌다고 한다. 이때, 시효기간이 만료되는 것은 2009년 5월 15일(협상종료 후 1년. PECL 14:304조, DCFR Ⅲ.-7:304조 참조)이다.

'협상'이라는 용어는 넓게 해석되지 않으면 안 된다. 협상이란 의견교환을 통해 상대방에 의해서 채권이 최종적으로 거절당하지 않았다고 하는 채권자의 믿음을 포함하고 있는 것이다. 조정절차도 협상이라는 용어에 포함되어야 한다 (몇몇 국가에서는 예를 들면 의료과오 소송과 관련하여 조정절차의 중요성이 높아지고 있는 듯하다).

PECL과 DCFR은 시효기간의 진행이 정체되는 기간의 시기(始期)와 종기(終期)를 분명하게 하는 형식적 요건을 정하지 않고 있다. 그러나 채무자로서는 언제 협상이 결렬될 것인지를 명확히 해 둘 필요가 있다. 일반원칙에 의하면 협상이 결렬된 것을 증명해야 하는 것은 채무자이기 때문이다. 여기서는 통지 또는 그 밖의 전달의 효력발생 시기에 관한 PECL 1:303조의 규정이 문제가 될 수 있다. 즉, 협상에 있어서의 최후의 전달이 되었다고 간주되는 것은 통상 그것이 수취인에게 도달한 때이다.

2. 입법례

(1) 법정 정지사유로서의 협상

협상을 시효기간의 진행정지사유로 하는 사고방식은 최근 독일 법에서 상당히 많은 지지를 얻고 있다.[59] 특히 독일 민법 852조 2항은 다수의 특별법에 있어서 준용되고 있고, 또한 일정한 계약상의 손해배상청구권에 유추적용되고 있

---

59) 현행 독일 민법 203조 참조.

다.[60] 이러한 특별규정이 적용되지 않는 사례의 경우에 독일 법원은 여전히 BGB 242조의 신의칙에 따라 판단한다.[61] 그 때문에 독일에서는 협상에 관한 일반준칙과 관련하여 두 가지가 제안되고 있는 셈이다. 독일 법에서는 PECL 14:304조의 설명에서 제안되고 있는 것과 마찬가지로 협상은 넓게 해석되어야 한다는 것이 일반적으로 승인되고 있다.[62]

덴마크 법에서는 채무자가 진지한 협상에 들어갔을 경우 그 협상이 결렬될 때까지 시효는 진행을 정지한다.[63] 그리스 법에서는 채권자가 채무자의 사기로 인하여 시효기간의 만료 전 6개월 이내에 채권의 행사를 방해받은 경우 그동안 시효는 진행을 정지한다. 이 규정은 최고법원에 의하여 협상이 이루어진 사례에 적용되었다.[64] 이탈리아에서는 재판 외의 화해가 이루어진 경우 그 화해가 된 때부터 그 화해를 무효로 하는 판결이 확정될 때까지 시효는 진행을 정지한다고 한 판결이 있다.[65] 이것은 협상에 의해서 시효의 진행이 정지되는 것과 유사한 상황이다. 이 판단의 배후에는 소송을 제기할 수 없는 자에게 불리하게 시효가 진행되어서는 안 된다는 사고방식이 존재한다.

(2) 그 밖의 사고방식

PECL 14:304조 또는 DCFR Ⅲ.-7:304조와 같은 규정은 그 밖의 제도에서는 거의 볼 수 없지만, 극히 소수의 국가에서는 '시효에 대하여 협상하고 결정하는 것'을 채무자에게 인정하는 것으로 충분하다고 생각된다.[66] 대부분의 법제도는 채권자를 뭔가의 방법으로 구제하려고 하고 있다. 스페인의 경우 법률상의 근거는 없지만 협상이 계속되고 있는 동안은 시효의 진행이 정지한다고

---

60) BGHZ 93, 64(68f.); Münchener Kommentar (-Stein) § 852, n. 67 참조.

61) Münchener Kommentar (-von Feldmann), § 194, n. 16 및 Münchener Kommentar (-Stein), § 852, n. 67에서 예를 든 문헌 참조.

62) 예를 들면 Münchener Kommentar (-Stein), § 852, n. 68; Spiro, Begrenzung § 108 참조.

63) Gomard Ⅲ, 239 참조.

64) 13/1989, HellDni 31 (1990), 1235 (1236).

65) Roselli-Vitucci 413 참조.

66) Zimmermann & Whittaker 504 참조.

해석하고 있다.[67] 그 밖의 국가에서는 채무의 승인 및 권리의 방기라는 개념의 확대해석, 금반언 또는 인적 항변 등의 에쿼티상의 법리를 이용하거나 신의칙이라는 일반적 개념, 권리남용의 법리, 또는 악의의 항변에 의거하는 방법이 이용되고 있다.[68]

(3) 방식은 필요할까

협상하는 동안 시효의 진행이 정지된다는 법리에 반대하는 논거의 하나는 그것이 불확실성을 야기할 수 있다는 것이다. 구체적으로는 시효의 진행이 정지되는 시점, 다시 진행을 시작하는 시점이 불명확하다는 것이다.[69] 이와 같은 반대의견에 대응하기 위하여 방식요건이 제안되는 경우도 있다. 즉, 당사자의 일방이 서면으로 협상을 요구한 때에 시효의 진행이 정지되고 당사자의 일방이 서면으로 협상의 계속을 거절한 때에 진행의 정지는 종료한다는 제안이다.[70] 그러나 독일 채무법 개정위원회는 그와 같은 제안에 반대했다. 즉, 그 제안은 통상의 관습에 반하는 것이며, 법률에 관한 지식이나 경험이 적은 당사자를 불리한 지위로 몰아넣을 우려가 있다고 하고 있다.[71]

(4) 조정절차

독일의 경우 조정절차는 시효의 진행정지 사유로 특별히 열거되어 있다.[72]

---

67) Spiro, Begrenzung §108.

68) 상세한 내용은 Zimmermann & Whittaker, 493ff., 530f. 참조.

69) Preston & Newson 146 참조.

70) Peters & Zimmermann 320ff. 참조.

71) Abschlußbericht 94.

72) Peters & Zimmermann 322; Abschlußbericht 94.

Ⅴ 권리능력 흠결과 시효기간 만료의 연기[73]

1. 채권자가 미성년자인 경우

소송을 제기할 수 없는 자에 대해서 시효는 진행되지 않는다는 원칙은, 채권자가 권리능력이 흠결된 경우에도 마찬가지로 적용된다. 전형적인 예는 채권자가 미성년자인 경우이다. 미성년자는 법원에서 채권을 행사할 수 없기 때문이다. 이에 일부 국가에서는 미성년자에 대해서 시효는 진행되지 않는다는 규정을 두고 있다.[74] 그런데 미성년자는 일반적으로 대리인(친권자 또는 후견인)이 있다는 점을 생각하면 이러한 규정들은 과한 측면이 있다. 따라서 미성년자의 보호가 필요해지는 것은 그와 같은 대리인이 없는 경우에 한정된다.

2. PECL과 DCFR의 기본적인 입장

위에서 언급한 두 가지 입장 중 어느 것을 선택할지는 용이하지 않다. 그런데 채권자인 미성년자가 성년이 되고 나서 다시 3년이 경과할 때까지도 채권이

---

73) **PECL 14:305조(권리능력 흠결과 시효기간 만료의 연기)** (1) 대리인이 없는 권리능력이 흠결된 자의 경우, 그 제한능력자가 또는 그 제한능력자에 대하여 보유하는 채권의 시효기간은 권리능력이 흠결이 종료하거나 대리인이 선임된 때부터 1년이 경과하기 전에는 만료하지 않는다. (2) 권리능력 흠결과 그 대리인 사이에서 발생하는 채권의 시효기간은 그 자가 권리능력이 흠결된 자가 아닌 때, 또는 새로이 대리인이 선임된 때부터 1년이 경과하기 전에는 만료되지 않는다. (DCFR Ⅲ.-7:305조 참조)

74) 프랑스, 벨기에, 룩셈부르크, 잉글랜드, 아일랜드 및 스코틀랜드에서는, 시효는 권리능력이 흠결된 자에 대해서 진행되지 않는다. 프랑스, 벨기에 및 룩셈부르크 민법 2252조 전단, 잉글랜드의 1980년 출소기한법 28조, 아일랜드의 1957년 출소기한법 49조, 스코틀랜드의 1973년 시효 및 출소기한법 6조 4항 b호 및 Johnston, 6.130ff.를 참조하라. 이 일반준칙에 대한 예외에 대해서는 프랑스 민법 2252조 후단(이 규정에 대하여 Ferid & Sonnenberger 1 C223 참조) 및 잉글랜드의 1980년 출소기한법 28조, 28A조에 있어서의 복잡한 규정을 참조하라. 잉글랜드 법률위원회는 동조의 규정이 더욱더 유지되어야 할지의 여부 문제에 대해서는, 현 시점에서는 미해결 상태이다(Consultation Paper on Limitation of Actions 297ff.).

행사될 수 있는 상태로 있다면 이는 거래의 안전을 지나치게 해하는 것으로 균형을 잃은 것이다. 거래의 안전이라는 관점에서 보면 제3자의 이익보다 미성년자의 이익을 우선시킬 수는 없다. 법체계로 보면 친권자 또는 후견인이 미성년자의 이익을 보호할 책임이 있다는 점을 전제로 하는 것이 합리적이라고 할 수 있기 때문이다. 채권이 시효에 걸리는 것을 막기 위한 적절한 조치를 대리인이 게을리한 경우 이는 미성년자가 받아들여야 할 위험이고 이에 대하여 미성년자는 대리인에 대하여 권리를 청구해야 한다. 다시 말하면 미성년자가 대리인에 대해서 가지고 있는 채권시효기간의 만료는, 성년에 달한 후에 합리적인 기간이 경과할 때까지 연기될 수 있기 때문에 그 한도에서 미성년자의 이익은 보호될 수 있다.

3. 대리인 없는 권리능력이 흠결된 자[75)]

(i) 권리능력 흠결 상태 또는 대리인의 부재 상태가 해소된 후에 합리적인 시효기간이 법에 의해서 보장되고 있는 한, 권리능력이 흠결된 자의 보호는 대리인이 없는 상태가 시효기간 만료 전 1년 내에 존재하는 경우에 인정하면 충분하다. 따라서 대리인이 없는 상태이기 때문에 시효기간의 진행이 정지되는 것이 아니라 단순히 시효기간의 만료가 연기되는 데 지나지 않는다. (ii) 이 기준

---

75) 시효에 관해서 대리인이 없는 권리능력이 흠결된 자를 보호하는 것은 오스트리아 민법 1494조, 독일 민법 206조(현행 민법 210조), 그리스 민법 258조 2항, 포르투갈 민법 320조 및 이탈리아 민법 2942조이다. 독일에서는 대리인의 부존재는 시효기간의 진행을 정지시키는 것이 아니라 시효기간의 만료를 6개월 연기하는 데 그친다(이것은 민법 206조가 규정하는 부분이고, 동조는 채무법 개정위원회에 의해서도 지지되고 있다. 채무법 개정위원회 초안 214조(현행 민법 210조) 참조). 그리스에 있어서의 동일한 준칙으로 민법 258조 2항을 참조하라. 이탈리아의 준칙은 다르며 권리능력이 흠결된 자에게 대리인이 없는 동안과 대리인이 선임되거나 또는 무능력상태를 벗어난 때부터 6개월 동안 시효가 정지된다(민법 2942조).

권리능력이 흠결된 자의 대리인에 대한 채권의 시효는 권리능력 흠결 상태인 동안은 일반적으로 정지된다(오스트리아 민법 1495조), 독일 민법 204조, 그리스 민법 256조, 포르투갈 민법 329조, 이탈리아 민법 2941조 2호~4호). 동일한 준칙으로 스위스 채무법 134조 1호 및 2호, 네덜란드 민법 3:321조 1항 b호, 프랑스 민법 475조를 참조하라. 전반에 대하여 Spiro, Begrenzung §§ 75f.을 참조하라.

은 권리능력이 흠결된 자가 채권자인 경우뿐만 아니라 채무자인 경우에도 영향을 미친다. 대리인이 없는, 권리능력이 흠결된 자를 상대로 채권자가 채권을 행사하는 것이 불가능하지는 않다 해도 용이하지 않을 것이다. 따라서 권리능력이 흠결된 자의 채권자에 대해서도 권리능력이 흠결된 자에게 인정되는 것과 같은 보호가 주어지는 것이 공평하다.

4. 권리능력이 흠결된 자와 대리인 간의 채권

대리인이 적절한 조치를 게을리한 것으로 인한 결과를 제3자와의 관계에서 미성년자가 부담해야 한다고 하더라도 미성년자가 적어도 대리인에 대해서 손해배상을 청구할 수 있는 것이어야 한다. 미성년자가 이와 같은 손해배상을 청구할 수 있는 것은 통상 성년이 되고 나서이다. 하지만 이 경우에도 시효기간의 진행을 정지할 필요는 없다. 성년이 된 후에 손해배상을 청구하기 위한 합리적 기간이 주어지면 충분하다. 또 권리능력이 흠결된 자에게 대리인이 딸려 있지 않은 경우와 마찬가지로 이러한 내용은, 권리능력이 흠결된 자에 대해서 대리인이 가지고 있는 채권에도 영향을 미친다고 하는 것이 공평하다.

5. 인신손해(예: 어린이에 대한 성적 학대)

어린이에 대한 성적 학대가 부모에 의해 발생한 경우 친자 간의 모든 채권에 대하여 시효기간의 만료를 연기하는 것이 필요할 것이다.[76] 그러나 미성년자는 대부분의 경우, 어린 시절의 정신적 외상체험을 억제하고 무슨 일이 일어났는지를 자각하는 것을 방해하는 심리적 장벽을 타파하려면 상당한 시간을 필요로 한다. 따라서 이와 같은 경우 시효기간의 만료를 연기하기보다는 시효기간의 진행을 정지하는 쪽이 보다 적절할 것이다. 또한 어린이가 부모 이외의 가

---

76) 어린이에 대한 성적 학대 사례에서 시효에 관해서는 ondius 9f., Law Commission Consultation Paper on Limitation of Actious 294f., 네덜란드에 대하여 HR, 23 October 1998 and June 1999, Ned.Jur. 2000, 15/16, 아일랜드의 2000년 출소기한법(개정)을 참조하라.

족에게서 학대를 받은 경우에 그 사실을 부모가 묵인하고 있거나 또는 다른 이유에서 부모가 학대 가해자에 대해서 손해배상을 청구하는 것이 바람직하지 않은 경우도 있다. 이와 같은 경우에 제3자에 대한 채권 또는 적어도 부모에 대한 채권에 대하여 어느 쪽의 시효를 정지하는 법규의 도입이 필요할 수 있다. 어린이에 대한 성적 학대에서 발생하는 채권에 대하여 특별한 기준이 필요하다는 인식에서 특별법 제정의 필요성이 제기된다.

6. 혼인당사자 간의 채권[77]

일부 국가에서 혼인당사자 사이의 채권은 아이와 그 양친 또는 후견인 사이의 채권과 동일하게 취급되어 혼인이 계속되고 있는 동안은 시효의 진행이 정지된다. 양자에게 공통되는 기반은 가족 간의 정리이며, (독일 민법의 기초자가 사용한 당시의 표현에 의하면) "최대의 배려와 보호가 필요하게 되는 경애의 관계"이다. 그러나 그와 같은 법리는 오늘날 거의 지지받지 못한다. 혼인당사자의 일방이 사망한 경우에 다른 쪽 당사자가 통상적이라면 몇 년 전에 시효에 걸려 있었을 채권을 가지고, 사이 나쁜 상속인을 기습하는 듯한 일을 허용해서는 안 된다. 또한 이혼이 혼인당사자 간에 과거의 관계를 청산하는 계기가 되어서는 안 된다. 이와 같은 경우를 인정한 것은 시효에 걸려 있던 채권을 혼인에 의해서 부당하게 연장하는 차별적 취급이라고 할 수 있다. 또한 혼인당사자 간의 채권에 대하여 시효의 진행을 정지시키는 법리가 정당하다고 여기게 되면, 그러한 법리를 일반화하여 다른 동거친족에게 적용해서는 안 된다는 법리에 대한

---

77) 혼인관계가 계속되는 한, 혼인당사자 간의 채권의 시효는 정지된다는 국가들로서 프랑스·벨기에·룩셈부르크(민법 2253조), 오스트리아(민법 1495조), 독일{민법 204조(현행 민법 207조)}, 그리스(민법 256조), 포르투갈(민법 318조 a호), 스위스(채무법 134조 3호), 이탈리아{민법 2941조 1호 및 헌법재판소 판결(19.2.1976 n. 135 in Giust. civ. 1976, III, 131)}, 네덜란드(민법 3:321조 1항 a호)를 참조하라. 전반에 대하여 Spiro, Begrenzung § 74 및 Fs Bosch, 975ff.를 참조하라. 그 준칙을 혼인유사의 관계로 확장하는 예는 거의 볼 수 없다. 독일 채무법 개정위원회의 입장 및 이탈리아 헌법재판소의 판결(29.1.1998, n. 2)을 참조하라. 잉글랜드 및 스코틀랜드에는 이와 같은 준칙은 없다. 이 준칙에 대한 날카로운 비판에 대하여 Staudinger (-Peters) § 204, n. 2를 참조하라.

설명이 곤란해진다. 그렇다고 해서 그 적용범위를 한정하려고 하면 적용범위의 확정이 곤란해지며, 법적 안정성을 해칠 수 있게 된다. 시효의 진행에 대하여 특칙을 만들 필요가 있는 것은 권리능력이 흠결된 자와 그 대리인 사이의 채권에 한정된다. 그리고 그 특칙의 이론적 근거는 여기서 기술하는 것과는 다른 것이다. 즉, 그 근거는 이런 자들 사이의 인적인 관계에서 요구되는 것이 아니라 권리능력이 흠결된 자는 어떤 조치를 강구하는 것이 불가능하다는 점에서 요구된다.

7. 성년자가 권리능력에 흠결이 있는 경우

주로 미성년자와 관련하여 상술한 내용들은 정신적인 장애 때문에 채권을 행사할 수 없는 자에 대해서도 적절한 변경을 한 후에 준용할 수 있을 것이다.

 VI 상속과 시효기간 만료의 연기[78]

1. 상속대리인의 결여와 시효

어떤 자가 사망한 경우에 그 자의 재산에 속하는 채권 또는 당해 재산을 담보로 하는 채권에 관해서 소송대리인 또는 상속인이 결여되는 사태가 생길 수 있다. 이 경우 권리능력이 흠결된 자에 대하여 채용된 규정(PECL 14:305조, DCFR Ⅲ.-7:305조 참조)에 따라 시효기간의 만료를 연기하는 것이 합리적이다. 양자(권리능력 흠결과 상속대리인의 결여)는 매우 유사한 상황으로, 소송을 제기할 수

---

78) **PECL 14:306조(상속에서 시효기간 만료의 연기)** 채권자 또는 채무자가 사망한 경우, 피상속인의 재산에 속하는 채권 또는 피상속인의 재산을 담보로 하는 채권의 시효기간은 그 채권이 상속인 또는 상속재산의 대리인에 의해 행사 가능해진 때, 또는 상속인 또는 상속재산의 대리인에 대해서 행사 가능해진 때부터 1년을 경과할 때까지 만료되지 않는다. (DCFR Ⅲ.-7:306조 참조)

없는 자에 대해서 시효기간은 진행되지 않는다는 것에 기초한 사고방식이다. 이러한 사고방식은 상속재산에 속하는 채권 또는 상속재산을 담보로 하는 채권에도 역시 타당하다.

2. 입법례

이와 같은 규정은 독일 법에서 보인다(BGB 207조, 다만 권리행사가 가능해진 후에 주어지는 기간은 1년이 아닌 6개월로 되어 있다). 이와 동일 또는 유사한 규정을 채용하는 법제도는 극히 드물다. 스위스 채무법 134조 6호(스위스 법원에 청구할 수 없는 채권에 관한 일반조항)가 이 종류의 사례에 적용되고 있다.[79] 잉글랜드의 1980년 출소기한법 11조 5항은 인신손해를 입은 피해자가 3년의 기간이 경과하기 전에 사망한 때는, 그 기간은 피해자가 사망한 날 또는 대리인이 사망의 사실을 인식한 날 중 어느 쪽이든 늦은 쪽부터 3년이 된다고 규정한다.

 VII 시효기간의 상한[80]

1. 통일인가 구별인가

PECL이나 DCFR의 시효제도는 단기 시효기간(PECL 14:201조, DCFR Ⅲ.-7:201조의 3년)을 중심에 두고 있지만 합리적인 인식 가능성이라는 규정(PECL 14:301조, DCFR Ⅲ.-7:301조) 때문에 시효기간이 수십 년에 이르는 경우도 있을 수 있다. 그러나 시효기간은 무제한으로 확장 내지 연기되는 것은 아

---

79) Spiro, Begrenzung § 72 (158f.) 참조.

80) **PECL 14:307조(시효기간의 상한)** 본 원칙에 따라 시효기간의 진행이 정지 또는 시효기간의 만료가 연기된 경우에도 시효기간은 10년(인신손해에 관한 채권에 대해서는 30년)을 초과할 수 없다. 다만 14:302조에 따른 시효기간의 진행정지에 대해서는 이에 해당되지 않는다. (DCFR Ⅲ.-7:307조 참조)

니다. 즉, 당사자가 일정한 단계에서 그 사건이 결말이 난 것으로 다룰 수 있는 것이어야 한다. 인식 가능성 원리에 대한 제동으로 그 기간을 도과하면 채권자의 인식 여하에 관계없이 그 이후는 채권의 행사가 허용되지 않게 되는 것과 같은 상한기간이 필요하다고 생각된다. 이러한 상한기간은 이미 서술한 시효법의 기초에 있는 세 가지의 법정책 고려(PECL 14:101조의 설명)에서 필요하게 된다. 이와 같은 상한기간은 국제적으로도 점차 널리 인정되고 있다. 문제는 이 상한기간을 몇 년으로 해야 하는가이다. 국제적 경향은 (모든 것이 그렇다는 것은 아니지만) 비교적 단기임을 확인할 수 있다. 그러나 단기의 상한기간은 대부분의 경우 인신손해에 관한 것이 아닌 채권에 대해서만 적용된다. 그 때문에 비교적 현대적인 입법 및 개정을 입안할 경우 채권의 성질에 따라 구별할 것인지 아니면 모든 채권에 대해서 통일적으로 처리할 것인지 두 가지의 선택지가 있다.

(1) 구별설

구별한다는 선택지를 취할 경우 인신손해에 관한 채권과 그 외의 채권이라는 구별에 입각해서 생각해야 될 것이다. 특히 많이 지적되어 온 상황의 대부분은 인신손해에 관한 채권에 속한다(어린이에 대한 성적 학대, 석면증, 의료과오). 이들 채권을 구별해서 다루는 것은 손해가 명백해질 때까지 장기간을 경과하는 경우가 많고, 일반적으로 생명 · 건강 · 신체의 완전성은 특히 보호할 가치가 크기 때문이다(일반적으로 인신손해는 재산상의 손해에 비해서 훨씬 중대하다고 생각되고 있다). 재산상의 손해는 대부분의 국가에서 10년이라는 단기의 상한기간으로 충분하다고 생각되고 있다. 또 그 밖의 채권의 유형(예를 들면 이행청구권 또는 부당이득반환청구권)에 대해서도 상한기간을 10년으로 하는 것에 이론은 없다. 인신손해는 30년의 상한기간이 적절하다는 것이 널리 인정되고 있다. 마지막으로 인신손해에 관한 채권과 그 외의 채권이라는 구별은 비교적 명료하다고 생각된다. 인신손해는 인체의 완전성에 대한 모든 침해이다. 그와 같은 인신손해에서 발생하는 모든 채권(정신적 손해와 그것에 대한 위자료도 포함된다)에 대하여 30년의 상한기간이 적용된다.

(2) 통일설

또 하나의 선택지로 인신손해와 그 외의 채권을 조정하는 타협적인 해결을 지향하는 것도 생각할 수 있다. 하지만 이 경우 어느 쪽의 채권에 대해서도 적절한 해결책을 제시할 수 없게 될지도 모른다. 이와 같은 선택지를 채용하는 논거에는 다음의 경우를 생각할 수 있다.

(i) 인신손해의 사례에서 30년이라는 장기의 기간조차 완전한 해결이라고는 할 수 없다. 왜냐하면 채권자가 자신의 채권을 모르는 경우도 있을 수 있기 때문이다.

(ii) 어느 사건에서 인신손해와 재산상 손해의 쌍방이 발생하는 경우도 있다. 예를 들면 하자가 있는 기계가 폭발하고 매수인의 건강 및 재산에 손해를 가져온 경우 또는 가옥의 수선 시에 석면을 사용하여, 수년 후 가옥소유자가 석면으로 인한 암에 걸려 많은 치료비용을 지불하고 그것과 동시에 가옥도 헐어야 하는 경우이다. 후자의 예로 상당한 세월이 지나 이와 같은 사건이 일어난 경우에 석면의 사용에 대하여 누구에게 책임이 있는가 하는 것과 그 가옥에 석면이 사용되었기 때문에 소유자의 건강침해가 야기되었다는 것을 증명할 수 있다면, 건강침해를 이유로 하는 손해배상을 청구할 수는 있지만 재산상의 손해를 이유로 하는 손해배상은 청구할 수 없다는 것은 납득하기 어렵다. 하나(인신침해)의 청구를 인정할 수 있다면 다른 하나(재산상 손해)의 청구도 인정할 수 있어야 한다.

(iii) 재산상의 손해에 관한 소송에서 20년 내지 30년을 경과한 후에 채무자가 방어하기 어려운 만큼 인신손해에 관한 소송에 있어서도 그만큼 어렵다. 시간의 망각 작용은 채권의 유형이 무엇인지에 따라 다른 것은 아니다. 증인은 사망하고 채무자의 기억은 상실되고 중요한 문서는 멸실되었다. 여기서도 다음을 상기해야 한다. 오랜 세월이 경과되었지만 채권에 대하여 입증할 수 있음에도 불구하고 시효로 인해서 채권의 행사를 금지당한 채권자의 곤란에만 눈을 돌리는 경향이 있다. 그와 반대, 즉 시효제도에 의해서 부당한 채권의 행사가 방지되는 사례가 많이 있다는 것을 우리들은 잊는 경향이 있다.

(iv) 인신손해에 관한 채권의 중요한 발생원인의 하나는 결함이 있는 제조물이다. 이와 관련해서는 제조물책임지침의 결과로서 모든 EU 회원국에서 (인신손해와 재산상의 손해의 양자에 대한) 일반적인 상한기간이 존재한다. 제조물책임지침에서는 이런 종류의 사례에 대해서 충분히 생각할 수 있는 기간으로 10년이라는 비교적 짧은 상한기간이 정해져 있다(더구나 이 비교적 짧은 기간은 제조자

가 결함이 있는 제품을 유통할 때부터 진행을 개시한다고 되어 있다).

(3) 모델법의 태도(구별설)

결론적으로 PECL이나 DCFR에서는 위에 말한 두 가지 선택지 중 최초의 것을 채용하고 인신손해(30년의 상한기간)와 그 밖의 채권(10년의 상한기간)을 구별하는 것으로 했다. 그런데 PECL이나 DCFR은 일반적으로 생각하는 것과 달리 그 상한기간은 시효기간이 아니다. 이는 시효기간의 기산점이 인식 가능성에 의해 정해지는 것이 아니라는 점에 기반하고 있다. 시효기간의 기산점은 PECL 14:203조(DCFR Ⅲ.-7:203조)에 규정되어 있으며 이 규정은 일반적으로 적용된다. 채권자가 채권을 발생시키는 사실 또는 채무자가 누구인지 몰랐을 때 또는 합리적으로 보아 알 수 없었을 경우, 그동안 시효기간은 진행을 정지한다. 따라서 상한기간은 시효기간을 최대 어디까지 확장할 수 있는지에 관한 규정이다. 그 결과 3년이라는 통일적인 시효제도가 있고 시효기간이 최대 10년(또는 30년)까지 확장될 수 있다는 것이다. 말할 필요도 없이 이 10년(또는 30년)의 기간은 PECL 14:203조(DCFR Ⅲ.-7:203조)에 규정된 시점부터 계산되어야 한다.

환경손해에 관해서는 특별한 고려가 필요하다. 이 경우도 인신손해의 경우와 마찬가지로 상한기간을 10년으로 하는 것은 부적절하다. 그러나 '환경손해'라는 개념은 아직 확정할 수 없는 것이어서 복잡한 문제를 제기하고 있다. 그러므로 일반규정이 아닌 특별법을 고려할 수 있다.

2. 적용범위

채권자 인식이 결여된 경우 상한기간이 시효진행 정지에 적용되는 것은 명백하다. 하지만 이 분야에서 법적 안정성에 대한 요청이 특별히 강한 점을 생각하면 이 경우에 한하지 않고 상한기간을 가능한 한 널리 적용해야 한다. 이 상한기간을 초과한 것이 허용되는 것은 재판절차에 있어서의 진행정지와 같은 상당한 이유가 있는 경우에 한정된다(PECL 14:302조, DCFR Ⅲ. 7-:302조 참조).

PECL 14:307조(DCFR Ⅲ.-7:307조)가 정하는 상한기간은 PECL 14:302조(DCFR Ⅲ.-7:302조)를 제외하고 PECL이나 DCFR이 규정하는 진행정지 또는 만료연기의 모든 사유에 적용된다. 이것들 중의 복수의 사유가 동일한 채권에 적용되는 경우도 마찬가지이다.

☞ **사례** 2004년 3월 10일, A는 자신의 가옥에 균열이 있는 것을 발견했다. 그 가옥은 수년 전에 B에 의해 건축된 것이었다. A가 그 균열을 검사해 보니, 다음의 세 가지가 분명해졌다. (i) 그 균열은 가옥의 기초부분의 결함으로 인한 것이며, (ii) 그 결함에 대해서 B에게 책임이 있고, (iii) 더 이상의 악화를 막기 위한 수선에는 고액의 비용이 든다는 것이다. 손해배상청구권의 시효기간의 기산점(즉, 하자가 있는 이행이 된 시점)은 1996년 3월 1일이었다고 한다. 이때, 시효기간의 진행은 2004년 3월 10일까지 정지되고 있다. A와 B가 손해배상청구권에 대하여 협상을 시작한 경우에는, PECL 14:304조(DCFR Ⅲ.-7:304조)에 의해 시효기간은 더욱 연장될 수 있지만 2006년 3월 1일을 초과하여 연장되지는 않는다.

3. 사기적 은닉으로 인하여 상한기간이 배제되는가

몇몇 국가에서는 채무자가 채권의 존재를 사기적으로(또는 고의로) 은닉한 경우 시효기간의 진행을 정지한다고 하는 일반적인 법리가 존재한다. 그러나 채권자가 채권에 대하여 모르거나 또는 합리적으로 보아 알 수 없었던 동안은 시효기간의 진행이 정지되기 때문에 이것과의 관계에서 이와 같은 기준은 불필요하다고 생각된다. 실무상 중요한 유일한 문제는(단순한 부지는 아닌) 사기가 있는 경우에 상한기간의 적용을 배제하여야 하는지 여부이다. 그러나 이 문제에 대하여 특별한 기준을 두는 것은 바람직하지 않다. 일정한 상황에서 채무자가 시효의 항변을 제출하는 것이 부정되는지 여부는 일반적이고 복잡한 문제이며 간명한 정식으로 설명하는 것은 불가능하다. 신의성실(PECL 1:201조)이라는 상위의 법적 요청을 인정하는 법제도에 있어서는 원칙적으로 상한기간을 배제할 가능성이 부정되지 않을 것이다. 시효의 항변을 제출하는 것은 법적인 행위이며 다른 법적인 행위와 마찬가지로 신의성실의 요청에 따르기 때문이다. 물론 시효준칙은 (개별적 사안에서 정의를 희생시킨다 해도) 법적 안정성을 달성하기 위한 것이기 때문에 쉽게 수정되어서는 안 된다. 또한 사기적 은닉이 있는 경우에도 시간의 경과를 완전히 도외시할 수 없다. 왜냐하면 긴 세월이 경과한 후에는 사기적 은닉이 있는지 여부를 다투는 것은 점차 곤란하고 비생산적이기 때문이다. 그렇더라도 신의성실의 문제는 생길 수 있다. 그러나 신의성실이 작동하더라도, 그것이 채권의 사기적 은닉으로 분류할 수 있는 어떤 명확한 범주 안에서만 작동하는 것도 아니다. 위협도 마찬가지로 문제가 될 수 있다. 또한 사기 또는 위협이 없는 경우에도 일정한 경우(예를 들면 채무자가 시효를 원용하지 않을 것을 약속한 경우)에 채무자가 시효를 원용하는 것이 부당할 수 있다.

4. 입법례

(1) 일반적인 상한기간

독일 민법 852조 1항은 (불법행위가 이루어진 때부터) 30년이라는 상한기간을 정하고 있다(이 상한기간은 불법행위가 이루어진 때부터 기산되는 것에 비해서, 3년의 단기의 기간은 채권자가 인식한 때부터 진행된다). 그리스 민법 937조 1항 2호는 상한기간이 20년인 것을 제외하고 독일과 같다. 스위스 채무법 60조 1항, 67조 1항은 두 가지 상황에 대하여 10년의 기간을 정하고 있는데, 모두 인식 가능성을 요건으로 하고 있다. 네덜란드 민법 3:309조, 310조, 311조는 20년의 상한기간을 정하고 있으며, 잉글랜드의 1980년 출소기한법 11A조와 14A조는 예외적으로 (과책소송에 있어서의 잠재적 손해 및 제조물책임에 대하여) 10년과 20년이라는 두 가지의 상한기간을 정하고 있다. 독일 채무법 개정위원회 초안 199조, 201조는 인신손해의 배상청구권에 대하여 30년, 불법행위로 인한 그 밖의 손해배상청구권에 대해서는 10년의 기간을 제안하고 있다. 잉글랜드 법률위원회는 인신손해 이외의 모든 소송에 대하여 10년의 상한기간을, 인신손해에 대해서는 30년의 상한기간을 제안하고 있다.[81] 벨기에의 새로운 규정은 20년의 상한기간을 정하고 있다{불법행위에 따른 모든 손해배상청구권(2262 bis조 1항 2단)에 적용된다}.[82]

---

81) Law Commission Consultation Paper on Limitation of Actions, 290.

82) 상세에 대하여 Claeys, 1998-99 R.W. 388ff. 참조. 전반에 대하여 Storme, in: Hondius, 58(두 기간을 짜 맞추는 것이 밸런스를 잡을 수 있었던 유일한 해결이라고 한다); Law Commission Consultation Paper on Limitation of Actions, 284ff.; Spiro, Begrenzung § 42; Zimmermann, 2000 JZ 863f 참조.

또한 제조물책임지침 10조 이하에서 채용되고 있는 접근법(3년과 10년), 환경에 위험을 끼치는 행위로 인해 발생하는 손해에 대한 민사책임에 관한 조약 17조에서 채용된 접근법(3년과 10년)도 참조할 만하다. 이에 비해서 프랑스 법,[83] 남아프리카의 시효법 및 퀘벡 민법에서는 상한기간이 정해져 있지 않다.[84] 아일랜드도 상한기간이라는 제도를 가지고 있지 않다.[85] 그러나 아일랜드에서는 법원에 일반적인 재량권이 주어져 있으며, 법원은 소송의 제기가 비정상적으로 지연되거나 변명의 여지가 없을 정도로 늦어진 것임을 이유로 절차를 각하할 수 있다.[86] 1991년 출소기한법(개정)에서의 인식 가능성 기준의 도입에 의해 출소기한이 신장되게 된 것에 대응하여, 이와 같은 법원의 권한이 상한기간과 유사한 마지막 수단이 될 수 있다.[87]

(2) 인신손해에 관한 채권

인신손해에 관한 채권에 대하여 비교적 단기의 상한기간을 정하는 것은 문제가 될 수 있는데,[88] 잉글랜드 법률위원회는 인신손해에 관한 채권에 대해서는 30년이라는 특별한 상한기간을 주장하고 있다.[89] 독일 채무법 개정위원회는 생명·건강·신체·자유를 법적 보호의 가치가 있는 이익으로 열거하고 있다. 여기서 자유가 포함되어 있는 이유는 자유에 대한 불법침해로 인해 발생할 수 있는 정신적 손해는 긴 시간이 경과하고 나서야 비로소 분명해지는 경우가 있기 때문이다.[90] 네덜란드의 최고법원은 최근의 두 판례에서 민법 3:310조에 정해져 있는 20년의 상한기간은 예외적인 상황하에서는 적용을 배제할 수 있

---

83) 민법 2270-1조 1항에 규정된 기간에 대하여 Lambert-Faivren 388 참조.

84) 이에 관한 의논에 대해서는 Loubser 37; Deslauriers 300 참조.

85) 1991년의 결함이 있는 제조물에 대한 책임에 관한 법률 및 토지에 관한 금전의 회복소송에 대해서는 상한기간이 예외적으로 정해져 있다. Brady & Kerr 34 참조.

86) Ole Lando, 14:101조의 주석 참조.

87) Ole Lando, 14:301조의 주석 2 참조.

88) 이에 관한 비교적 고찰로 Hondius 9ff. 참조.

89) Consultation Paper on Limitation of Actions, 291.

90) Abschlußbericht 76.

다고 하고 있다.[91] 두 사건 모두 석면에 노출되어 발생한 특수한 암에 관한 사례들이다(통상, 잠복기간은 20~40년이다). 네덜란드의 최고법원은 상기판단의 근거를 민법 6:2조에서 찾았다(동조에 의하면 법률, 일반적 관습 또는 법률행위에 근거한 어떤 준칙도 구체적인 상황에서 신의성실의 원칙에 비추어 부적절한 경우에는 적용되지 않는다). 이 두 판례에 관해서는 다수의 평석이 저술되어 있는데, 찬성하는 것[92]도 있지만 반대하는 것[93]도 있다.[94]

(3) 사기

시효는 채무자에 의한 사기적 행위(예를 들면 채무를 은닉하기도 하고 속여서 채권의 행사를 단념시키는 일)를 이유로 정지될 수 있다.[95]

사기적 행위의 경우에 상한기간의 적용은 배제되어야 할까?[96] 일정한 상황에서 신의성실을 근거로 상한기간의 적용이 배제될 수 있는지의 문제에 대하여, 앞에서 예를 든 석면에 관한 네덜란드의 판례가 좋은 예가 될 것이다.

---

91) HR 28 April 2000, Ned. Jur. 2000, 430/431.

92) e.g. Hondius, 2000 NTBR 275.

93) e.g. van Schaick, 2000 WPNR 6414.

94) 이 의논상황의 평가에 대하여 Hartief, 2001 NTBR 58ff.도 참조.

95) 이러한 내용과 관련하여 이탈리아 민법(2941조 8호, Roselli-Vitucci 416), 그리스 민법(255조 2문), 네덜란드 민법(3:321조 1항 f호), 잉글랜드의 1980년 출소기한법 32조 1항 b호, 아일랜드의 1957년 출소기한법 71조 1항, 스코틀랜드의 1973년 시효 및 출소기한법 6조 4항 (a)호 (i)가 있다. 프랑스, 벨기에, 오스트리아, 독일, 스위스, 및 퀘벡의 법전에는 이런 종류의 일반규정은 없지만 단기의 시효기간을 정하는 규정에 관한 특별규정으로 독일 민법 477조 1항(현행 민법 202조 2항, 204조 1항), 638조 1항을 참조하라. 비교법적 고찰로 Spiro, Begerenzung § 82를 참조하라.

96) 이것을 긍정하는 것으로 잉글랜드 법률위원회의 Consultion Paper on Limitation of Actions 304ff., 벨기에 법의 입장에서 부정하는 것으로 Claeys, 1998-99 R.W. 397ff 참조.

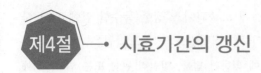

I 승인에 의한 갱신[97]

1. 용어와 관련하여

승인에 의한 갱신이란 용어는 대륙법상 전통적으로 '중단'이라고 일컬어 왔던 문제와 관련된다. 대륙법상 시효중단이란, 중단이 발생한 사유보다 이전에 경과한 기간은 시효기간에 산입되지 않는다는 것이다. 시효기간은 새로이 진행을 개시한다. 중단이라는 용어는 로마법상 interruptio temporis를 기원으로 하고 있는데 그 용어가 널리 인정되고 있음에도 불구하고 번거로워서 오해를 불러일으키기 쉽다. 그러한 이유로 PECL 14:401조(DCFR Ⅲ.-7:401조)에서는 시효기간의 갱신이라는 단어를 사용하고 있다. 이 개념의 본질은 새로운 시효기간이 진행을 개시한다는 점에 있다.

갱신은 시효기간의 진행정지나 시효기간 만료의 연기와 비교하면 분명히 시효기간에 대한 근본적인 간섭이다. 그것은 다음의 두 경우에만 정당화된다. 즉, 채무자에 의한 채권의 승인이 있는 경우(PECL 14:401조, DCFR Ⅲ.-7:401조)와 채권자에 의해서 강제집행이 이루어지거나 또는 소송이 제기된 경우이다(PECL 14:402조, DCFR Ⅲ.-7:402조).

---

97) **PECL 14:401조(승인에 의한 갱신)** (1) 채무자가 채권자에 대해서 일부변제, 이자의 지불, 담보의 제공 그 밖의 방법에 의해서 채권을 승인한 경우에는 새로운 시효기간이 진행을 개시한다. (2) 새로운 시효기간은 그 채권이 당초 따르고 있던 시효기간이 일반적인 시효기간이었는지, 14:202조에 규정된 10년의 시효기간이었는지에 관계없이 일반적인 시효기간이다. 다만 그 채권이 당초 10년의 시효기간에 따르고 있던 때는 그 10년의 기간이 본조에 의해서 단축되는 일은 없다.

2. 승인

채권을 승인한 채무자는 시효에 의해 주어진 시효이익 내지 보호를 요구하지 않을 것이라고 채권자는 믿는다. 따라서 채무자에 의한 승인을 신뢰하고 소송의 제기를 보류한 채권자를 적절히 보호할 필요가 있다. 채무자의 승인은 채권에 관한 불확실성을 감소시키는 것이기 때문에 채권자의 행위는 중요한 문제가 아니다. 승인은 순간적인 사유이기 때문에 거기에 진행정지라는 효과를 결부시킬 수 없고, 승인에 대하여 법이 작동할 수 있는 최적의 기능은 새로운 시효기간의 진행을 개시시키는 것이다. 대부분의 법제에서 승인은 관념의 통지의 성질을 갖는다.[98]

(1) 승인의 형식

몇몇 법제도에서 승인에 서면의 작성을 요구하는 경우가 있는데[99] 그 근거는 법적 안정성을 높일 수 있다는 점에 있다. 그러나 유럽 국가들 대부분의 법전들은 불요식의 승인으로 충분하다고 한다. 묵시의 승인을 정한 국가도 있다.[100] 채권자가 독촉을 하는 경우에도 승인과 같은 효력이 인정되는 국가도 있다.[101]

물론 채무자의 행위를 해석하는 것이 곤란한 경우도 있을 수 있는데, 그 곤란은 의사표시나 법률행위의 해석과 마찬가지로 해석의 일반원칙을 이용하여 해결할 수 있다. 게다가 채무자의 서면에 의한 표시라도 다양한 해석의 여지가

---

98) 승인의 법적 성질에 대하여 검토하는 것으로 Spiro, Begrenzung §§ 151ff.; Staudinger (-Peters) § 208, nn. 5ff.

99) 잉글랜드 법 및 UNCITRAL 시효조약(20조)에서는 승인에 서면을 요구하고 있지만 일정한 방식에 의한 것을 요구하지는 않는다.

100) 오스트리아 민법 1497조, 포르투갈 민법 325조.

101) 덴마크의 경우 Danske Lov 5.14.4조의 시효는 채권자가 채무자에게 독촉을 하고 그 독촉이 채무자에게 도달한 때부터 재차 진행을 개시한다(다만 1908년 12월 22일의 법률 274호에서 정하는 시효에 대해서는 다르다). 이와 같은 독촉은 소송에 따를 필요는 없고 서면에 따를 필요도 없다. 핀란드에서는 독촉하면 어떠한 방식의 것이라도 시효기간이 갱신된다고 되어 있다. 승인에 대해서도 그 방식에 관계없이 똑같은 효과가 발생한다. 특별한 시효규정하에서는 소송의 제기가 요구되는 것도 있다.

남는 경우가 꽤 있을 것이다.[102) 일반적으로 계약이 불요식이라는 점을 생각한 다면 승인에 방식요건을 도입할 만한 가치가 있을 정도로 중요하거나 특별히 승인이 그 본질상 불안정한 것이라고 봐야 할 이유는 없다. 즉, 승인을 특수한 것, 또는 원래 위험한 것으로 생각할 이유는 없는 것이다.

(2) 승인 의사표시의 상대방

승인은 채권자에 대하여 행하여져야 한다.[103) 채권의 승인은 채권자에 대해 서 이루어져야 한다는 것으로써 법적 안정성은 충분히 확보된다. 채권자가 제3 자에 대하여 행하여진 승인에 의지한다고 하는 것은 불합리하다. 이러한 일이 채무자와 제3자 사이의 관계를 기초로 일어날 수 있을지는 몰라도 채권자를 향 해 명확히 채무를 승인하였다고 하는 증거로는 불충분하기 때문이다. 행위에 의한 승인의 명확한 예는 일부변제, 이자의 지불 또는 담보의 제공이다.

📑 **사례 1** A는 B에 대하여 400유로의 채무를 지고 있다. A의 채무 변제기는 2005년 10월 10일이다. 2008년 10월 5일에 B는 그 금액의 일부를 변제하고 잔액 에 대해서는 가능한 한 빠른 시기에 지급할 것을 승인했다. 이때, 2008년 10월 5일 부터 나머지 채무에 대하여 새로운 3년의 시효기간이 진행된다.

📑 **사례 2** A는 B에 의해 야기된 자동차의 사고로 부상당했다. A는 입원비와 치 료비로 합계 1만 유로를 지출했다. A는 B에게 의료비에 대한 손해배상을 청구했

---

102) UNCITRAL 시효조약에서는 이자의 지불이나 일부변제의 사례에 있어서 '합리적으로 보아 그 변제나 이행에서 채무자가 채무를 승인하고 있는 것으로 추단되는 경우'에 방식요건에 대한 예외가 인정되고 있다. 잉글랜드 법 및 스코틀랜드 법은 일부변제를 서면에 의한 승인과 동일 시한다. 스코틀랜드 법은 서면에 의한 표시와는 별도로 '채무에 의해 또는 채무자를 대신해 채무의 이행을 위하여 된 급부여서 채무가 여전히 존재함을 명시하는 것'은 승인에 해당된다 고 한다.

103) 독일 민법 208조{Peters & Zimmermann 감정의견 198조, 채무법 개정위원회 초안 206조(현 행 민법 212조 2항)도 참조}, 포르투갈 민법 325조 참조. 명문의 규정은 없지만 네덜란드 법 (Asser-Harkamp, Verbintenissenrecht ln. 680)에 있어서도 동일하게 해석되고 있다. 잉글랜 드 법, 스코틀랜드 법, UNCITRAL 시효조약도 채권자에 대한 승인을 요구하고 있다. 전반에 관하여 Spiro, Begrenzung §§ 153을 참조하라.

다. B가 가입한 보험회사는 5천 유로만 지급하려고 했다. 그 때문에 B는 그것이 지급해야 할 금액의 전부임을 명시한 후 액면 5천 유로의 수표를 A에게 송부했다. 이때, A에 대한 채무가 1만 유로인 것까지는 승인하지 않으므로 나머지 5천 유로에 대한 시효기간은 갱신되지 않는다.

PECL 14:401조(DCFR Ⅲ.-7:401조)의 법리는 재판에 의해서 확정된 채권에도 적용된다. 그러나 이 채무를 채무자가 승인해도 새로이 10년의 시효기간이 진행을 개시하는 것은 아니다. 이 경우에는 3년의 일반적 시효기간이 진행을 개시한다. 하지만 이미 진행되고 있는 PECL 14:201조(DCFR Ⅲ.-7:201조: 일반적인 시효기간)의 10년의 시효기간이 단축되는 것은 아니다.

☞ 사례 3　A는 B에게 2만 유로의 채무를 지고 있다. 이 채권은 1999년 10월 10일에 판결로 확정되었다. 4년 후, A는 일부변제에 의한 채무를 승인했다. 이때, 시효는 (당초의 10년의 시효기간이 만료된) 2009년 10월 10일에 완성된다.

☞ 사례 4　사례 3과 동일한 사실에 있어서 2008년 3월 10일에 채무가 승인되었다. 이때, 2008년 3월 10일부터 새로운 3년의 시효기간이 진행된다.

(3) 승인의 효과

승인이 시효중단의 효과를 가져야 하는지 여부에 대해서는, ius commune(보통법, 즉 common law에 해당하는 라틴어)하에서 논쟁이 있었지만[104] 오늘날은 일반적으로 긍정되고 있다.[105]

---

104) Peters & Zimmermann 130 및 그곳에 열거된 문헌 참조.

105) 프랑스, 벨기에 및 룩셈부르크 민법 2248조, 오스트리아 민법 1497조, 독일 민법 208조(현행 민법 212조 2항), 그리스 민법 260조, 이탈리아 민법 2944조, 스페인 민법 1973조, 포르투갈 민법 325조, 네덜란드 민법 3:318조, 덴마크는 Gomard Ⅲ, 235, 스웨덴 시효법(1981:130) 5조, 국제동산매매에 있어서의 시효에 관한 UNCITRAL 시효조약 20조, 잉글랜드의 1980년 출소기한법 29조 이하(다만 모든 채권에 적용되는 것은 아니다) 참조.

Ⅱ 강제집행 신청이 이루어진 경우의 갱신

채권자가 집행 가능한 판결 또는 법률상 집행 가능한 그 밖의 증서를 취득한 경우, 그와 같은 판결, 그 밖의 증서에 기초가 된 채권에는 PECL 14:202조 (DCFR Ⅲ.-7:202조)에 정해져 있는 10년이라는 장기의 기간이 적용되지만 시효에 따르는 것은 변함이 없다. 이러한 채권들을 기초로 채권자는 시효에 걸리는 것을 막기 위해 강제집행을 신청하여 시효를 새로이 갱신할 수 있다.[106] 강제집행신청은 채권자의 신청에 의해 법원 그 밖의 공적기관에 의해서 실현된다. 따라서 그와 같은 신청이 무효이거나 집행행위에 들어가기 전에 취하되는 것이 아닌 이상 신청에 의해 시효의 갱신이 이루어진다.[107]

---

106) **PECL 14:402조(강제집행 신청이 이루어진 경우의 갱신)** 14:202조에 정해져 있는 10년의 시효 기간은 채권자에 의하여 강제집행을 위한 적절한 조치가 취해졌을 때부터 새로이 진행을 개시한다. (DCFR Ⅲ.-7:402조 참조)

107) 강행집행에 의한 시효의 갱신에 대해서는 독일 민법 209조 2항 5호, 독일 채무법 개정위원회 초안 207조(현행 민법 204조, 212조 1항), 이탈리아 민법 2943조, 그리스 민법 264조, 프랑스와 벨기에의 민법 2244조, 스코틀랜드에 대하여 Johnston 5.55를 참조하라. 명시되지 않았지만 네덜란드 민법 3:315조와 그 밖의 대부분의 법에서도 동일한 것이 인정되고 있다. 전반에 대하여 Spiro, Begrenzung § 134: Abschlußbericht, 80ff.를 참조하라. 일반적인 요건이 충족되어 있지 않기 때문에 집행행위가 무효인 경우 또는 강제집행의 제기가 취하된 경우에 대해서는, 독일 민법 216조 및 채무법 개정위원회 초안 207조를 참조하라. 전반에 대해서는 Spiro, Begrenzung §§ 134, 139ff.를 참조하라.

제5절 시효의 효과

I 일반적 효과[108]

1. 시효의 '약한' 효과(채무자의 이행거절)

PECL과 같이 시효를 실체법의 문제로 파악한다 하더라도(PECL 14:101조, DCFR III.-7:101조의 설명 참조) 두 개의 선택지가 있다. 첫 번째 선택지는 시효기간이 경과된 경우 채권은 소멸한 것으로 한다는 것이다(시효의 강한 효과).[109] 제2의 선택지는 이행을 거절할 권리가 채무자에게 주어지면 충분하다는 것이다(즉, 시효는 실체법단계에서의 항변이 된다. 약한 효과).[110] 후자에 의하면 시효가

---

108) **PECL 14:501조(일반적 효과)** (1) 시효기간이 만료된 후 채무자는 이행을 거절할 수 있다. (2) 채무의 이행을 위해 지급된 어떠한 것도 시효기간이 만료되었다는 이유만으로 그 반환을 청구할 수 없다. (DCFR III.-7:501조 참조)

109) 스코틀랜드의 1973년 시효 및 출소기한법 8A조, 6조, 7조(Johnston 4. 101 참조); 프랑스, 벨기에 및 룩셈부르크 민법 2223조(동조에 관한 Terré, Simler, Lequette n. 1042 참조); 이탈리아 민법 2934조, 2938조; 스페인 민법 1930조 2항(Díez-Picazo & Gullón Ballesteros I, 467 참조). 시효로 인해 채무는 소멸한다고 되어 있다고 하더라도 법원은 직권에 의해서 시효로 인한 채무의 소멸을 고려할 수 없다. 즉, 시효는 항변으로 주장되지 않으면 안 된다(오스트리아 민법 1449조, 1451조, 1479조, 1501조 참조).

110) 독일은 채무자에게 이행거절권이 주어지고 채무는 소멸하지 않고 계속된다{독일 민법 222조 1항(현행 민법 214조) 및 Staudinger (-Peters) § 222, nn. 34ff. 참조}. 그리스 민법 272조 1항, 네덜란드 Asser-Harkamp, Verbintenissenrecht I n. 655, 포르투갈 민법 303조 이하, 덴마크 법 Comard III, 231 lac Ussing, Alm. Del. 384, 스웨덴 법 Lindskog, Preskription 320ff., 핀란드 법 Aurejárvi & Hemmo 222eh 참조. Spiro, Begrenzung § 226ff., 241, 244, Loubser 14ff., Abschlußbericht, 100ff., 및 Zimmermann, 2000 JZ855ff.는 이행거절권 방식을 지지하고 있다. 독일 민법의 기초자가 주장한 이행거절권 방식을 지지하는 논거는 오늘날도 여전히 유효하다. Peters & Zimmermann 136을 참조하라. 잉글랜드는 출소기한 만료의 효과는 권리를 소멸시키는 것이 아니라 구제를 차단하는 것이다(Law Commission

완성되어 있음에도 불구하고 채무자가 변제한 경우, 그 변제는 법률상의 원인이 결여된 것은 아니기 때문에 채무자는 반환을 청구할 수 없게 된다.[111] 이에 비해서 전자에 의하면 채무자는 법률상의 원인 없이 변제한 것이기 때문에 반환을 청구할 수 있게 된다. 그렇지만 시효의 강한 효과를 인정하는 법체계에 있어서도 통상 이와 같은 결과는 나오지도 않고 실무상으로도 법원이 그렇게 다루지도 않는다.[112]

결국 세계적으로 우위에 있는 것은 실제로 시효의 약한 효과라고 할 수 있다. 약한 효과는 시효법이 추구하고 있는 목적에 비추어 보다 적절하다. 변제의 의사를 가지고 변제할 의무가 있는 것을 승인하고 있다고 볼 수 있는 채무자를 법체계가 보호할 이유는 없다. 또한 시효기간이 경과된 후에 채무자가 변제하는 것을 허용한다 해도 공공의 이익(시효가 발생하면 쟁송은 끝난다)은 침해당하지 않는다. 반대로 채무자가 이미 행한 변제에 대하여 반환청구를 허용한다면 평온이 깨질 것이다. 완전히 유효한 채권이라고 하더라도 시효에 의해 그 채권을 행사할 수 없게 되는 효과를 가져오지만, 법은 시효제도의 기초에 있는 정책목적에 비추어 불필요하다고 할 수 있는 경우까지 그러한 효과를 관철해야 하는 것은 아니다.

그러므로 PECL 14:501조, DCFR Ⅲ.-7:501조 1항에 의해 채무자는 이행을

Consultation Paper on Limitation of Actions 162ff., 393ff. 참조). 아일랜드에 있어서도 마찬가지이다. UNCITRAL 시효조약 24조에 의하면 출소기한의 만료는 '법적 절차에 있어서 당사자에 의해서 원용된 경우에만 당해 절차에 있어서 고려된다'고 되어 있다.

111) 채무의 이행을 위하여 급부된 것에 대해 그 채무의 시효기간이 만료되었다는 이유만으로 반환을 청구할 수 없다는 것은 매우 널리 승인되고 있다. 프랑스 Terré, Simler, Lequette n. 1403, 스페인 Pantaléon, Prescripción 5009, 포르투갈 민법 304조 2항, 오스트리아 민법 1432조, 독일 민법 222조 2항(현행 민법 214조), 스페인 채무법 2항, 그리스 민법 272조 2항, 이탈리아 민법 2940조, 덴마크 Gomard Ⅲ, 231 및 Ussing, Alm. Del. 384, 핀란드 Aurejärvi & Hemmo 22, UNCITRAL 시효조약 26조, Spiro, Begrenzung § 232ff.를 참조하라.

112) 시효에 걸린 후에 남게 되는 의무는 종종 자연채무라 불린다. 원칙적으로 시효에 의해서 채무가 소멸한다고 생각하는 법제도에 있어서도, 채무가 존속한다고 생각하는 법제도에 있어서도, 이와 같이 불리고 있다. 예를 들면 Malaurie & Aynès n. 157; Standinger (-Peters) § 222, n. 34; Asser-Hartkamp, Verbintenissenrech In. 657; Lindskog, Preskriptio 320ff.; Spiro, Begrenzung § 244를 참조하라.

거절할 권리가 주어진다. 이것은 시효가 법률상 당연히 작용하는 것은 아니라는 것을 의미함과 동시에 채무가 존속한다는 것이기도 하다.

이행을 위하여 지급되거나 또는 인도된 것은 시효기간이 만료되어 있었다는 이유만으로는 그 반환을 청구할 수 없다. 다른 이유를 들어야 반환을 청구할 수 있다. 예를 들면 채무자가 채권이 시효에 걸리지 않았다고 믿고서 이행을 하였다든가 또는 채권자가 기망하여 채권이 시효에 걸리지 않는다고 채무자를 오신케 한 경우이다.

채무자가 시효에 걸려 있던 사실을 알고 있는지 여부는 중요하지 않다. 채무자는 시효에 걸려 있는 것을 모르는 경우에도 변제한 것의 반환을 청구할 수 없다. 채무자는 시효에 걸려 있는 것을 알고 변제한 경우도 실제로 존재하는 채무를 이행하기 위하여 변제한 것이다. 그러므로 증여로 볼 수도 없다.

2. 시효의 항변이 인정되지 않는 경우

시효의 항변이 신의칙에 반하는 경우에는 허용되지 않는다. 예를 들면 채권자가 채권을 적절한 시기에 행사하는 것을 채무자가 방해하여 온 경우, 특히 채무자가 시효의 항변을 제출할 권리를 방기한 경우가 이에 해당한다.[113]

이 문제는 합의에 의하여 시효기간을 단축하는 것을 금지하는 법체계에 있어서 매우 중요한 의의를 가진다. 그와 같은 법체계에서는 통상 시효의 이익을 일방적으로 방기하는 것도 무효로 하기 때문에 그와 같은 경우에 채권자를 구제하려면 신의성실의 원칙에 의거하는 수밖에 없다. PECL이나 DCFR에서는 합의에 의한 시효제도의 수정이 보다 자유롭게 인정되므로(PECL 14:601조, DCFR Ⅲ.-7:601조) 이와 같은 문제는 거의 생기지 않는다. 즉, 합의에 의한 시효기간 단축이 허용되지 않는다는 이유만으로 시효이익의 방기가 무효가 되지

---

113) 시효제도의 적용에 있어서 신의성실의 원칙이 미치는 효과, 특히 채무자가 시효기간의 만료 전에 시효원용권의 방기를 선언한 것을 어떻게 고려해야 할지에 대하여 Spiro, Begrenzung § 343, Staudinger (-Peters) § 222. nn. 17ff., 20ff.; Zimmermann & Whittaker 508ff.에 있는 사례 21(Prescription Ⅱ)에 관한 국가별 보고(독일, 그리스, 오스트리아, 프랑스, 벨기에, 스페인, 이탈리아, 네덜란드, 잉글랜드, 아일랜드, 스코틀랜드, 덴마크, 스웨덴, 핀란드)를 참조하라. Storme, in: Hondius, 70ff.도 참조.

는 않는다. 그와 같은 경우에는 통상 방기에 대한 묵시의 합의가 존재하고 있는 것으로 추정하는 것이 합리적이다.[114] 그래도 여전히 PECL에 있어서 문제가 없는 것은 아니다. 특히 인신손해의 경우에 채무자가 PECL 14:307조와 14:601조에 규정된 30년의 상한기간의 만료직전에 시효를 원용할 권리를 방기한 경우이다. 이 경우 채무자가 채권의 행사를 지연시킨 기간에 대해서 시효의 항변을 주장하는 것을 허용할 수는 없을 것이다(1:201조).

시효에 걸린 후에 채무자는 채권자와의 합의에 따라 또는 일방적으로, 시효의 항변을 제출하는 권리를 방기할 수 있다.[115] 이 경우에도 채권은 여전히 존재하고 있으며 방기는 채권이 행사되는 것을 막을 가능성을 제거하는 효과를 갖는 데 그친다.

 ## II 부수적인 채권에 대한 효과

1. 시효는 쟁송을 종결한다(ut sit finis litium)

법은 공공의 이익과 채무자 보호를 위하여 오랫동안 방치된 채권에 관한 소

---

114) '변제가 있었다는 추정을 일으키는' 시효: 프랑스, 벨기에, 룩셈부르크, 이탈리아 및 포르투갈 민법에서는 여러 가지 형태로 그 기간의 만료로 인하여 채무가 이행된 것의 추정을 일으키는 단기의 기간을 볼 수 있다. 프랑스 민법 2271조 이하 및 Terré, Silier, Lequette n. 1376, 이탈리아 민법 2954조 이하, 포르투갈 민법 316조 이하를 참조하라. 그와 같은 추방은 부당한 청구에 대하여 완전한 보호를 주는 것은 아니다. 그러므로 거기에 더하여 적절한 시효제도가 필요해진다. 일반적 시효기간을 짧게 결정한 경우, 이에 더하여 변제가 있었다는 추정을 일으키는 시효를 병존시키면 시효에 관한 법은 불필요하게 복잡한 것이 될 것이다. 추정을 일으키는 시효에 대한 비판으로 Spiro, Begrenzung § 246; Peters & Zimmermann 263ff.; Loubser 9ff.를 참조하라.

115) 시효에 걸린 후에 시효원용권을 방기하는 것은 가능하다. 프랑스, 벨기에 및 룩셈부르크 민법 2220조; 그리스 민법 276조; 이탈리아 민법 2937조; 포르투갈 민법 302조; 독일의 경우 Staudinger (-Peters) § 222, nn. 28ff.; 네덜란드 민법 3:322조 2항; Asser-Hart kamp, Verbintenissenrecht I nn. 659ff.; Koopmann 95ff.; 비교법적 요약은 Spiro, Begrenzung § 343; Loubser 150ff.를 참조하라.

송제기를 저지하려 한다. 채권의 시효기간이 만료되었음에도 불구하고 그 채권에서 생긴 이자의 지급을 요구하고 여전히 채권자가 채무자를 상대로 소송을 제기할 수 있다고 한다면 위에서 법의 의도는 무시당하는 것이다. 부수적인 그 밖의 채권, 예를 들면 주된 채권에서 얻을 수 있는 이익이나 비용의 지급을 요구하는 채권도 마찬가지이다. 따라서 부수적인 채권의 시효기간이 만료되지 않은 경우라도 부수적인 채권은 주된 채권과 함께 시효에 걸린다는 PECL 14:502조(DCFR Ⅲ.-7:502조)와 같은 규정이 필요해진다.[116]

2. 입법례

PECL 14:502조 또는 DCFR Ⅲ.-7:502조와 같은 규정은 독일(민법 224조), 그리스(민법 274조), 스코틀랜드{Johnston 4. 101(31)}, 스위스(채무법 133조), UNCITRAL 시효조약(27조, 다만 이자에 한함), 독일 채무법 개정위원회 초안(224조)에서 볼 수 있다.[117] 이러한 규정은 "오늘날은 일반적으로 승인되고 있다."고 해도 무방하다.[118]

 ## Ⅲ 시효기간 만료와 상계의 효과

시효기간이 만료된 채권은 강제할 수 없지만 여전히 상계권의 유효한 기초가 될 수 있다. PECL이나 DCFR도 이에 관한 규정을 두고 있다.[119] 대부분의 입

---

116) **PECL 14:502조(부수적인 채권에 대한 효과)** 이자의 지급을 요구할 권리 및 부수적인 성질을 가진 그 밖의 채권의 시효기간은, 주된 채권의 시효기간 안에 만료된다. (DCFR Ⅲ.-7:502조 참조)

117) 네덜란드 민법 3:312조, 이탈리아의 경우 Trabucchi 524, 덴마크의 경우 Gomard Ⅲ. 232, 스웨덴 시효법(1981:130) 8조 및 Lindskog, Preskription 331, 341ff.를 참조하라.

118) Spiro, Begrenzung § 59, 236. 이러한 규정의 적용을 받는 채권의 범위에 관한 상세한 내용은 Staudinger (-Peters) § 224, nn. 5ff.를 참조하라.

119) **PECL 14:503조(상계에 대한 효과)** 시효기간이 만료된 채권은 그럼에도 불구하고 이를 가지

법례에서도 자동채권의 시효기간이 만료되지 않은 시점에서 상계적상에 있던 경우, 자동채권의 시효기간이 만료된다고 하더라도 상계권이 배제되지 않는다는 취지의 규정을 마련하고 있다.[120] 이러한 규정은 시효기간 만료 전에 상계의 의사표시가 이루어지지 않아도 이미 발생한 상계권을 보호한다는 정책적 고려가 반영된 것이다. 그러나 이 정책적 고려는 시효법의 기초에 있는 정책적 고려와 잘 맞지 않는다. '시간의 애매화작용'이 미치는 영향은 채권이 소송을 통해 행사되든, 상계에 있어서 자동채권으로 이용되든 변하지 않는다. 어떤 경우에도 채무자는 보호를 필요로 한다. 시효제도의 취지에서 설명한 바와 같이 오랫동안 방치된 소송의 대상이 될 수 있다고 한다면 공공의 이익을 해치게 될 것이다.

PECL이나 DCFR에서 상계의 소급효는 없다(PECL 13:106조, DCFR Ⅲ.-6:107조 참조). 따라서 상계의 의사표시가 된 시점만을 문제로 삼으면 되기 때문에 문제는 단순화된다. 시효법의 목적을 고려하면 (자동채권의) 채무자가 사전에 시효를 원용하고 있던 경우에는 상계의 의사표시가 허용되지 않는 것은 분명하다. 그러나 소송의 제기에 의하든지 상계의 의사표시에 의하든지 관계없이 채권자가 채권을 행사하지 않는 한 채무자에게는 시효를 원용할 이유가 없다. 상계의 통지를 받은 후에 시효의 항변을 제출하기 때문에 채무자에게 합리적인 기간이 주어지지 않으면 안 될 것이다. 그 기간 내의 채무자가 시효의 항변을 제출하지 않은 경우에는 상계는 효력을 발생한다. 이러한 경우 채권은 시효기간이 만료되었음에도 불구하고 존속하게 된다.

📖 **사례**　A는 B에게 1만 5천 유로에 자동차를 한 대 매각했다. 이 자동차는 2005

고 상계할 수 있다. 다만, 채무자가 이전에 시효를 원용하였거나 상계통지 후 2개월 이내에 시효를 원용한 때는 그러하지 아니하다. (DCFR Ⅲ.-7:503 참조)

120) 독일 민법 390조 2문(현행 민법 215조). 이 규정에 관한 설명은 Peters & Zimmermann 266., P. Bydlinski, (1996) 196 AcP 293ff.; 그리스 민법 443조; 포르투갈 민법 850조; 스위스 채무법 120조 3항 및 Spiro, Begrenzung § 216; 네덜란드 민법 6:131조 1항을 참조하라. 국제동산매매에 있어서의 시효에 관한 UNCITRAL 시효조약 25조 2항을 참조하고 오스트리아에 대해서는 Koziol-Welser Ⅱ 104(다만 Dullinger 165ff.에 의한 반론도 있음)을 참조하라. 스코틀랜드에 대해서는 Wilson 13.6 및 Johnson 4.101(1)을 참조하라.

년 10월 1일에 B에게 인도되었다. A의 매매대금채권의 변제기는 같은 날에 도래했다. 2007년 9월, 그 자동차의 브레이크의 결함으로 인한 사고로 B는 1만 7천 유로의 손해를 입었다. A에게는 브레이크의 결함에 대하여 책임이 있었다. B의 A에 대한 채권의 시효기간은 2005년 10월 1일(불이행이 있던 날)에 진행을 개시했다. 그러나 B가 결함의 존재를 몰랐던 동안(2007년 9월까지)은 시효기간의 진행은 정지해 있었다. 이때, 2008년 10월 1일 이전에 B가 A에게 손해배상의 소송을 제기한 경우에는, A는 B에 대한 매매대금채권을 자동채권으로 상계할 수 있다. 10월 1일 이후에 B가 소송을 제기한 경우에도 A로부터의 상계의 통지를 받고 나서 2개월 이내에 B가 시효를 원용하지 않을 때는, A는 상계할 수 있다.

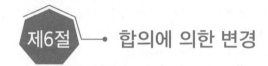

제6절 ── 합의에 의한 변경

1. 시효에 대한 합의 가능성

당사자는 합의로 PECL이나 DCFR의 시효규정과 다른 내용을 정할 수 있는가? 즉, 당사자들은 시효기간의 연장 또는 단축, 기산점의 변경, 시효의 변경, 시효 정지사유의 추가 또는 소멸 등을 정할 수 있는가? PECL이나 DCFR에서는 절충적인 입장을 취한다.[121] 합의에 의해 시효를 연장하거나 단축하는 것을

---

121) **PECL 14:601조(시효에 관한 합의)** (1) 당사자는 합의로 시효기간을 단축하거나 연장할 수 있다. (2) 전항의 규정에 관계없이 시효기간은 14:203조에 정해진 기산점부터 1년 미만으로 단축하거나 또는 30년보다 장기로 연장할 수 없다. (DCFR Ⅲ.-7:601조 참조)
   독일의 채무법 개정위원회 및 잉글랜드 법률위원회는 원칙적으로 시효기간을 단축하는 합의와 연장하는 합의를 다 인정할 것을 권고하고 있다. 독일 채무법 개정위원회 초안 220조 (Abschlußbericht, 97ff.도 참조); Law Commission Consultation Paper on Lomitation of Action, 389ff. 참조. 잉글랜드 법률위원회의 권고는 오늘날 잉글랜드에서 유력해진 입장의 영향을 받고 있는 것 같다(Law Commission Consultation Paper, 389 참조). 독일 채무법 개정위원회는 30년이라는 시효기간의 상한(법정의 시효의 기산점부터 계산된다)을 합쳐 제안하고 있다. 채무법위원회 초안 220조 3문을 참조하라. 잉글랜드 법률위원회는 시효기간의 상한

반대하는 견해도 많은데[122] 그 근거는 채권의 시효가 보호하려고 하는 공공의 이익에 있다. 그 외에도 합의에 의한 시효규정의 변경을 인정하지 않는 이유 중 하나는 합의를 인정하지 않는 대부분의 국가들의 일반적 시효기간은 비교적 장기(10년, 20년, 또는 30년)이기 때문에 더 연장을 인정하는 것은 의미가 없다는 점이다.

따라서 대부분의 국가에서 시효기간을 연장하는 합의는 시효기간이 예외적으로 짧은 경우에 개별적으로 인정되고 있다.[123] 건물이나 물품의 숨은 하자에

및 그 기산점에 관한 규정은 강행규정이라고 하고 있다(Consultion Paper, 390을 참조). 스페인도 원칙적으로 어느 방향의 합의도 인정하고 있는 것 같다. 시효의 완성을 용이하게 하는 합의에 대하여 Díez-Picazo & Gullón Ballesteron I, 468; Pantaléon, Prescripción 5013을 참조하라. 시효기간을 연장함으로써 시효의 완성을 곤란하게 하는 합의도 시효가 완전히 배제되는 경우(Díez-Picazo & Gullón Ballesteron I, 468) 또는 시효기간이 민법 1964조에서 정하는 15년의 기간을 초과하게 되는 경우(Pantaléon, Prescripción 5013)를 제외하고 유효하다고 되어 있다. 스웨덴 법에 의하면 시효기간을 연장하거나 단축할 수 있지만 계약법 36조에 의해 불합리한 계약조항은 배제되거나 또는 수정된다는 일반원칙의 적용이 있다(Lindskog, Preskription 582ff.).

122) 합의에 의한 수정을 전혀 인정하지 않는 국가들: 스위스 채무법 129조, 그리스 민법 275조, 이탈리아 민법 2936조, 포르투갈 민법 300조를 참조하라. UNCITRAL 시효조약에서도 시효제도는 강행규정으로 되어 있다(22조 "출소기한은 당사자 간의 합의에 의해 수정할 수 없는…"). 하지만 두 가지 예외가 정해져 있다. 하나는 시효기간이 진행되는 동안 채무자는 언제든지 채권자에게 서면으로 통지함으로써 시효기간을 연장할 수 있다는 것이다. 또 하나는 중재절차에 대해서 조약이 정하는 출소기한보다 짧은 기간 내에 개시하지 않으면 안 된다고 하는 조항을 매매계약으로 정하는 것을 허용하고 있다는 점이다.

123) 몇몇 법제도에서는 당사자가 시효를 용이하게 하는 합의(특히 법정의 시효기간보다 짧은 기간을 정하는 합의)를 하는 것은 인정되고 있지만, 시효를 보다 곤란하게 하는 합의(특히 법정의 시효기간보다 긴 기간을 정하는 합의)를 하는 것은 인정되지 않는다. 이러한 국가에서 시효제도는 편면적 강행규정으로서의 성질을 가진다. 독일 민법 225조(현행 민법 202조), 오스트리아 민법 1502조, 프랑스는 Ferid & Sonnenberger 1 C 254ff., 벨기에는 Cornelis, Algemene theorie, no. 709(다만 Storme, in Hondius, 71ff.에서 비판받고 있다), 네덜란드는 Asser-Hartkamp, Verbintenissenrecht I n. 678, 덴마크는 Gomard III, 233, 핀란드는 Halila & Ylöstalo 103ff.를 참조하라.

단기의 시효기간이 정해져 있는 경우에 있어서 독일 민법 477조 1항 2문, 480조 1항 2문, 490조 1항 2문, 638조 2항(각각 현행 민법 204조 1항 7호, 438조 4항, 438조 4항, 202조), 독일 상법 414조 1항 2문, 423조, 439조에 의해 시효기간을 연장하는 합의가 허용되고 있다.

관한 계약상의 보증책임에 관한 시효는 그 전형적인 예이다.

아무튼 PECL 또는 DCFR의 특징은 당사자자치에 의해 (i) 3년의 짧은 일반적 시효기간 및 (ii) 시효제도 일반의 획일성에 대해서 필요한 조정을 할 수 있다는 점이다. 3년의 시효기간을 포함하여 그 밖의 시효에 관한 대부분의 원칙이, 모든 유형의 채권이나 모든 상황에서 똑같이 적합한 것은 아니다. 계약의 자유에 가해지는 일반적 제한을 준수하고 있는 한, 당사자는 자유롭게 더욱더 적절한 틀을 만들고 운영할 수 있어야 한다. PECL과 DCFR의 원칙은 모든 이익 간의 미묘한 교량에 기초를 두는 것으로서 합리적인 균형이 전혀 다른 방법으로 달성될 수 있는 경우가 있음을 인정해야 한다. 예를 들면 계약당사자는 합리적인 판단하에서 채권자의 인식이 결여된 경우, 시효의 정지(PECL 14:301조, DCFR Ⅲ.-7:301조)를 불확실성의 근원으로 생각하여 보다 긴 시효기간을 받아들임으로써 이 준칙을 배제할 수 있을 것이다.

2. 제한

시효의 요건을 변경하는 합의는 다음 두 가지 조건이 충족되어야 한다. (i) 시효제도에 대한 개입을 인정하는 표준계약조항은 특히 신중하게 고려되어야 한다. 회원국들의 국내법으로 자리 잡은 불공정계약조항지침은 조항의 정밀한 관찰에 필요한 수단을 마련하고 있다(PECL 4:110조도 참조). (ii) 공공이익의 관점에서 시효제도가 반드시 강행규정일 필요는 없다. 당사자의 자치가 널리 인정되어야 한다. 채권의 시효가 3년이 아니라 7년으로 만료된다고 하더라도 공공의 이익이 불리하게 영향 받지는 않는다. 적어도 채무자가 채권자와의 합의를 통하여 시효기간을 연장하고 시효에 의한 보호를 부분적으로 포기하더라도, 그

스위스는 Spiro, Begrenzung § 345를 참조하라. 계약에 의한 보증은 가령 그것이 시효기간을 연장하는 효과를 갖는다 해도(실제로 그러한 경우는 많이 있다) 유효하다고 한다. Münchner Kommenter (-Westermann) § 477, nn. 21ff.; Spiro, Begrenzung § 346을 참조하라. 시효의 완성을 간접적으로 곤란하게 하는 합의(예를 들면 이행기를 연기하는 합의 또는 청구하지 않을 것의 합의)도 인정되고 있다{상세한 내용은 Spiro, Begrenzung § 344; Standinger (-Peters) § 225, nn. 7ff. 참조}. 이 때문에 Standinger (-Peters) § 225, n. 2는 당사자가 시효기간의 연장을 원하는 경우 거기에 극복할 수 없는 장해가 있는 것은 아니라고 기술하고 있다.

것을 무효로 하지 않으면 안 될 정도로 공공의 이익이 방해받는 일은 없다. 하지만 채무자가 합의에 의해 시효기간을 50년 또는 100년으로 하는 것까지 인정해야 하는 것은 아니다. 이를 인정하면 사실상 채권이 시효에 걸리지 않게 되어 버리기 때문이다. PECL 14:601조(DCFR Ⅲ.-7:601조)가 합의에 의해서라도 30년을 초과하는 시효기간을 정할 수 없다고 하는 이유는 바로 이 점에 있다. 30년이라는 기간은 PECL이나 DCFR에 있어서 예외적인 상황하에서 인정되고 있는 최장의 시효기간(인신손해에 관한 시효기간 신장의 상한. PECL 14:307조, DCFR Ⅲ.-7:307조)이며 몇몇 회원국에서 지금도 채택되고 있는 일반적 시효기간이기도 하다. 30년의 기간은 PECL 14:203조(DCFR Ⅲ.-7:203조)에서 정하는 시점을 기산점으로 계산된다.

3. 시효를 용이하게 하는 합의

앞에서 기술한 것은 시효의 완성을 용이하게 하는 합의에 대하여 보다 강한 정당성을 부여한다. 그와 같은 합의는 오늘날에도 이미 널리 인정되고 있다.[124] 또한 그와 같은 합의는 시효법의 근저에 있는 정책적 사고의 기초가 되어 있는 이익에 저촉되는 것도 아니다. 그래도 여전히 당사자의 자치에 최소한도의 제한을 두는 것이 타당하다고 생각되어 왔다. 그러한 제한이라고 하는 것은 1년이라는 시효기간의 하한이다. 1년의 하한선은 전문적인 당사자가 충분한 협상을 거쳐 합의한 경우에도 적용된다.

---

124) 시효의 완성을 용이하게 하는 합의는 통상의 시효제도에서보다도 실효적으로 시효법의 기초에 있는 정책적 고려의 실현을 촉진한다(Zimmermann, in: Jayme, 188; Asser-Harkamp, Verbintenissenrecht Ⅰ n. 687 참조). 그런데도 여전히 이러한 합의는 바람직하지 않다고 하는 것이다. Spiro, Begrenzung §§ 347ff.를 참조하라(하지만 어떤 당사자 간의 채권에 대하여 그 당사자가 다른 방법으로 제한을 하는 것은 가능하며, 그런 방법으로 금지되는 방법과의 구별 문제가 적잖이 발생할 수 있다고 기술하고 있다).

제**6**장

위법성

기본적인 법질서에 반하는 계약 내지 계약조항은 어떻게 되는가? 이는 계약의 유효성 문제와 관련된다. PECL은 제3부 제15장에서 따로 독립하여 위법성문제를 규율한 반면 DCFR은 2권(계약 및 다른 법률행위) 제7장(무효의 원인) 제3절(Ⅱ.-7:301조부터 304조까지)에서 이를 규율하고 있다. 기본적인 법질서(근본적인 원칙 또는 강행규정)에 위반한 경우 이는 무효이다.[1] 이 문제는 법체계상 법률행위의 효력문제로서 독립되어 취급되기도 한다.[2]

Ⅰ 기본적 법질서

1. (EU 회원국의) 기본적 법질서에 반하는 경우

PECL 15:101조에 규정된 기본적 법질서라는 개념은 도덕위반, 일반법에 있어서의 위법성, 공익, 공공의 질서 및 선량한 풍속 등과 같은 다양한 개념들을 혼용하는 데 따른 혼란을 피하기 위하여 도입되었다. 이 개념은 EU 역내에서 보편적으로 인정되는 매우 광범위한 관념으로 이 개념이 인정되는 모태는 EC조약,[3] 유럽인권조약,[4] EU 기본권헌장[5] 등이라 할 수 있을 것이다.

EU 역내 각 국가법들에서 사용되는 개별 개념들은 PECL에 의해 규율되는 계약에 영향을 미치지 않아 직접 원용할 수 없다. 하지만 비교법연구를 통하여 EU 회원국들의 개별법들 속에서 근본적이라고 인정되는 원리가 발견되고 해명되는

---

1) **PECL 15:101조(기본적인 법질서에 반하는 계약)** 유럽연합 회원국들의 기본적인 법질서에 반하는 계약은 무효이다. (DCFR Ⅱ-7:301조 참조)

2) 이하에서는 PECL 제15장 위법성에 관한 Ole Lando의 주석만을 요약하기로 한다.

3) 물품·역무·사람의 자유로운 이동, 경쟁시장의 보호 등을 목적으로 한다.

4) 고역 및 강제노동의 금지(4조), 자유권(5조), 사생활 및 가족생활의 존중(8조), 사상의 자유(9조), 표현의 자유(10조), 결사의 자유(11조), 혼인할 권리(12조), 재산권의 보호(제1의정서 1조).

5) 상기 제 권리의 대부분은 물론, 개인정보의 보호(8조), 직업선택의 자유 및 근로의 권리(15조), 영업의 자유(16조), 소유권(17조), 남녀평등(23조), 어린이의 권리(24조), 단체교섭권 및 단체행동권(28조), 부당해고로부터의 보호(30조), 고도의 소비자보호(38조) 등을 내용으로 한다.

일은 있을 수 있다. 따라서 PECL 15:101조는 개인의 자유를 부당하게 제한하는 계약,[6] 노동권을 부당하게 제한하는 계약, 그 밖의 방법으로 거래를 과도하게 제한하는 계약, 가족생활이나 성적(性的) 습속에 대해서 일반적으로 승인된 규범에 반하는 계약, 재판절차의 적절한 진행을 저해하는 계약[7]에 적용된다.[8]

기본적 법질서의 원리를 형성하는 데 작동하는 공익이란 개념은 시간의 경과와 사회발전에 조응하는 사회규범에 따라 변화할 수 있다. PECL에서는 과대한 이익취득 또는 불공정한 거래를 수반하는 계약에 관한 규정(4:109조) 및 개별적으로 교섭되지 않는 불공정한 계약조항에 관한 규정(4:110조)을 두고 있기 때문에 이에 해당하는 사례는 15:101조의 범위 밖이다.

2. 기본적 법질서 위반의 효과(무효)

PECL 제15장에서는 효력이 없음을 표현하는 각국의 (절대적 또는 상대적) 개념 사용을 피하는 대신 '무효'라는 개념을 사용하고 있다. 무효란 EU 회원국의 법에 있어서 근본적이라고 인정되는 원리(기본적 법질서)에 반하기 때문에 계약을 강제하는 것(이것은 계약 그 자체의 문제와는 다르다)이 허용되지 않는 경우도 포함한다.

3. 재량의 여지(없음)

유럽에서 법의 근본원리(기본적 법질서)에 반하는 계약의 효력에 관하여 판단할 때, 법관 또는 중재인은 재량이 없다. PECL 15:102조의 입장과 다른 점이다. 그와 같은 계약에는 어떠한 효력도 줄 수 없다. 당사자의 의도나 인식은 문제가 되지 않는다.

---

6) 예를 들면 현저하게 장기간의 구속을 동반하는 계약이나 자유경쟁을 제한하는 계약.

7) 예를 들면 잉글랜드의 경우 소송에서 부당한 이익을 얻는 것을 목적으로 한 수임의 합의, 그 외의 국가들에 있어서의 소송의 목적에 관한 합의.

8) 더 자세한 것은 Kötz and Flessner, 155-161 참조.

4. 기본적 법질서라는 법개념에 관한 입법례

유럽의 모든 법제도에 있어서 도덕 또는 공익의 근본원리에 반하는 계약을 무효로 하는 규정을 두고 있다. 그러나 용어법은 다양하다.

(1) 프랑스 민법은 원인(cause) 및 목적(objet)의 법리 중에서 도덕위반을 다루고 있으며 선량한 풍속 및 질서라는 2개의 개념을 사용하고 있다(민법 1133조, 1172조,1217조, 1218조). 실질적으로 전자의 개념은 후자의 개념에 포섭되어 있다. 이탈리아 민법 1343조는 'ordine pubblico and boun costume(공공질서와 선량한 풍속)'이란 개념을, 포르투갈 민법 280조와 281조는 'ordem publica and bons costumes(공공질서와 선량한 풍속)'이란 표현을 사용하고 있는데, 자유의사에 따른 기본적인 시민권의 제한은 그것이 공공의 이익에 반하는 경우에는 무효라고 하는 특별규정도 마련하고 있다(민법 81조 1항). 네덜란드 민법 3:41조는 선량한 풍속 및 공공의 질서의 위반에 대해서 규정하고 있다.

(2) 스페인 민법 1275조는 선량한 풍속에 반하기 때문에 계약의 원인이 불법인 경우에 대해 규정하고 있다. 또한 (i) 양 당사자가 자유의 범위를 일탈하는 경우(1255조. 도덕 또는 공공의 질서에 의해서도 계약자유는 한계가 정해진다), (ii) 계약의 목적이 선량한 풍속에 반하는 서비스 제공이기 때문에 불법인 경우(1271조 3항)에는 계약은 무효이며 효력을 발생하지 않는다고 할 수 있다.

(3) 독일 민법 138조 및 오스트리아 민법 879조는 선량한 풍속의 위반에 대해서 규정하고 있다. 스위스 채무법 20조는 선량한 풍속의 위반에 대해서 간결하게 규정하고 있다(그리스 민법 178조도 참조).

(4) 덴마크의 경우 1683년의 Danske Lov 5.1.2.조의 준칙이 '양식'에 반하는 계약은 무효라고 규정하고 있다. 이 규정은 범죄를 범하는 계약 또는 범죄를 책임지는 자에게 보수를 지불하는 계약에 적용된다. 또한 특정한 정당에 투표하는 약속, 혹은 종교상의 신앙을 바꾸거나 바꾸지 않는 약속 등 행동의 자유를 부당하게 제한하는 의무를 약속자가 부담하게 하는 약속에도 적용된다. 법

률상 요청되는 행위, 또는 법률상 의무화된 행위에 대해서 대가를 지불하는 약속은 도덕에 위배되어 강제할 수 없다고 할 수 있다. 예를 들면 소송에 있어서 증인으로 진실을 말하는 것에 대하여 보수를 지급하는 약속 등이 이에 해당한다.[9]

(5) 잉글랜드 · 아일랜드 · 스코틀랜드의 경우 '보통법상 위법성', '부도덕한 계약' 또는 '공익에 반하는 계약'으로 표현된다. 이러한 계약은 무효가 되겠지만 대부분의 경우 '강제할 수 없는(unforceable)'으로 표현된다.[10]

Ⅱ 강행규정에 반하는 계약

1. 기본적 법질서와 강행규정

(1) PECL의 강행규정 위반

기본적 법질서에 반하는 것은 아니더라도 법에 반한다는 의미에서 위법한 계약은 많다. PECL 15:102조는 그러한 계약을 다룬다.[11] 15:101조 및 15:102조

---

9) Andersen & Madsen 235 및 Gomard, Kontraktsret 195ff. 참조.

10) Chitty paras. 17.003~17.139; Clark 323-7; MacQueen & Thomson 4.68-4.75 참조. 잉글랜드의 경우 2000년대 초반 '불법거래에 대한 법률위원회의 검토보고서'에서는 '위법성' 또는 '공익의 침해'를 계약상 의무이행에 대한 항변사유로 해야 하는지 여부에 관해서, 그 판단을 법원의 재량에 맡길 것을 제안하고 있다.

11) **PECL 15:102조(강행규정에 반하는 계약)** (1) 본 원칙 1:103조에 기하여 적용되는 강행규정에 계약이 위반된 경우, 그 계약의 효과는 그 강행규정에 명문으로 규정되어 있을 때는 그 규정에 따른다. (2) 강행규정에 위반에 따른 효과가 그 강행규정에 명문으로 정해져 있지 않을 때는 그 계약은 전부유효, 일부유효, 전부무효 또는 수정되어야 하는 것으로 판단될 수 있다. (3) 본조 2항의 규정에 따라 내려진 판단은 다음의 각호에 해당하는 사정 그 밖의 모든 중요한 사정을 고려하여, 위반에 대해서 적절하고 균형이 잡힌 것이어야 한다. (a) 그 강행규정의 목적, (b) 그 강행규정이 어떤 자를 보호하고 있는지, (c) 그 강행규정에 따라 부과되는 제재(sanction), (d) 강행규정 위반의 중대성, (e) 고의로 인한 강행규정 위반 여부, (f) 강행규정 위반과 계약의 관련성.

의 구조상, 강행규정 위반이 15:101조에서 말하는 위반에도 해당되는 경우에는 15:101조가 적용된다. 따라서 실제로 15:102조에서 다루는 것은 15:101조에 비하여 중요성이 낮은 법규 위반이다.

강행규정의 의미는 그 규정이 어떠한 성격을 갖는가에 따라 그 평가가 달라질 수 있다.[12] 따라서 위반의 효과에 대해서는 유연한 대응이 요청된다.

(2) EU 회원국의 입법례

EU 회원국 대부분 법규에 반하는 계약에 관한 규정을 두고 있는데, 이러한 규정들은 계약자유의 제한 또는 계약의 원인 혹은 목적에 관한 규정 안에 자리잡고 있다. 프랑스 민법 1133조는 법에 의해 금지되어 있는 경우 그 원인은 불법이라고 규정한다.[13] 독일 민법 134조는 법률상 금지규정의 위반에 대해서 규율하고 있다. 오스트리아 민법 879조도 마찬가지이다. 이탈리아 민법 1343조에서는 강행규정이라는 단어가 사용되는 데 비해서 네덜란드 민법 3:40조에서는 명령법규에 대한 위반이라는 개념이 사용되고 있다. 스위스 채무법 20조는 위법인 내용의 계약에 대해서 간결하게 규정하고 있다. 덴마크 법에서는 계약의 성립이나 내용이 법규에 위반된 경우, 계약상 의무이행으로 인해 법규정이 위반되는 경우, 계약의 목적인 행위로 인해 법규정이 위반되는 경우로 나누어 다루고 있다.[14] 핀란드 법은 위법인 계약의 유효성에 관한 일반적인 규정을 두고 있지는 않지만, 학설과 판례에서는 법규 위반인 계약이 무효가 될 수 있다고 하고 있다.[15] 잉글랜드의 경우 일반 법률교과서에서 '위법성' 또는 '제정법위

---

12) 강행규정을 그 효력을 중심으로 효력규정 또는 단속규정으로 분류하는 것도 그러한 맥락에 있다.

13) 이탈리아 민법 1343조(강행규정에 위반되는 원인은 위법이다), 1344조(계약이 강행규정의 적용을 회피하는 수단인 경우도 그 계약의 원인은 위법이다), 1345조(양 당사자가 전적으로 그 쌍방에 공통되는 위법인 동기에서 계약을 체결하기에 이른 경우 그 계약은 위법이다) 참조. 그 밖에 Sacco-De Nova 559-572; Mariconda 367-400; 스페인 민법 1255조, 1271조, 1275조(Díez-Picazo Ⅰ, 4th edn 242-243) 참조. 포르투갈에 대해서는 민법 280조 1호; Hörster 526 참조.

14) Ussing, Afthaler 186ff.; Gomard, Kontraksret 195 및 Andersen & Madsen 232 참조.

15) Telaranta 250-274 및 Hemmo 300-307 참조.

반으로 인한 무효' 등의 표제를 가진 장이 만들어져 있다.[16)]

2. 적용되는 법률이 강행규정인 것

PECL 15:102조는 어떤 경우에 계약이 위법한지를 정하고 있지 않다. 15:102조는 강행규정에 반하는 계약의 효과를 규정하고 있다. PECL이 계약에 적용되는 자기완결적인 규정체계를 갖추고 있다고 하더라도, 그런 계약에 적용되는 EU 회원국의 국내법과 기타 실정법들 모두를 무시할 수는 없는 것이다. 이러한 규정들 또는 금지규정들은 특정한 상황에서 명시적 또는 묵시적으로 계약을 부정하거나 무효화 또는 취소시키거나 강제할 수 없도록 하고 있다.

PECL 1:103조는 강행규정을 2개의 유형, 즉 (1) 회원국의 개별 실정법상 강행규정에서 당사자가 PECL을 선택할 수 있도록 한 경우(이 경우 회원국의 개별 실정법은 그 적용이 배제된다), (2) 계약을 규율하는 법 여하에 상관없이 국제사법상의 관계규정에 따라 적용 가능한 규정으로 구분한다. 이 구별은 1980년의 계약채무의 준거법에 관한 로마조약 7조에 따른 것이다.

3. 강행규정 위반의 유무가 문제가 되는 경우

강행규정에 대한 위반은 계약체결의 당사자, 계약체결의 양태, 계약의 내용 혹은 목적, 또는 (예외적이지만) 계약의 이행과 관련하여 발생할 수 있다.

(1) 위반의 유무가 가장 명백한 것은 특정한 계약을 체결할 수 있는 당사자를 정한 강행규정을 위반한 경우이다.

🖹 사례 1 어떤 법률에서, 회사가 소비자신용업무를 영위하는 경우에는 정부의 인가를 받아야 하며, 인가를 받지 않은 여신업자가 체결한 소비자신용계약은 업자 측에서 이를 강제할 수 없다고 규정되어 있다. 또 인가를 받는 일 없이 소비자에게

---

16) 더 상세한 것은 Enonchong, 스코틀랜드 법의 복잡한 전개에 대해서는 Macgregor in Reid Zimmermann vol. II, chap. 5 참조.

여신을 한 업자는 형사처벌의 대상이 된다. 이때, 인가를 받지 않은 업자에 의한 소비자신용계약의 체결은 강행규정에 위반된다.

(2) 계약목적의 위법성은 간단하지가 않다. 일반적으로 목적의 위법성이 계약의 유효성에 영향을 미치려면 그 위법한 목적이 양 당사자에게 공통된 것이어야 한다. 적어도 당사자의 일방이 가지고 있는 위법한 목적을 상대방이 인식, 또는 인식해야 했다는 의미에서 공통이어야 한다.

(3) 불법이 계약상 채무이행의 방법에만 한정된 경우, 보통은 계약 그 자체가 위법성에 관한 규정으로 인해 영향을 받는 일은 없다. 예를 들면 운송회사의 기사가 육로로 물품의 운송계약을 이행할 때 속도위반을 되풀이하거나 신호를 무시했다고 해도 그 운송계약은 본조의 규정에 의한 영향을 받지 않는다. 계약 그 자체가 도로교통법상의 강행규정에 위반된 것은 아니기 때문이다. 다만 일방 또는 쌍방의 당사자가 계약이 위법인 방법으로 이행되는 것을 당초부터 의도했을 경우에 한정하여 말하면, 계약 또는 그 이행에 관한 합의의 유효성, 또는 어느 범위에서 유효한지가 문제가 될 수 있다. 이러한 상황은 계약의 목적이 위법인 경우와 유사하다.

☞ **사례 2** 어떤 상품을 긴급하게 필요로 하는 구매자가 판매자를 설득하여 상품을 운송할 때 속도제한을 위반하겠다는 약속을 하게 했다. 이때, 판매자가 한 약속은 위법성에 관한 준칙의 적용을 받는다.

(4) 위법성에 관한 본조의 준칙은 계약에 위법조건이 첨부되는 경우에도 적용된다.

4. 위법한 경우의 효과

(1) 고려되어야 할 요소
위법한 계약의 효력과 관련해서 다음이 고려되어야 한다.

(i) 해당 강행규정이 위반에 따른 효과를 명문으로 규정한 경우 그 규정대로 효과가 발생한다(PECL 15:102조 1항). 해당 강행규정에 위반한 계약은 무효라고 정하면 무효의 효과가, 위반이 있어도 계약은 무효가 아니라고 한다면 아닌 대로의 효과가 발생한다. 예를 들어 EC 조약 81조는 사업자 간 역내시장 경쟁을 방해·제한·왜곡할 목적 또는 영향을 갖는 합의를 금지하고 있는데, 그러한 합의는 '자동 무효'로 규정하고 있다. 이와는 반대로 계약의 체결과정 또는 이행 과정에서 범죄가 행해진 경우에도, 그 계약을 당연히 무효 또는 강제 불가능한 것으로 하지 않거나 손해배상청구권의 발생을 부정하지 않는 법률도 있다.[17]

(ii) 해당 강행규정이 그 규정위반에 따른 계약의 효력을 정하지 않는 경우이다(PECL 15:102조 2항). 이 점에 대해서 PECL은 계약에서 발생한 문제를 판단하는 권한을 가진 자(법관 또는 중재인)에게 이 문제의 해결을 맡기고 있다. 계약에서 발생하는 문제에 대해서 법관 또는 중재인의 판단에 맡길 수가 없으면 (15:101조가 적용되는 경우를 제외하고) 강행규정 위반으로 인하여 계약이 영향을 받는 일은 없다. 위반이 문제 된 상황에 관하여 무효를 규정하는 PECL의 규정이나 강행규정은 존재하지 않기 때문에 특단의 규정이 없는 한 계약은 유효하다.

(iii) PECL 15:102조 2항이 적용되는 경우, 법관 또는 중재인에게는 계약을 전부유효, 일부유효, 또는 전부무효로 하든가 또는 수정할 재량이 주어져 있다. 전부유효로 하는 경우 강행규정 위반이 있더라도 계약은 아무런 영향을 받지 않고 강제 가능한 상태가 된다. 계약의 일부만을 유효로 하는 구체적인 모습으로는 당사자의 일방만이 강제 가능하게 하거나 계약의 일부분에 대해서만 강제 가능하게 하는 모습 또는 특정의 시기에만 강제 가능으로 하게 하는 것 등을 생각할 수 있다. 이행청구와 같은 일정한 구제수단은 이용할 수 없지만 그 밖의 구제수단(예를 들면 불이행에 대한 손해배상청구)은 이용 가능하다는 판단도 있을 수 있다. 계약을 완전히 무효(여기서는 계약의 무효와 강제 불가능의 양방을 포함하는 의미이다)로 하는 판단 혹은 법관 또는 중재인에 의해 수정된 내용하에서 계약의 강제를 인정한다는 판단도 있을 수 있다.

---

17) 예를 들면 패키지 여행에 관한 이사회 지침(90/314/EEC)을 국내법화한 잉글랜드의 패키지 여행에 관한 규칙(1992 reg. 27)을 참조하라.

그런데 강행법규 위반에도 불구하고 계약에 아무런 영향도 주지 않고 또 완전히 강제 가능한 판단은 관련되는 모든 사정, 특히 PECL 15:102조 3항에 열거된 사정을 고려한 후에 위반에 대하여 적절하고 균형 잡힌 것이어야 한다.

(2) 강행규정 위반의 효과에 관한 EU 회원국의 입법례

대부분의 EU 회원국에서 강행법규를 위반한 계약은 원칙적으로 무효이지만, 상당한 유연성을 인정하고 있다.

이탈리아 민법 118조는 "법률에 달리 규정이 없는 한 강행규정에 위반된 계약은 무효이다."라고 규정한다. 또한 법률상 금지규정을 위반한 사례에서 그 법률이 명문으로 무효를 규정한 경우 그 계약은 무효이다. 그러나 금지가 계약의 내용이나 주체에 관한 것이어서 위반에 대한 행정벌 또는 형사벌만을 규정하고 있고, 계약의 유효성에 대해서 언급하지 않는 경우 계약이 무효인지 아닌지는 사안의 사정을 고려하여 확정된다.[18]

프랑스, 벨기에, 독일, 오스트리아 법에서는 '절대적 무효'와 '상대적 무효'가 구별된다. 공공의 안전과 질서의 보호를 목적으로 하는 법률에 반하는 계약은 절대적 무효이다. 절대적 무효가 되면 누구나 무효를 주장할 수 있고, 무효로 만들기 위한 특별한 행위는 요구되지 않는다. 이와는 달리 위반된 법률의 목적이 계약당사자의 일방만을 보호하는 경우는 그 당사자가 관할권을 가지고 있는 법원에서 계약의 무효를 주장해야 한다. 따라서 폭리행위의 피해자(오스트리아 민법 879조 2항 4호를 참조)가 합의의 무효확인을 요구하려면 그 거래의 무효를 주장할 필요가 있다.

독일 민법 134조, 스페인 민법 6조 3항, 포르투갈 민법 294조, 그리스 민법 174조는 법률상 금지규정에 위반한 행위는 법률에 달리 규정이 없는 한 무효로 규정하고 있다. 오스트리아에서는 법규를 위반하여 체결된 계약상의 합의가 전부 무효가 되는 것은 아니다. 법률에 위반되는 합의의 무효가 법률에 명문으로 정해져 있지 않은 경우, 위법한 합의의 법적 효과는 위반된 규정의 취지나 목적에 의해서 정해진다. 그 결과, 언제나 무효가 되는 것은 아니며 그 외의 효과가 나올 수 있다. 예를 들면 어떤 규정이 합의의 내용이 아닌 계약체결의 양태,

---

18) Cass. 16/7/1946, n. 892, in Foro lt. 1947, Ⅰ, 376; Gazzoni 965 참조.

장소 및 시간에만 관계되는 경우, 이에 위반되는 합의라도 유효하다. 네덜란드 민법 3:40조 2항 및 3항도 같은 취지이다.[19] 포르투갈에서는 소비자신용거래에서 일정한 사항을 준수하지 않은 경우, 그 계약은 위반된 사항의 성질에 따라 무효, 취소 또는 일부무효가 된다.[20] 이에 비해 법률에 규정이 없는 경우 계약에 대한 영향은 그 법률의 목적에서 나온다. 예를 들면 어떤 매매계약이 법률로 정해져 있는 폐점시간 이후에 체결되었다고 하더라도 그 계약은 유효할 수 있다. 왜냐하면 적용되는 강행규정의 목적이 공정한 경쟁에 집중되어 있기 때문이다.[21] 반대로 계약당사자가 법률이 요구하는 전문적인 자격을 갖추지 않은 경우 그 계약은 무효가 된다.[22]

잉글랜드 법이나 스코틀랜드 법에서 위법인 계약은 무효가 될 수 있지만 보통은 '이행강제 불가능(unforceable)'으로 표현되는 것이 많다. 이 경우, 어느 쪽 당사자도 이행청구 또는 손해배상청구를 할 수 없다. 따라서 당사자는 아무 일 없이 위법인 계약에서 손을 뗄 수 있다. 법원은 직권으로 위법성을 고려하여 그 판단에 따라 청구를 거절한다.[23] 하지만 법률에 위반되는 계약의 효과에 대해서 마찬가지로 법적인 유연성이 존재한다. 몇몇 사례에서 법원은 법률의 실효성을 확보하기 위하여 계약을 무효로 할 필요까지 있는지를 검토하고 있다.[24] 잉글랜드는 법률위원회에 의한 검토가 진행되었는데,[25] 동 위원회의 기

---

19) 여기서는 법규 위반을 무효라고 규정하고 있더라도 그 법규의 내용이 계약당사자의 일방만의 보호를 목적으로 하는 경우에는 계약을 취소하는 것만이 가능하다고 한다(즉, 이 경우는 절대적 무효는 아니다). 다만 법률의 취지에서 다른 결과가 나오는 경우에는 이에 해당되지 않는다고 한다. 또한 법규정이 그것에 반하는 법적 행위의 무효를 목적으로 하지 않는 경우에는 상기 규정은 적용되지 않는다. 이러한 규정의 기본 취지는 계약을 무효로 할 필요까지는 없지만 어느 정도의 제재를 가함으로써 그 법규에 실효성을 주기 위한 사법적 배려가 녹아 있다고 볼 수 있다.

20) Decree-law n. 349/91, 21 September 1991, art. 7, n. 1, 2, 3.

21) Hörster 521.

22) STJ 05. 11. 74.

23) Chitty para. 17. 196; MacQueen & Thomson 4.67.

24) 예를 들면 St John Shipping Corp v. Joseph Rank Ltd [1957] 1 Q.B. 267; Archbolds (Freightage) Ltd v. S Spangletts Ltd [1961] 2 Q.B. 374를 참조하라.

25) Consultation Paper on Illegal Transaction 참조.

본적인 취지는 계약이 위법하거나 또는 공익 침해적 요소가 있는 경우, 이를 계약강제이행에 대한 항변사유로 해야 하는지 여부를 법원의 재량에 맡긴다는 것이었다. 그런데 이러한 법관의 재량에는 한계가 정해져 있는데 다음과 같은 요소들을 고려하도록 하고 있다. ① 위법성의 중대성, ② 계약 강제를 요구하는 당사자의 인식 및 의도, ③ 구제를 부정하는 것이 위법행위에 대한 억제효과를 가지고 있는지, ④ 구제를 부정하는 것이 그 계약을 위법으로 만드는 규범목적에 도움이 되는지, ⑤ 구제를 부정하는 것이 위법성의 정도와 균형을 이루고 있는지 여부이다.

덴마크 법에서 법률위반에 따른 계약의 효과는 해당 규정이 정하는 바에 따른다. 그런데 주로 공공의 이익을 위한 금지규정이 위반된 경우 그 효과에 관한 명문의 규정이 없기 때문에 문제이다. 덴마크에서는 이런 종류의 위반이 있어도 무효가 되지 않는 경우가 있다. 예를 들어 덴마크 소매점포법에 위반되는 영업시간 이후의 판매, 부동산 분필에 법률상 인허가를 필요함에도 인허가를 받지 않고 체결된 토지의 일부 매매, 무허가노동의 합의는 무효는 아니라고 여겨진다. 그러나 일정한 사례에서 위법인 계약의 이행을 약속했지만 아직 이행하지 않은 당사자는 이행을 거절할 수 있다는 입장이 지지를 받고 있다.[26] 예를 들어 법률이 정하는 상한가격에 위반되는 합의나 당시의 형법에 위반되는 것을 이유로 법원 명령에 따라 몰수된 해외 포르노 작품의 구입은 강제할 수 없다는 판례가 있다.[27] 또한 외국인에게 토지를 매각하는 것을 금지하는 규정을 회피하기 위해 체결된 종신임대차의 계약도 마찬가지로 이행강제가 불가능하다고 되어 있다.[28]

스웨덴에서 법률위반에 따른 계약의 효과를 정한 일반적인 규정은 없다. 몇몇 법률에는 위법한 내용의 계약이나 일부가 위법한 계약을 무효로 하는 명문규정이 있지만, 그 외의 법률에서는 법률상의 효과가 전혀 규정되어 있지 않다. 일반적으로 스웨덴 법은 PECL 15:102조와 일치한다고 생각된다.[29]

---

26) Andersen & Madsen (232 note 259) 사례.

27) Supreme Court Decision in Ugeskrift for Restsvæsen 1963 303.

28) Western High Court in Ugeskrift for Retsvæsen 1972 794. 전반에 대해서는 Ussing, Aftaler 186ff.; Gomard, Kontraksret 195 및 Andersen & Maden 232ff. 참조.

29) 특히 Superme Court in NJA 1997 p. 93에서 제시된 원칙 Jordabaken Chap. 4 § 1, second

5. 위법의 효과를 판단할 때 고려되어야 할 요소

PECL 15:102조 3항은 위법한 계약의 효력을 판단할 때 법관 또는 중재인이 관련되는 모든 사항을 고려하도록 명하고 있다. 이 판단과정의 지침으로 몇 가지 고려되어야 할 요소가 열거되어 있는데, 조항에 열거된 항목은 한정적이 아니며 또 복수의 요소가 서로 겹쳐지는 것도 있을 수 있다.

(1) 강행규정의 목적

해당 강행규정에 위반된 계약의 유효성에 관하여 명문을 정하지 않은 경우에는 법해석의 일반원칙에 따라 그 규정의 입법취지와 목적에 합치된 해석이 이루어져야 한다. 이와 같은 경우 PECL은 그 강행규정의 실효성을 위하여 계약무효도 가능한지를 고려해야 한다는 입장을 취한다. 입법목적이 고려되어야 하는 예로서는 (i) EU 회원국 개별 국가의 국내법이 국제거래 또는 국경을 초월한 거래에 적용되도록 의도되어 있는지 여부가 문제 되는 경우, (ii) 국제적인 법준칙 혹은 EU 공동체법상의 준칙을 회원국의 국내거래에 적용하여야 하는지 여부가 문제 되는 경우 등을 생각할 수 있다.

(2) 누구를 보호하기 위한 강행규정인가

이 문제는 강행규정의 목적과 밀접하게 관련된다. 예를 들면 법률 규정에 따라 당사자의 일방이 어떤 종류의 계약체결을 금지당했을 경우, 상대방이 그것을 이유로 바로 위법을 주장하고 계약의 유효성을 부인할 수는 없는 것이다.

📑 **사례 3** 어떤 법률에, 국내의 건축작업은 등록된 건축업자가 아니면 시공해서는 안 된다고 규정되어 있다. 그러나 그 법률에는 미등록의 건축업자가 체결한 계약에 어떤 영향이 미치는지에 관한 규정이 없다. 미등록건축업자와의 사이에서 주택을 증축하는 계약이 체결되어, 공사의 75%가 완료된 상황에서 그 건축업자가 일을 중지했다. 이 경우에 법관 또는 중재인이 이 규정의 주요한 목적이 의뢰자의

---

para.에 있어서의 일부무효의 원칙 및 Jan Anderson에 의한 포괄적인 연구(TfR 1999, 533-752)를 참조하라.

보호에 있다고 결론짓는다면, 의뢰자는 미등록건축업자에 대하여 계약의 이행청구를 할 수는 없지만, 미등록건축업자에게 결함공사로 인하여 입은 손해 또는 등록건축업자에게 일을 완성시키기 위해 필요한 추가비용에 대해서 손해배상을 청구할 수 있는 것이다.

📝 **사례 4** 어떤 회사가 자사의 주주와의 사이에서 그 회사 주식의 구입을 더 쉽게 하기 위해 자금원조 취지의 합의를 했다. 이 합의는 회사법의 규정에 위반된다. 이 회사법의 규정목적은 주주 및 회사채권자의 보호이다. 이 경우에 모든 주주가 자금을 원조받아 주식을 구입하는 한편 이 거래로 인해 회사채권자가 불리한 영향을 받지 않는다면 이 합의는 유효하다.

📝 **사례 5** 소비자보호에 관한 어떤 법률에서, 영업소 이외의 장소에서 대부에 관한 교섭, 또는 대부의 합의를 하는 것이 금지되고 있다. 이 법률의 목적은 소비자신용업자를 위하여 여신업무를 하는 방문판매인 또는 전화권유인의 '기습적 권유'로부터 소비자를 보호하는 데 있다. 이때, 소비자신용업자는 법률에 위반되는 상황하에서 체결된 합의를 강제할 수 없다. 반대로, 당해 금지규정의 보호대상인 소비자는 그 합의를 강제할 수 있다.

(3) 강행규정 위반에 대한 제재가 별도로 정해져 있는 경우

해당 강행규정에 위반한 자에 대한 형사벌 또는 행정적 규제가 정해져 있는 경우, 당해 행위의 억제라는 목적에 있어서는 그런 제재를 부과하는 것으로 충분하며, 굳이 계약의 효력을 부정할 필요까지는 없을 것이다. 억제라는 목적은, 통상 사법적 대응보다는 해당 형사벌이나 행정적 규제를 통해 더욱 잘 달성된다. 이러한 제재는 당사자의 비난 가능성의 정도를 고려한 경우가 많고, 그 제재를 통하여 문제 된 행위를 훨씬 더 적절하게 대응할 수 있다는 점에서 계약의 전부 또는 일부를 무효로 하는 것보다 바람직하다고 볼 수 있다.

📝 **사례 6** 어떤 법률에, 일정한 크기의 배는 일정한 중량 이상의 짐을 운반해서는 안 된다고 규정되어 있다. 그 법률은 형사벌을 규정하고 있지만 금지규정 위반에 대한 사법상의 효과에 대해서는 아무런 규정이 없다. 선주 A는 그 법률을 위반

하여 B를 위해 화물을 운송했다. B는 그 이행이 위법이라고 주장하며 운임의 지불을 거절했다. 이 경우에, 이 법률의 목적은 A에게 형사벌을 부과함으로써 충분히 달성되기 때문에 계약은 무효가 아니며, B는 운임을 지불해야 한다.

📑 **사례 7** 어떤 법률에 의해, 법원직원이 직무 외의 활동에 종사하고 보수를 받는 일이 금지되고 있다. 이 규정의 목적은 공무원에게 직무전념을 의무화하고 공무원이 그러한 합의를 하지 않도록 하는 데 있다. 이 목적은 유책성의 정도를 고려한 징계처분을 부과함으로써 달성될 수 있다. 그것은 계약의 상대방이 공무원의 역무 제공을 무상으로 받을 수 있도록 하는 것보다도 낫다.

(4) 강행규정 위반의 중대성

법관 또는 중재인은 강행규정 위반의 위법성이 계약에 어떤 영향을 미치는지를 판단할 때, 강행규정 위반의 중대성을 고려할 수 있다. 위반이 중대하지 않거나 또는 아주 경미한 경우에는 그것은 계약을 유효로 하는 요소가 될 수 있다.

📑 **사례 8** 어떤 선박소유회사가 선박의 적재중량의 상한을 정하는 규칙을 위반했지만 초과된 적재중량은 아주 적었다. 이때, 이 위반만을 근거로 선박소유회사가 선박운임을 청구할 수 없다고 해서는 안 된다.

이와는 반대로 강행규정 위반이 중대하고 심각한 결과를 가져오는 경우에는, 계약에 어느 정도의 영향이 미칠 수 있을 것이다.

(5) 고의로 인한 강행규정 위반 여부

PECL 15:102조 3항 e호에 의해 법관 또는 중재인은 강행규정 위반에 대한 당사자의 악의와 선의(知·不知)를 고려할 수 있다. 구체적 사안에 있어서의 그 밖의 요소(특히 문제가 되는 법률의 목적)를 전제로 하여 양 당사자가 위법인 사실을 알거나 또는 의도하고 있던 경우에는, 양 당사자가 그 사실을 몰랐을 경우에 비해 일반적인 위법성에 따른 것보다 계약을 무효로 하는 강력한 논거가 된다. 비교적 복잡한 문제가 발생하는 것은 당사자의 일방만이 강행규정 위반을 인식하고 있고 상대방은 인식하지 못하는 경우이다. 이 경우에는 어느 쪽의 당사자가 계약을 강제하려고 하는지에 따라서 결론이 바뀔 수 있다.

📖 **사례 9** 어떤 운송계약에 있어서 운송인이 위법하게 이행을 했다. 운송인은 문제가 되는 법규의 요구에 반하는 것을 알고 있었다. 이때, 고객이 계약체결 시 또는 이행 시에 그의 위법성을 인식하고 있던 경우에는 운송인의 계약위반에 근거하여 손해배상을 청구할 수 없다. 이에 대해서 고객이 위법성을 인식하지 않았을 경우는 손해배상을 청구할 수 있다. 운송인이 계약을 완전히 이행한 후에 계약대금을 청구할 수 있는지 여부는 금지규정의 목적 및 부과될 수 있는 그 밖의 제재(예를 들면 형사벌) 등을 고려하여 판단된다.

가장 곤란한 문제가 발생하는 것은 계약이 위법인 목적을 위하여 체결된 경우이다. A가 B에게 무기며 폭발물의 판매를 하는 것이 적법하며 또 이런 무기 등을 (예를 들면 자위나 건설작업 등을 위하여) 사용하는 것이 적법한 경우에는, B가 이런 무기 등을 위법으로 사용하려고 하는 의도가 있어도 공급계약의 유효성에 영향을 줄 필요는 없다. 그러나 A가 계약을 체결하는 시점에서 B의 위법한 목적을 인식 또는 공모하고 있는 경우(예를 들면 A가, B가 테러조직의 구성원임을 알면서 플라스틱 폭탄을 공급하는 경우)에는, A가 B에 대하여 무기 등의 대금을 청구할 수 없다고 함으로써 그러한 계약의 체결이 어느 정도 억지될 수 있다(적어도 그러한 물품의 신용매매는 억지될 수 있다).

(6) 강행규정 위반과 계약과의 연관성

이 문제에서 판단되어야 할 요소는 당사자의 일방 또는 쌍방에 의한 위법인 급부가 계약에서 명시적 또는 묵시적으로 약속되어 있는지 여부이다. 예를 들면 배나 트럭에 과적재하지 않으면 이행할 수 없는 운송계약에서, 이를 무효로 결론짓는 것은 비교적 용이하다(하지만 계약의 적절한 개정에 의해서 처리되는 것도 생각할 수 있다).

III 위법성과 일부무효

1. 일부무효 법리

PECL은 위법성이나 도덕위반이 거래에 주는 영향을 최소한으로 한다는 일반적인 의도에 따라 일부무효 법리를 채용하고 있다.[30] 먼저, 계약의 일부만이 위법일 경우에는 계약의 잔존부분은 여전히 유효하며 강제가 가능하다. 다만 모든 사정을 고려하여 그것이 불합리한 때는 이에 해당되지 않는다. PECL 4:116조에 있어서의 취소의 방법에서도 이와 같은 태도가 관철되고 있다. 여기서 고려되는 것은 무효인 부분이 없어도 계약이 독립해서 존속될 수 있는 것인지, 계약의 잔존부분만으로도 양 당사자가 그 계약에 합의했을 것인지, 그리고 각 당사자의 급부와 반대급부의 사이의 균형에 일부무효가 어떤 영향을 주는지이다.

2. 입법례

계약의 일부가 위법인 경우에 그 일부만을 계약에서 분리할 수 있다는 생각은 유럽의 법제도에서 널리 인정되고 있다. 그러나 그 형식은 다양하다.[31] 독일은 민법 134조가 민법 139조에 대한 특칙이라고 널리 인정되고 있다.[32] 독일 민법 134조에 따르면 계약은 원칙적으로 전부무효이지만, 일부무효에 의해서 금지규정의 목적이 달성될 수 있는 경우에는 잔존부분은 유효하다. 그런데 이 규정에 의해서 발생하는 실제상의 효과는 통상 139조에 의한 경우와 같다.[33]

---

30) **PECL 15:103조(일부무효)** (1) 15:101조 또는 15:102조에 의해 계약의 일부만이 무효가 되는 경우에는 잔존부분의 효력은 유지된다. 다만 당해 사건의 모든 사정을 적절히 고려하면 그 계약의 잔존부분을 유지함이 불합리할 때는, 이에 해당되지 않는다. (2) 15:104조 및 15:105조는 필요한 수정을 한 후, 일부무효의 경우에 적용된다.

31) 예를 들면 벨기에 민법 1217조 및 1218조, 독일 민법 139조, 스위스 채무법 20조, 그리스 민법 181조, 이탈리아 민법 1419조, 네덜란드 민법 3:41조를 참조하라.

32) Münchener Kommentar (Mayer-Maly) § 134 no. 109.

33) 이 규정은 덴마크 계약법의 일반원리와 일치하고 있다. Gomard, Alm. D-el. 128 참조.

스페인의 경우 민법에는 명문규정이 없지만 같은 효과를 갖는 소비자보호를 위한 특별입법이 존재한다. 포르투갈(민법)의 경우 법규 위반 또는 공서양속 위반을 이유로 하는 일부무효에 관한 특별규정은 존재하지 않는다.

오스트리아의 경우 '일부무효'의 범위는 주로 위반된 법규정의 보호목적에서 나온다.[34] 계약을 유지하는 것이 당사자에게 합리적인가 하는 문제는 중시되지 않는다. 실정법에 위반되고 있는 대부분의 경우에(특히 약관에 따라 체결된 소비자계약이 불공정하며, 그러므로 소비자보호법 6조에 의거해 위법인 경우에), 법률위반에 의해 영향을 받지 않는 부분에 한정해서 계약은 유지된다. 즉, 유효성은 유지되지만 계약내용은 축소된다(효과유지적 감축).

이탈리아의 경우 계약이 우선한다는 favor contractus의 일반원칙이 인정되고 있는데, 그것에 따르면 1개의 계약조항이 무효라고 하더라도 계약 전체를 무효로 만들지는 않는다고 한다. 이 경우 법률에 의해 강행규정이 무효조항을 대신한다. 그러나 그 무효로 된 부분이 없으면 양 당사자가 계약을 체결하지 않았을 것이라는 것이 명백하다면 계약의 일부무효는 계약 전체의 무효를 의미한다.[35]

 IV 원상회복

1. PECL상의 위법성과 원상회복[36]

금지 및 그 밖의 강행법규는 일반적으로 그것들을 위반한 계약의 효력에 대

---

34) 예를 들면 OGH SZ 63/23 참조.

35) 이탈리아 민법 1419조 1항.

36) **PECL 15:104조(원상회복)** (1) 15:101조 또는 15:102조에 의거해 계약이 무효가 된 경우, 어느 쪽 당사자도 그 계약에 따라 급부한 것의 원상회복을 요구할 수 있다. 이 경우에 있어서 수령한 것의 원상회복은 적절하지 않은 경우를 제외하고 동시에 이행되어야 한다. (2) 본조 1항에 따른 원상회복의 인정 여부 및 그것이 인정된 경우의 동시이행에 따른 원상회복의 적부를 판단함에 있어서는 15:102조 3항에 열거되어 있는 각 요소를 고려해야 한다. (3) 무효의 이유를 알거나

해서 아무것도 정하지 않고 있다. 또한 일방 또는 쌍방의 당사자가 채무의 이행을 개시한 경우에, 그 계약이 무효였을 때의 구제수단에 대해서 규정을 두는 경우는 더더욱 없다. 일반적으로 유럽 각국의 법체계는 이 문제를 분석할 때 로마법의 전통에 기초하고 있다. 로마법에서는 원상회복을 부정하고 무효가 인정된 시점에서의 양 당사자의 상태가 그대로 유지된다.[37] 원상회복을 부정하는 이유는 억제, 제재, 법원의 위엄의 유지부터, 위법 또는 도덕에 반하는 거래를 한 당사자는 스스로를 법질서 밖에 둔 것이라고 하는 입장에 이르기까지 다양하다. 그러나 위법한 계약에 기초한 이행에 대해서는 원상회복 또는 반환을 인정하는 쪽이 무효에 대한 대응으로 적절하다고 생각된다. 원상회복을 부정함으로써 발생할 수 있는 문제점, 특히 위법한 계약의 결과를 그대로 놔두는 것에 대한 문제점은 다음의 사례가 제시하고 있다.

📑 **사례 1** 어떤 법률이 폐지된 계량법을 이용한 계약은 무효로 하고 있다. A는 B와의 매매계약에 있어서 폐지된 계량법을 이용하여 인도하는 상품의 양과 가격을 결정했다. B는 인도받은 상품을 소비한 후에 대금 지불을 거절했다. 이때, 본 원칙에 따라 A가 매매대금을 청구할 수 없는 상태에서 원상회복을 부정하게 되면 B는 위법인 거래에서 대가를 지불하지 않고 이익을 얻게 된다.

그러므로 PECL 15:104조는 무효인 계약을 기초로 이미 이행한 부분의 원상회복에 관해서 유연한 구조를 갖는 구조이다. 제1항은 PECL 9:307∼9:309조(불이행)의 특별규정보다는 PECL 4:115조(취소의 효과)에 내재하는 일반적인 규정을 전제로 하고 있다. 계약을 무효로 하는 규정이나 원칙에도 불구하고 그 규정이 원상회복의 부정을 요구하고 있는 것인지는 검토할 필요가 있다. 적용되는 강행법규가 이 문제에 대해서 명문의 규정을 두지 않는 경우, PECL 15:102조에서 계약의 유효성을 판단하기 위해 사용된 기준들이 원상회복의 인정 여부

알아야 했던 당사자는 원상회복을 요구할 수 없다. (4) 어떤 이유로 인해 원물의 원상회복이 불가능한 경우, 수령한 것의 상당한 가액을 지불해야 한다.

[37] ex turpi causa melior est conditio possidentis(부도덕한 원인에 근거하여 점유자의 지위가 우선한다).

및 그것의 동시이행 여부를 결정하는 데 있어서도 적용될 필요가 있다.

📝 **사례 2**　소비자신용판매에 관한 어떤 법률이 구매자인 소비자에 의한 지불금액에 있어서 최소한의 기준을 정하고 있다. 이에 반하는 계약은 무효이다. 이 법률을 알고 있음에도 불구하고 구매자는 법률이 요구하는 지불기준에 따라 판매자로부터 청구받지도 않고, 스스로 이 기준으로 지불하지도 않았다. 그러나 구매자는 이 무효인 계약에 의거해 기일이 도래한 차기분을 지불했다. 이때, 구매자는 지불금의 원상회복을 요구할 수 있다. 왜냐하면 이 법률은 소비자를 보호하기 위하여 제정된 것이며, 또한 입법의 목적에서 보면 원상회복이 바람직하기 때문이다. 또 구매자는 거래에 따라 받은 것을 지불금과 상환하여 원상회복해야 한다.

📝 **사례 3**　은행의 대부를 규제하는 어떤 법률규정이 그 이전에 행한 융자를 변제하지 않은 고객에 대하여 대부를 하는 것은 위법이라고 정하고 있다. 이 법률의 목적은 대출자보호보다도 오히려 경제규제이다. 은행은 이 법률에 의하면 무효인 계약에 따라 지급된 대출금 총액의 반환을 구하려고 한다. 은행은 그 고객에게 원상회복을 요구할 수 있는 것이다.

📝 **사례 4**　어떤 가옥의 임대인은, 임차인이 임대가옥을 공서에 반하여 매춘업소로 사용하고 있는 것을 발견했다. 이때, 임대인은 공서에 반하는 상황이 계속되는 것을 막기 위하여 가옥의 명도를 요구할 수 있다.

원상회복원리의 적용에 관한 상세한 내용(예를 들면 법적 지위의 변화와 같은 항변을 주장할 수 있는지 여부)은 적용되는 부당이득법에 맡겨진다. 마찬가지로 본 원칙은 위법인 거래에 따른 소유권 또는 그 밖의 재산의 이전에 대해서는 규정을 두고 있지 않다.

2. 입법례와 해설

대부분의 법체계에서 원칙적으로 위법 또는 도덕에 반하는 거래의 당사자에게는 원상회복에 의한 구제도 계약상의 구제도 인정되지 않는다.[38] 로마법에서 유래한 이러한 내용은 다음의 두 가지 원리로부터 나온 것이다. ① 어떠한 청구도 원고 자신의 위법행위를 기초로 할 수 없다. ② 양 당사자의 행위의 위법성이 동일한 정도인 경우, 인도했던 것을 되찾을 수 없다.[39] 보통은 위법과 도덕위반은 구별되고 전자의 경우가 원상회복이 인정되기 쉽다. 이러한 방법은 프랑스에서 많이 이용되고 있다. 그러나 어떤 거래가 위법인지 아니면 도덕위반인지를 판단하는 것은 곤란한 문제이다. 현재 원상회복을 부정할 것인지 여부는 대부분 법원의 재량에 맡겨져 있고 원상회복이 부정되는 것은 예외적인 것이 되고 있다.[40]

(1) 스페인의 경우 민법 1305조, 1306조에 근거하여 반환청구의 인정 여부는 다음에 의거하고 있다. 그것은 위법행위가 범죄에 해당하는지 여부 및 불법인 목적이 쌍방의 당사자에게 존재하는지 여부이다. 쌍방 당사자의 위법행위가 범죄에 해당하는 경우 양 당사자는 서로 반환을 청구할 수 없게 되며 계약의 목적물은 범죄행위의 도구로 취급된다.[41] 당사자의 일방만의 행위가 범죄에 해당하는 경우, 이 당사자는 계약의 이행을 위해 인도한 것의 반환을 요구할 수 없다. 반면에 상대방은 반환을 요구할 수 있을 뿐만 아니라 계약상의 의무를 이행할 필요도 없다.[42] 위법행위가 범죄에 해당하지 않는 경우, 양 당사자에게 위법성이 모두 있다면 어느 쪽 당사자도 반환 또는 이행을 요구할 권리가 없다.[43] 당사자의 일방에만 위법성이 있는 경우에는, 이 당사자는 반환 또는 이행을 요구할 권리를 인정받을 수 없다. 반면 위법성이 없는 당사자는 인도한 것의 반환을 요구할 수 있으며, 계약에서 정한 내용을 이행할 필요도 없다.[44] 오스트리아

---

38) 오스트리아 민법 1174조, 스위스 채무법 66조, 이탈리아 민법 2035조. 프랑스 및 벨기에에서도 판례에 의해 동일하게 처리되어 왔다.

39) Digesta 12권 5장 4절 3(D 12.5.4.3).

40) Terré, Simler, Lequette n. 404.

41) 스페인 민법 1305조 1항.

42) 스페인 민법 1305조 2항.

43) 스페인 민법 1306조.

44) 스페인 민법 1306조 1항.

의 경우 계약이 상대적으로 무효인 경우에는 양 당사자가 이행한 것에 대해서 원상회복이 인정된다.

(2) 독일의 경우 원칙적으로 원상회복이 인정되며, 민법 817조 2문에 있어서 의 항변[45]은 일반준칙의 예외인 것으로 알려져 있다. 독일 민법 817조 2문은 징벌적인 성질을 가진 것으로 그 적용은 상당히 제한되어 있다. 이 규정은 계약이 무효였던 것에 대하여 현실의 인식을 요구하고 있는 것으로 알려져 있다. 즉, 당사자가 계약을 무효로 하는 사정에 대해서 인식하고 있어도 금지규정을 몰랐을 경우에는 요건을 충족시키지 않는다. 어떠한 경우에도 '알아야 했다'로는 불충분하다. 817조는 급부자만이 계약의 위법성을 인식하고 있던 경우에 유추적용된다.

(3) 네덜란드 민법은 구 네덜란드 법체계에서의 최고법원의 판례에 따라 원상회복을 인정하고 있다. 즉, 특정의 행위 또는 이행의 가치를 산정하는 것에 대해서 법원이 도덕적으로 허용할 수 없다고 생각하는 경우를 제하고는 원상회복이 인정된다.[46] 그리스 민법은 위법 또는 도덕에 반하는 원인에 의한 급부에 대해서 원상회복을 인정하고 있다.[47] 그러나 도덕위반이 문제가 되는 사례에 있어서 도덕에 반하는 원인이 급부자에게도 있는 경우에는 이 요구는 제한된다.[48] 포르투갈의 경우 위법하거나 공서양속에 반하는 계약의 원상회복에 관한 규정은 없다. 따라서 일반준칙을 적용할 수 있다.[49]

(4) 이탈리아 민법은 2035조에서 도덕에 반하는 목적을 위하여 이행한 자는 그 목적이 양 당사자에게 존재하는 경우, 급부한 것의 반환을 요구할 수 없다

---

45) ex turpi causa non oritur actio(부도덕한 원인에서는 소권은 생기지 않는다).
46) 네덜란드 민법 6:21조.
47) 그리스 민법 904조.
48) 그리스 민법 907조.
49) Ole Lando, Ⅰ/Ⅱ ; PECL 4:115~117조의 주석 참조.

고 규정한다. 이 조문은 법률회피를 목적으로 하는 계약[50]에서는 적용되지 않는다. 그 이유는 이 경우, 급부한 것의 원상회복을 요구하는 권리는 2033조 '비채변제의 일반규정'에 의해 인정되기 때문이다.

(5) 덴마크에 있어서 위법한 계약의 사례에서 원상회복이 인정되는 것은 그것을 인정하는 것이 금지의 목적에 적합한 경우뿐이다. 예를 들면 수령자의 소유권취득을 막는 것이 금지의 목적인 경우인데, 무면허자에 의한 총기의 구입 또는 외국인에 의한 덴마크의 토지구입이 이에 해당된다.[51] 도덕에 반하는 계약의 경우, 계약의 이행을 수령한 자의 수령행위가 선량한 풍속에 반하는 데 비해서 급부자의 급부행위가 선량한 풍속에 반하지 않는 경우에만 원상회복이 인정된다. 따라서 양 당사자의 행위가 모두 도덕위반이었던 경우에는 원상회복이 인정되지 않는다. 수령자의 행위만이 부적절했다면 다음과 같은 상황에서는 원상회복이 인정되는 경우가 많다. 예를 들면 어떤 자가 약간의 불법행위, 예를 들면 범죄를 행하지 않은 대가로 금전을 받았을 경우이다.[52]

(6) 잉글랜드 법에서는 일반준칙으로는 원상회복이 인정되지 않는다. 그러나 예외적으로 그것이 가능해지는 경우가 있다. 예를 들면 원고에게 수령자와 동등한 위법성이 인정되지 않거나 혹은 거래가 아직 완전히 실행되지 않은 경우 또는 금지된 계약과 관계없이 청구가 기초화될 수 있는 경우이다.[53] 스코틀랜드 법도 마찬가지이다.[54] 잉글랜드 법률위원회는 위법거래에 관한 최종보고서에서 다음과 같은 제안을 하였다. 즉, 법원은 계약의 위법성을 원상회복청구에

---

50) 이탈리아 민법 1344조.

51) Ussing, Aftaler 201.

52) Ussing, Aftaler 199.

53) Treitel, Contract 452-65. 아일랜드 법도 마찬가지이다(Clark 314-19).

54) Stair Memorial Encyclpaedia vol. 14, paras. 764-765. 실정법에 의해 스코틀랜드의 과거 법들을 이용하여 맺은 계약이 무효가 되는 사례에서, 스코틀랜드 에이커를 이용한 감자 매매에 관해서 원상회복에 의한 반환이 인정된 일이 있다. 그 이유는 이 거래에서 도덕에 반하는 점이 없었기 때문이었다. Curthbertson v. Lowes (1870) 8 M 1073, 또한 Macgregor, (2000) 4 ELP 19-45 참조.

대한 항변으로 인정할 것인지를 판단하는 재량권을 가지고 있다. 그래서 제반의 사정을 고려할 수 있다. 또한 법원은 일방 당사자가 위법한 계약에서 벗어나 원상회복하는 것을 인정하는지에 대해서도 재량권을 가지고 있다. 이때, 원상회복을 인정하는 것이 위법행위 또는 그 목적 달성의 가능성을 줄이는지를 고려할 수 있다. 다만 거기서는 원고에 대하여 계약을 강제할 수 없을 것, 위법행위에 대한 진정한 반성이 있을 것, 그리고 위법성이 중대하지 않을 것 등이 충족되어야 한다.

V 위법성과 손해배상

1. PECL상의 손해배상[55]

원상회복이 모든 사례에서 인정된다는 것은 아니다. 계약이 무효가 되었을 때 당사자 간에 반드시 이익의 이전이 있어야 한다고는 할 수 없기 때문이다. 그러나 무효인 계약을 체결한 것으로 당사자의 일방이 손실을 입는다는 불공평한 상황이 발생할 수 있다. 이러한 상황에 대처하기 위하여 PECL은 손해배상청구권을 규정하고 있다. 그렇지만 손해배상의 범위를 당사자의 적극적 이익 또는 기대이익으로 확장하는 것은 부적절한 것이다. 왜냐하면 당사자를 계약이 이행되었더라면 놓여 있었을 상태[56]로 두면, 위법 또는 부도덕한 계약을 강제한 것이 되기 때문이다. 그 때문에 본조의 손해배상의 목적은 전조의 원상회복과 같아야 한다. 결국 손해배상의 청구당사자를 계약이 체결되지 않았더라면

---

55) **PECL 15:105조(손해배상)** (1) 15:101조 또는 15:102조에 의해 무효가 된 계약의 당사자는 상대방이 무효의 이유를 알거나 알아야 했을 경우에는 상대방에 대하여 손해배상을 청구할 수 있다. 이 손해배상은 가능한 한 계약이 체결되지 않았던 것과 동일한 상태에 근접하는 것을 내용으로 한다. (2) 본조 1항에 의거한 손해배상의 인정 여부에 있어서는 15:102조 3항에서 열거하고 있는 각 요소를 고려해야 한다. (3) 무효이유를 알거나 알아야 했던 당사자는 손해배상을 청구할 수 없다.

56) PECL 9:502조.

놓여 있었을 상태에 가능한 한 근접하게 만드는 것, 바꿔 말하면 소극적 이익 또는 신뢰이익을 보호하는 것이다. 그러나 계약이 위법임을 알거나 알아야 했던 당사자는 손해배상을 청구할 수 없다.

> 📑 **사례** 어떤 법률이, 일정한 화학약품의 공급자에게 안전기준 및 환경기준을 갖추고 있는 것을 나타내는 면허의 보유를 의무화하고 있다. 이 면허가 없는 공급자가 체결한 계약은 무효이다. 행정기관에 의해 최근 면허를 취소당한 A회사는 B회사와 화학약품 공급계약을 체결했지만, B사는 A사가 면허를 취소당한 사실을 몰랐고 또 A사 외에 면허를 가지고 있는 유일한 회사인 C사의 가격보다도 쌌기 때문에 A사로부터 약품을 구입했다. B사가 그 화학약품을 구입한 것은 제조과정에서 이용하기 위한 것이며, 그 약품을 이용해 제조한 자사제품을 판매하여 이익을 올리기 위해서였다. B사는 그 화학약품을 안전하게 저장·관리하는 설비를 갖추기 위하여 투자를 했다. 그 후, A사의 위반행위가 밝혀지고 화학약품의 인도 및 대금을 지불하기 전에 B사와의 계약이 무효가 되었다. B사는 예정하고 있던 판매계약을 체결할 수 없게 되었다. 이때, B사는 자사제품의 판매계약에서 얻을 수 있었을 이익의 배상을 청구할 수는 없지만, 계약이 유효하다는 신뢰하에 저장·관리설비의 정비에 지출한 비용 및 A와의 계약체결에 필요로 한 그 밖의 비용의 배상을 청구할 수 있다. 여기에는 C와의 계약체결의 기회를 상실한 것으로 인한 손해도 포함되는 것이다(다만 C와 계약을 체결하는 데 새로이 요하는 비용이나 B가, A가 아닌 C와 계약했더라면 얻을 수 있었을 이익은 포함되지 않는다).

원칙적으로 원상회복과 손해배상은 중첩적으로 청구할 수 없다고 할 이유는 없다고 생각된다. 상기의 사례에서 B가 A에게 선불한 경우에는 대금의 반환청구와 함께 지불한 비용의 배상청구가 인정되어야 한다.

2. 입법례와 해설

독일 민법 309조, 307조 및 그리스 민법 365조, 362조, 363조에서는 법규를 위반한 계약 당사자는, 상대방이 계약이 위법인 것을 알거나 알아야 했을 경우, 자신이 계약이 위법인 것을 알거나 알아야 했던 것이 아닌 이상, 소극적 이익의 배상청구권을 가지고 있다. 오스트리아 법에서는 법률위반에 대해서 책임을 지는 당사자에게 과실이 있는 경우에 한하여 손해배상책임이 인정된다. 포르투갈 법에서는 위법하거나 선량한 풍속 또는 공공의 질서에 반하는 계약에서 손해배상에 관한 특별한 규정이 없고 일반준칙이 적용된다.[57] 덴마크 법은 법률 또는 도덕에 모순되지 않은 경우에 한해서 신뢰이익의 배상만을 인정하고 있다.[58]

이탈리아 민법은 "계약의 무효사유가 있는 것을 알거나 알아야 했을 당사자는 그 사실을 상대방에게 말하지 않았을 경우에는, 상대방이 과실이 없어 계약이 유효하다고 신뢰함으로써 입은 손해를 배상할 의무를 진다."고 규정하고 있다.[59] 이 손해배상의 목적은 입은 손해(이른바 '소극적 이익')의 회복 및 손해배상을 청구하는 당사자를 계약이 체결되지 않았던 것과 동일한 상황에 가능한 한 근접시키는 것이다. 이것은 적극적 이익(계약이 이행되었더라면 그 당사자가 얻었을 이익)은 제외된다는 의미이다.[60]

---

57) Ole Lando, Ⅰ/Ⅱ; PECL 4:115~4:117조의 주석 참조.

58) Ussing, Aftaler 259ff.

59) 이탈리아 민법 1338조. Sacco 566; Bianca Ⅲ, 167; Cass. 8/5/1968, n. 1415, in Foro. pad. 1968, Ⅰ, 446; Cass. 28/9/1968, n. 3008, in Foro It. 1968, Ⅰ, 966; Cass. 16/3/1988, n. 2468, in Diur. It. 1989, Ⅰ, 117 참조.

60) Cass. 10/5/1950, n. 1205, Foro It. 1950, Ⅰ, 1307; Cass. 23/2/1952, n. 497, in Foro It. 1952, Ⅰ, 1535.

제 **7** 장

조건

PECL과 DCFR의 규정태도

　DCFR은 조건에 관하여 1개의 조문을 두고 있다(DCFR Ⅲ.-1:106조). 반면 PECL은 조건의 종류(PECL 16:101조), 조건에 대한 간섭(PECL 16:102조), 조건 성취의 효과(PECL 16:103조)를 규율하는 3개의 조문을 두고 있다. 체계상으로도 PECL은 제3부 제16장에 따로 분리하여 독립적으로 규율한 반면 DCFR에서는 제3권(채권)의 제1장(일반조항) 속에 위치하고 있다.[1]

1. 조건에 관한 PECL의 규정 태도와 배치

　PECL 제16장이 대상으로 하는 것은 계약상의 채무에 조건이 붙어 있는 경우이다. 이는 계약의 존재를 전제로 하고 있다. 다만 PECL 1:107조가, 본 원칙은 '일방적 구속, 의사를 증명하는 그 밖의 표시 및 행위'에 대해서도 적절히 변경하여 적용할 수 있다고 규정하고 있는 것에 주의하지 않으면 안 된다. 제16장은 계약에 있어서 자주 이용되는 조항에 대하여 다루고 있으므로 제16장의 주된 임무는 PECL 제6장(내용 및 효과)을 보충하는 데 있다. 만약 PECL 1, 2, 3부가 합본되면 제16장은 제6장에 편입될 것이다.[2]

2. 조건은 불확실한 사실에 관한 것이어야 한다[3]

　계약당사자가 채무를 이행해야 하는지에 대하여, 발생할지 여부가 불확실한

---

1) 따라서 여기서는 DCFR을 고려하지 않고, PECL 제3부 Ole Lando의 주석을 중심으로 요약하기로 한다.

2) 현 단계로 제3부 제16장에 배치한 것은 일시적인 조치이며 나중에 이동시킬 때에 전장까지의 조문번호에 영향을 주지 않고 끝내려고 하는 의도라고 한다.

3) 채무의 조건으로 되어 있는 사실이 불확실한 것이 아니면 안 되는 것은 일반적으로 인정되고 있다. 프랑스 민법 1168조 및 1181조, 스페인 민법 1113조를 참조하라. 거기서는 장래의 사실이거나(본 원칙과는 다름) 양 당사자가 모르는 과거의 사실이라면 상관없다고 되어 있다. 오스트리아 민법 704조도 참조하라. 이탈리아(e.g., Barbero 1099), 독일(e.g., Münchener

사실에 의존하게 할 수 있다. 채무에 이러한 한정을 덧붙이는 계약조항을 조건이라고 한다. 조건에는 정지조건과 해지조건이 있다. 조건은 당사자 일방의 계약채무에만 영향을 미치는 경우가 있는가 하면 양 당사자의 계약채무에 영향을 미치는 경우도 있다.

📝 **사례 1** Bettaravia 정부가 자국의 항구에서의 사탕무의 수출을 일체 무기한 정지시켰다. 어떤 계약이 맺어져, 이 수출금지 조치가 7월 31일까지 풀리면 그날 매도인이 사탕무를 발송하기로 했다. 이것은 매도인의 채무에 영향을 미치는 정지조건이다.

📝 **사례 2** 어떤 합병사업의 합의에 있어서 조경업자와 수도업자가 환경부의 인가를 얻을 수 있으면 테마파크 건설을 위한 토지를 개발하기로 합의했다. 이것은 양 당사자의 채무에 영향을 미치는 정지조건이다.

채무에 붙는 조건은 장래의 불확실한 사실이라면 소극적으로 표현되어 있거나 사실의 불발생에 걸리게 하는 것이라도 상관없다.

📝 **사례 3** 사탕무의 매매계약이·맺어져, 지정된 Bettaravia 정부가 계약으로 정해진 인도일까지 사탕무의 수출규제를 실시하지 않게 상정하는 것으로 했다. 여기서의 불확실한 사실은 수출규제의 행사이다. 이때, 인도기일에 있어서의 매도인의 인도채무에는 해제조건이 붙어 있다. 정부가 수출규제를 인도일까지 실행하면 채무는 효력을 잃는다.

조건의 본질은 본 원칙에서 제시한 바에 따르면 그 불확실성에 있다. 이 불

Kommentar (–Westermann) § 158 no. 8), 잉글랜드(e.g., Treitel, Contract 58), 스코틀랜드 (e.g., Stair 1.3.7) 및 아일랜드(e.g., Clark 198-205)의 학설은, 조건은 불확실한 사실에 걸리지 않으면 안 된다고 생각하고 있다. 그리스 법은 불확실한 장래의 사실임을 강조한다(민법 201조와 202조). 불확실한 사실이라도 과거의 사실이라면 그것은 진정한 조건이 아닌 주관적으로 불확실함에 지나지 않는다(Balis 255 참조). 전반에 대하여 Treitel, Remedies 255-265를 참조하라.

확실성은 외적인 사실인 것에서 유래한다. 외적인 사실이란 양 당사자가 영향을 주는 경우는 있을 수 있어도 그것을 조작할 수는 없다는 것이다. 계약당사자가 상당한 주의를 기울이고 있으면 정지조건의 성취 또는 해제조건의 불성취에 영향을 끼치는 일이 있을 수 있다. 예를 들면 어떤 상품을 수출하는 계약에 있어서 매도인의 채무에 대하여 수출허가의 취득이 조건으로 되어 있다고 한다. 이 허가는 수출범위제를 포함하는 소관관청의 재량하에 있는 제도에 따르고 있다. 따라서 수출허가를 얻을 수 있는지 어떤지는 신청자가 소관관청에 신청할 때의 주의와 기능에 따라 좌우될 수 있다. 그럼에도 불구하고 매도인의 상품인도 채무는 허가의 취득이 조건으로 첨부되어 있게 된다. 하지만 조건 중에는 일방 당사자의 의사에 강하게 의존하고 있으며 그 당사자에게 계약체결의 의사가 전혀 없음을 나타내는 것도 있다. 이때, 계약의 구속력은 결여되어 있는 것과 마찬가지이다. 예를 들면 어떤 회사가 무엇인가를 하는 계약을 체결하거나 또는 일정액의 금전을 지불하는 계약을 맺었지만 그것을 실행하는지 어떤지는 완전히 그 회사의 재량의 문제로 되었다고 한다. 이러한 것은 조건부 채무도 아니고, 나아가 채무조차 없다. 이러한 수의조건과 구별되어야 할 유효한 조건으로 일방 당사자의 채무가 상대방의 의사에 의존하는 경우가 있다. 예를 들면 어떤 매매계약에 있어서 매수인이 자신이 제조하는 상품에 대해서 제3자로부터의 구입신청을 승낙한다고 정한 경우에 매도인이 원료를 일정액에 매각할 의무를 지게 하는 것과 같은 경우이다.

3. 조건은 장래의 사실에 관한 것이어야 한다

양 당사자가 어떤 사실이 이미 발생한 것을 모르는 경우에는 언뜻 봐서 과거의 사실이 채무의 조건으로 되어 있는 것처럼 보인다. 과거의 사실에 관한 불확실성은 정보의 전달속도가 빨라진 현대에 있어서도 계약상의 채무를 형성한 후에 중요한 역할을 할 수 있다. 그럼에도 불구하고 이때의 조건의 기초가 되는 것은 과거의 사실이 아니라 그 사실에 관한 정보가 장래 공표되거나 유용한가이다.

☞ 사례 4   A는 주식회사 C의 주식에 대해서 전 회계연도에 있어서의 C의 순수익

이 소정의 최저액에 달해 있는 것을 조건으로 B로부터 구입하기로 동의했다. 이 시점에서는 이익이 지정된 금액에 달해 있는지는 분명하지 않다. C사의 과거의 이익이 분명해지는 것은 그 회계보고가 승인될 때이다. 이때, A의 채무는 불확실한 장래의 사실—연말 회계에서 밝히는 순이익이 소정의 금액에 달해 있는지 여부—을 조건으로 한 것으로 해석된다.

4. 조건과 계약에 따른 채무이행의 전제와의 상위

조건은 계약상대방이 계약조항에 의거하여 이행을 하기 전에 당사자 일방이 먼저 채무를 이행하지 않으면 안 된다는 계약조항과는 구별된다. 계약상의 채무가 이행되는 것은 양 당사자가 예기하고 있던 것이며 필요하면 법은 일반적으로 그것을 강제한다. 이것을 본 장에서 '불확실한 장래의 사실'로 분류하는 것은 적절하지 않다. 계약채무의 이행의 순서에 관해서 명시의 계약조항이 없는 경우에 대해서는 PECL 7:104조의 설명을 참조하라. 또 구제수단으로서의 이행유보권(9:201조) 및 계약을 해소하는 권리(9:301조)가 일방 당사자의 이행에 대하여 상대방의 이행에 걸리게 하는 계약조항과 기능적으로 유사한 것에도 유의하자.

📖 **사례 5**　건축주 A는 계약에 의해 수급인 B가 일을 완성한 때에 보수를 지불하는 것으로 되어 있다.

이 사례에 있어서 A의 보수지급채무는 B의 선이행에 걸려 있다. 그러나 B의 이행에 관한 조항은 본 장에 있어서의 조건은 아니다. 이 점은 PECL 16:102조와의 관계에서 중요하다.

5. 조건과 기한

조건은 기한과도 구별된다.[4] 예를 들면 7월 1일에 매매계약이 체결되어 같은

---

4) 조건과 기한(확정된 시점 또는 도래 시기는 불확실해도 확실하게 도래하는 시점)의 구별은 유

달 15일에 매도인이 인도하기로 하는 계약처럼 계약당사자 일방이 장래 정해진 기일에 채무를 이행하여야 하는 계약이 있을 수 있다. 이때, 인도일의 도래가 인도채무의 조건이라고 표현하는 것은 잘못이다. 7월 15일은 확실하게 도래하기 때문이다. 이 채무는 장래의 불확실한 사실의 발생에 걸리는 것은 아니다. 채무가 장래의 것이며 어떤 날까지 유예되어 있다고는 할 수 없을지 모르지만 조건이라고는 할 수 없다.

조건과 기한의 구분은 언제나 명확하다는 것은 아니다. 사실 중에서 발생하는 것은 확실해도 언제 발생하는지 알 수 없는 것도 있다. 그러한 사실에 걸리는 조항은 기한인 경우가 많다. 그러나 그 조항에 숨은 조건이 포함되어 있는 것도 있다. 채무가 정해진 사실의 발생 전의 다른 사실의 발생 또는 불발생에 걸려 있는 경우이다.

📑 **사례 6** X는 Y에 대해서, Z의 사망 시에 5천 유로를 지불한다는 의무를 지고 있다. 이것은 조건이 아니고 단순한 기한이다. Z는 어차피 사망할 운명에 있다. 이 조항은 불확실한 사실이 아니라 확실한 사실에 관한 조항이다.

📑 **사례 7** 어떤 유산에 관한 수탁자가, B가 사망한 경우에는 B의 아들인 A의 식비를 B의 유산에서 지급할 것을 받아들였다. B는 머지않아 확실히 사망하게 되므로 언뜻 보면 이것은 장래의 채무이기는 해도 조건부채무가 아닌 것처럼 생각된다. 그러나 B가 사망하기 전에 A가 사망하는 일도 있을 수 있다. 이 경우에는 수탁자는 채무를 지지 않게 될 것이다. 따라서 실제로는 이 채무는 A가 B보다 오래 사는 것을 조건으로 하고 있다.

6. 법률상의 효과

PECL에서는 법률상의 효과로 생기는 조건에 대해서 다루지 않는다. 그러나 계약에 적용되지 않는 국내법의 준수를 조건으로 합의하는 것은 가능하다.

럽법 전통에 있어서 매우 오래 전부터 존재하고 있으며 일반적으로 승인되고 있다. 예를 들면 Zimmermann, Obligations 741ff.를 참조하라.

🖙 **사례 8** Pictoria 국가에서 예술작품을 수출하는 계약이 맺어졌는데, 매도인의 채무에는 그 수출이 Pictoria 법에 적법하여야 한다는 조건이 붙었다. Pictoria 법은 이 계약에 적용되는 법은 아니지만, Pictoria 법에 의하면 수출에는 허가가 필요하다. 이때, 매도인의 채무는 Pictoria의 관청에서 허가를 받는 것이 조건이 된다.

상기의 사례에 있어서 매도인은 명시 또는 묵시로 별개의 계약상의 채무로서 수출허가를 받는 채무 또는 수출허가를 받기 위한 상당한 주의를 기울이는 채무를 지는 경우도 있다(PECL 16:102조의 설명을 참조). 허가를 얻을 수 없거나 또는 상당한 주의를 게을리한 경우에는 인도의무가 아닌 이 의무에 위반된 것이 될 수 있다.

7. 조건의 종류

PECL 16:101조[5]에서는 정지조건과 해제조건에 관하여 규율하고 있다.[6]

정지조건의 경우, 채권자는 채무의 효과가 정지되어 있는 동안 채무자에 대해서 이행을 요구할 수 없다. 그와 같은 것은 거래의 기초를 바꾸는 것이 되어버리기 때문이다. 그러나 이 경우에 있어서도 계약당사자가 이행기 전의 불이행에 대한 채무를 지는 일은 있을 수 있다(PECL 9:304조를 참조).

---

5) **PECL 16:101조(조건의 종류)** 계약상의 채무에는 불확실한 장래의 사실의 발생을 조건으로 달 수 있다. 이때, 채무는 그 사실이 발생한 때에 한하여 효력을 갖거나(정지조건) 또는 그 사실이 발생한 때에 효력을 잃는다(해제조건).

6) 정지조건과 해제조건의 구별은 대부분의 법체계에서 일반적인 것이다 프랑스 민법 1168조, 독일 민법 158조, 오스트리아 민법 696조, 스페인 민법 1113조, 이탈리아 민법 1353~1361조, 그리스 민법 201~202조, 포르투갈 민법 270조를 참조하라. 또한 덴마크에 관해서 Ussing Aftaler, 447-457, 스코틀랜드에 관해서 Gliag chap. XVI; McBryde para. 5.35ff.를 참조하라. 잉글랜드 법에서는 이 구별을 인정하고 있지만, 정지조건을 선행조건이라 부르며 해제조건을 후행조건이라 부르는 것이 통상이다(Chitty para. 2-136; Treitel, Contract. 59). 아일랜드 법은 일반적으로 잉글랜드의 사고방식에 따르고 있다(Clark 198-205). 핀란드 법에서는 이 문제에 관한 일반적인 법규정은 없다. 다만 토지법에서 이 구별이 인정되고 있다(Maakaari 12. 4. 1995/540). 핀란드의 최근의 학설은 조건을 계약해석의 문제로 받아들이려고 하고 있지만, 비교적 오래된 문헌(Kivimäki & Ylöstalo 290-297)에서는 이 문제를 단독으로 다루고 있다.

정지조건의 경우와 마찬가지로 해제조건도 일방 당사자뿐만 아니라 쌍방 당사자의 계약채무를 제한하는 경우가 있다(상기 사례 1과 2를 참조). 다음의 사례는 일방 당사자의 채무가 영향을 주는 경우이다.

 사례 9 어떤 매매계약에 있어서 북러시아의 항구에서 러시아의 자작나무 1만 그루를 5주로 나누어 출하하게 되었다. 그 계약에서 매도인의 채무는 출하일에 항구가 얼음으로 막혀 있지 않는 것이 조건으로 정해졌다. 4회째 출하가 완료된 후에 항구가 얼음으로 막히고 말았다. 매도인의 채무에 붙어 있는 것은 해제조건이다. 최종의 출하에 관해서는 조건이 성취되었기 때문에 매도인은 이미 출하할 책임을 지지 않는다.

매수인이 배를 출발시키는 책임을 지고 있으며, 매도인이 소형의 배로 매수인의 배까지 목재를 운반해야 한다고 되어 있는 경우에는, 항구가 얼음으로 막혀 있지 않다는 조건은 매수인과 매도인 쌍방의 채무를 제한하게 된다.

Ⅱ 조건에 대한 간섭[7]

1. 조건에 대한 당사자의 간섭

계약당사자가 조건의 성취 또는 불성취에 부적절하게 간섭한 경우에는, 경우에 따라서는 당해 조건의 성취 또는 불성취를 의제함으로써 신의성실 및 공정거래의 원칙에 따른 의무와 협력의무는 촉진될 수 있다.[8]

---

7) **PECL 16:102조(조건에 대한 간섭)** (1) 조건이 성취되면 불이익을 당하는 당사자가 신의성실 및 공정거래의 원칙에 따른 의무 또는 협력의무에 위반하여 조건의 성취를 방해한 경우에는, 그 조건은 성취된 것으로 간주된다. (2) 조건이 성취되면 이익을 얻는 당사자가 신의성실 및 공정 거래의 원칙에 따른 의무 또는 협력의무에 위반하여 조건을 성취시킨 경우에는, 그 조건은 성 취되지 않은 것으로 간주된다.

8) 프랑스 민법 1178조에는 PECL 16:102조와 유사한 규정이 존재한다. 독일 민법 162조도 마찬

2. 정지조건

다음의 경우에는 정지조건은 성취된 것으로 간주된다.

📑 **사례 1** B로부터 A에 대해서 하는 소프트웨어의 사용허락에 있어서 그 소프트웨어가 A가 지정하는 이해관계가 없는 컴퓨터 기사 C에 의한 전문적 검사에 합격하는 것을 조건으로 하는 합의가 되어 있었다. A는 B와의 거래를 후회하고 있다. 거기서 A는 이 소프트웨어에 대하여 긍정적인 판단을 하고 있던 C를 매수하여 검사 불합격의 판단을 내리게 했다. 이때, C는 검사 합격의 판단을 한 것으로 간주되어 그 결과, A는 이 사용허락계약을 이행할 의무를 진다.

동일한 원칙에 따라 다음의 경우에는 정지조건은 성취되지 않았던 것으로 간주된다.

📑 **사례 2** 소프트웨어를 사용하는 데 있어서 E가 D의 사용허락을 받는 것과 관

가지이다. 이탈리아 민법 1359조에서는 PECL 16:102조 1항에서 규정된 원칙이 인정되고 있으며 판례상 당사자의 간섭행위가 계약상의 의무에 위반되어 있거나 또는 신의성실에 반해 있는 것이 요구되고 있다(Cass. 13 April 1985, n. 2464, in NGCC 1985 I, 610, notd by Beifiore). 또 이탈리아의 판례에서는 PECL 16:102조 2항에 정해졌던 원칙도 인정되고 있으며(Cass. 16 December 1991, n. 13519, in Giust. Civ. 1992, I, 3095) 이탈리아 민법 1358조에서는 신의성실에 반하는 행위를 한 당사자에 대한 손해배상청구권을 염두에 두고 있다. 동일한 원칙은 포르투갈 민법 275조 2항, 그리스 민법 207조, 오스트리아(판례—OGH JBI 1996, 782; ÖBA1996, 892; JBI 1991, 382; JBI 1990, 37), 핀란드 법(Kivimäki & Ylöstalo, 295)에도 존재한다. PECL 16:102조 1항의 원칙은 스페인 민법 1119조에서도 보인다. 덴마크 법은 간섭해서는 안 되는 의무를 인정하고 있지만 조건의 달성 또는 불성취가 되는 것은 그것이 적절한 경우에 한정되어 있는 것 같다(Ussing Aftaler 448ff.). 스코틀랜드 법에서는 당사자가 명시 또는 묵시의 의무에 위반하여 조건의 성취를 방해 또는 조건을 성취시킨 경우, 적절한 경우에는 조건의 성취 또는 불성취가 의제될 수 있다(Mackay v. Dick & Stevenson(1881) 8R(h.l.) 37 참조). 잉글랜드 법에서는 대부분의 경우, 간섭한 당사자의 행위를 묵시의 계약조건의 위반으로 다루는 것 같지만 조건의 성취 또는 불성취는 의제하지 않는 것 같다. 아일랜드 법은 잉글랜드 법과 같은 접근법을 채용하고 있는 것 같으며, 법원은 명시 또는 묵시의 행위의무 또는 부작위의무가 존재하는 경우에만 개입한다(Clark, 200-201 참조).

련하여 그 소프트웨어가 D가 지정하는 이해관계가 없는 컴퓨터 기사 F에 의한 전문적 검사에 합격하는 것을 조건으로 하는 합의가 되어 있었다. 이 계약은 D에게는 유리하고 E에게는 불리한 계약이었다. F는 전문가로서 이 소프트웨어에 부정적인 판단을 했음에도 불구하고 D에게 설득당하여 검사 합격의 판단을 내렸다. 이때, F는 검사 합격의 판단을 하지 않은 것으로 간주되어, 그 결과 E는 이 사용허락계약을 이행할 의무를 지지 않는다.

그러나 조건이 성취된 것으로 의제하는 준칙은 실현 가능성에 의한 제약을 받는다. 예를 들면 어떤 상품을 수출하는 계약에 있어서 매도인이 적시에 수출허가를 신청하는 것을 게을리한 경우에는 매수인은 그 계약에 따른 상품의 인도를 요구할 수 없다. 이것은 이행청구권이 인정되지 않는 경우(PECL 9:102조 2항 a호를 참조)와 일치한다.

3. 해제조건

(1) 다음의 경우에 해제조건은 성취되지 않은 것으로 간주된다.

🗒 **사례 3** S는 B에게 말을 파는 계약을 체결했다. B는 그 말을 T에게 전매할 예정이었다. S와 B는 T가 소정의 기일까지 말을 매입하지 않는 경우에는 B의 계약상의 채무는 효력을 잃는다는 것에 동의했다. B는 S에게서 구입한 말을 T에게 팔려고 하지 않고 다른 매도인에게서 구입한 말을 T에게 매각했다.

T에게 그 말의 구입을 권하지 않았다는 B의 신의에 반하는 행동 때문에 T가 그 말을 구입하지 않은 경우에는, B는 T가 그 말을 구입하지 않았다는 것을 주장할 수 없다. 해제조건은 성취되지 않은 것으로 B에게 그 말을 수령하게 하고 또 (미불이라면) 대금을 지불하게 하는 것이 가장 정당한 귀결이며, 이는 신의성실 및 공정거래의무 위반에 따른 손해배상의 산정을 시도하는 것보다 뛰어난 귀결이다. 후자를 시도하는 경우에는 심지어 T가 그 말을 구입했다고 생각할 수 있는지 여부에 관한 추측성 판단마저 요구받게 될 것이다.

(2) 다음의 경우에는 해제조건은 성취된 것으로 간주된다.

📑 **사례 4** 농업을 하는 H는 자신의 트랙터를 도둑맞았기 때문에 농가 O에게서 대신 트랙터를 빌렸다. H에 대한 호의에서 임대료는 시장가격보다 낮게 정해졌다. H에게 트랙터를 사용하게 한다는 O의 임무에는 H가 도둑맞은 트랙터 대신에 새로운 트랙터를 입수한 경우에는, 그 임무가 소멸하는 취지의 해제조건이 붙어 있었다. H는 T에게서 새로운 트랙터 구입에 대해 매력적인 제의를 받았지만, 시장가격보다 싼 임대료로 이익을 계속 얻을 수 있다고 생각해 그 제의를 거절했다. H가 T의 제의를 받아들여야 했을 경우에는 조건은 성취된 것으로 간주된다.

4. 조건에 관한 계약상의 부수적 의무[9]

PECL 16:102조가 조건의 성취·불성취에 간섭해서는 안 된다는 의무를 정하는 것은 아니다. 이 문제는 신의성실 및 공정거래의 원칙에 따라 행위할 의무 및 계약이 완전하게 실행되도록 하기 위하여 협력할 의무라는 통상의 의무에 맡겨져 있다(PECL 1:201조 및 202조). 물론 계약당사자의 일방이 신의성실 및 공정거래의 원칙에 따라서 행위하거나 협력할 일반적 의무를 초월하여 조건의 성취에 관한 의무를 명시 또는 묵시로 인수하는 것도 가능하다. 실제로 조건에 관한 그와 같은 부수적 의무를 당사자에게 지게 하지 않으면 충분히 실행되지 않는 계약도 있을 것이다.

📑 **사례 5** 선적인도하기도 한 계약에 따른 매도인의 인도채무는 수출국의 소관행정청에 의한 수출허가를 받는 것이 조건으로 되어 있다. 이 허가는 신청에 따라 행정청의 재량에 의해 주어진다. 이 계약에서는 매도인 S가 신청자로 되어 있었다.

---

9) 계약당사자가 명시 또는 묵시적으로 인수한 것은 정지조건을 성취시키는 것처럼 상당한 주의를 하는 것인지 아니면 정지조건을 성취시키는 것까지도 인수한 것인지는 계약해석의 문제이다. 예를 들면 잉글랜드 법에 대하여 Re Anglo- Russion Merchant Traders Ltd [1917] 2 K.B. 679; Pagnan SpA v. Tradax Ocean Transportation [1987] 2 Lloyd's Rep 342를 참조하라. 각국의 법에서는 일반적으로 (신의성실에 따라서 행위한다는 일반적인 의무 이외에) 이런 특별한 의무가 법률에 의해 발생한다고는 정해져 있지 않다.

수출허가의 신청에 관해서 S에게 부과되는 의무의 성질이 계약에 있어서 명시적으로 규정되어 있지 않다 해도 S는 적어도 상당한 주의를 가지고 신청할 의무를 진다. 다른 계약조항이나 계약을 둘러싼 환경에 따라서는 S는 보다 엄격한 의무를 지는 경우도 있다. 특정한 결과를 달성할 의무(결과채무)와 특정의 결과를 달성하기 위하여 합리적인 주의를 한다는 채무(수단채무)의 구별에 대해서는 PECL 6:102조의 설명을 참조하라.

　Ⅲ　조건성취의 효과

1. 장래효와 소급효

PECL 16:103조[10])에 따르면 양 당사자에 의해 별도의 합의가 없는 한 조건성취의 효과는 장래를 향해 생긴다. 그런데 조건성취의 효과는 소급적으로 발생한다고 규정한 입법례도 있다. 이 차이가 중요한 의미를 갖는 것은 주로 조건성취에 의한 물권적인 효과가 문제가 되는 경우이다. PECL의 내용은 물권(proprietary interest)의 이전에 관한 준칙을 다루는 것은 아니기 때문에 PECL 16:103조에서는 조건성취의 효과를 장래효로 하는 비교적 간명한 준칙을 채용하고 있다. 조건성취의 효과를 소급효로 하는 준칙하에서는 중요한 예외를 정할 필요가 있을 뿐만 아니라 그러한 예외를 정식화하는 것도 곤란한 경우가 많다.

　사례 1　보르도에 있는 주택의 매매계약에 있어서 매도인의 매각채무의 조건으로 매도인이 소정의 기일까지 파리 시 상급 공무원으로 임용되는 것이 정해졌다. 매도인은 기대한 대로 상급공무원으로 임용되었다.

---

10)　**PECL 16:103조(조건성취의 효과)** (1) 정지조건이 붙은 채무는 양 당사자에 의한 별단의 합의가 없는 한 그 정지조건이 성취했을 때 효력을 발생한다. (2) 해제조건이 붙은 채무는 양 당사자에 의한 별단의 합의가 없는 한 그 해제조건이 성취된 때 효력을 잃는다.

이때, 매도인의 주택매각채무가 조건이 없는 채무로서 효력을 발생하는 것은 상급공무원으로 임용된 때부터이다. 그 이전은 조건 딸린 채무임에 지나지 않는다.

다음의 사례는 해제조건의 경우에 있어서의 장래효의 예이다. 여기서 중요한 것은 어떤 채무가 조건으로 인해 영향을 받는지를 확정하는 것이다.

☞ 사례 2 어떤 운송업자가 농장주와 4주 동안 탱크로리로 농장에 물을 운반하는 계약을 체결했다. 계약에서는 그 지역의 가뭄이 4주 이내에 그친 경우에는 물을 운반하는 채무는 효력을 잃는 것으로 되어 있었다. 계약에서 농장주는 각 운송의 30일 후에 각 운송료를 지불하기로 되어 있다.

이때 가뭄이 4주 이내에 그친 경우에는 운송업자의 채무는 효력을 잃는다. 그러나 그 경우에도 농장주는 가뭄이 그치기 전에 했던 운반에 대한 미지급금을 지급할 의무를 진다. 이런 요금채무는 상기의 조건에 의해 영향을 받지 않는다. 이런 요금채무는 장래 지불되어야 할 채무라 해도 제각각 배달마다 발생하기 때문이다.

2. 금전 또는 재산의 반환

정지조건이 성취되지 않은 경우 또는 해제조건이 성취된 경우에 있어서 계약 당사자의 일방이 상대방에 대하여 이미 재산의 인도 또는 금전의 지급을 끝냈을 때, 그 재산 또는 금전을 반환할 원상회복채무가 발생하는 일이 있을 수 있다. 예를 들면 사례 1에서 매수인이 계약금을 지불했지만 매도인은 파리 시에서 임용되지 않은 경우이다. 또 사례 2의 경우 농장주가 사전에 운송료를 지불했지만 그에 대한 운송이 결국 되지 않게 된 경우이다. 이러한 경우에 있어서의 원상회복이 계약 자체에 의해서는 규율되지 않는 경우라도 부당이득법의 문제가 생긴다.

3. 입법례

독일에서 조건성취에 소급효는 없다. 소급효를 일으키게 하는 취지의 합의는 그 당사자 사이에서만 효력을 갖는다.[11] 그리스 민법 203조 1항과 2항 및 오스트리아 법[12]에 있어서의 준칙도 장래효이다. 핀란드의 경우 별단의 합의가 없는 한 조건은 장래에 효력을 가진다.[13] 스코틀랜드도 같다고 생각된다.[14] 덴마크의 경우 계약해석의 문제로 되는 것 같지만, 이것은 잉글랜드 및 아일랜드 법에서 조건이 장래에 효력을 가지는 것인지 아니면 소급적인 효력을 가지는 것인지 여부가 계약해석의 문제가 되는 것과 동일하다. 프랑스 민법 1179조에서는 조건성취의 효과를 소급효로 하는 원칙이 명문으로 정해져 있지만, 예를 들면 반대의 합의,[15] 조세법 또는 위험이전[16]에 근거하는 중요한 예외가 있다. 이탈리아 민법 1360조에서도 소급효의 원칙이 보이지만 동조에서는 반대의 합의가 있는 경우는 예외로 되어 있는 외에 계속적 계약의 경우는 소급효와는 반대의 준칙이 적용된다.[17] 포르투갈 민법 276조에도 소급효가 규정되어 있지만 역시 예외가 정해져 있다. 또한 스페인 민법 1120조 1항 및 1123조 1항에도 소급효가 규정되어 있지만 예외도 있다.

---

11) 독일 민법 158조 2항 및 159조.

12) 해제조건에 대해 오스트리아 민법 696조, 정지조건에 대해 OGH SZ 55/109.

13) Kivimäki & Ylöstalo 296-97.

14) Gloag & Henderson 59.

15) Malaurie & Aynès n. 184.

16) 프랑스 민법 1182조 2항.

17) 이탈리아 민법 1360조 2항.

제 **8** 장

이자의 원본산입

PECL 1, 2, 3부가 전부 합본되면 PECL 17:101조는 9:508조(금전지급의 지연)에 산입된다. 따라서 17:101조를 제3부의 마지막에 배치한 것은 합본될 때 앞의 장까지의 조문번호를 변경하지 않기 위한 조치이다. 17:101조는 이자지급 지연에 대한 구제수단으로 적용된다. 하지만 당연한 것이지만 계약상의 채무에 대하여 지급지연을 문제로 삼는 일 없이 이자의 원본산입을 합의하는 일은 가능하다. 그 중요한 예는 교호계산(Running Account)[1]상에서 행해지는 이자의 원본산입이다. PECL 17:101조는 이와 같은 약정에 영향을 미치지 않는다.

1. 이자가 원본에 산입되는 경우

PECL 9:508조 1항에 따라서 지급되는 이자는 12개월을 경과할 때마다 원본에 산입된다.[2] 다만, 이러한 내용은 지급이 지연된 때 당사자 사이에 이자에 관하여 합의가 있는 경우에는 적용되지 않는다.[3] 단리의 이자는 (계약상의 것이든 법률상의 것이든) 그 계산의 기초가 되는 원본에는 영향을 미치지 않는다. 즉, 원본에 증감은 없다. 그러나 이자의 원본산입(또는 복리)이 합의되어 있는 경우 또는 법 혹은 관습에 따라서 이자가 원본에 산입되는 경우에는 합의된 기간(또는 원본산입 유예기간)이 도래한 시점에서 미지급된 이자가 원본에 산입된다. 따라서 두 번째의 원본산입 유예기간에는 그 증가된 원본에서 이자가 발생하기 때문에 이자액은 보다 고액이 된다. 그 후도 마찬가지이다.

📑 **사례 1** B은행은 L에 대하여 10,000유로를 대부했다. 변제기일은 2000년 12월

---

1) 매매의 양 당사자가 상호 간에 빈번하게 거래하는 경우 각 거래마다 대금을 주고받지 않고 일정 기간의 거래에서 발생하는 채권 채무의 총액에 대해서 상계하고 그 잔액을 지급하는 결제방법이다. 장부결제(open account)라고도 부른다.

2) PECL 17:101조 1항. DCFR III.-3:709조 1항.

3) PECL 17:101조 2항.

31일로 되어 있으나 L은 변제하지 않았다. 지불이 지연된 경우의 이자에 대하여 당사자 간에 합의되어 있지 않은 경우에는 PECL 9:508조 1항이 적용된다. 이 사례에서는 동조에 의한 이율은 연 10%라고 한다. 이때, 2002년 1월 1일 시점에서 지연에 대한 이자 1,000유로가 미불이라면 이것이 원본 10,000유로에 산입되며 이후의 원본은 11,000유로가 된다. 또한 2003년 1월 1일에는 미불의 이자 1,100유로가 원본에 산입되어 이후의 원본은 12,100유로가 된다. 그 후도 마찬가지이다.

2. 정당화 근거

PECL 17:101조는 이자를 발생시키는 금전채무의 채권자에게 채무자가 이자를 변제기에 지급하지 않은 경우에 그 이자를 원본에 산입하는 권리를 부여하는 것이다. 이 권리는 PECL 9:508조 1항에서는 주어지지 않은 권리이다. 이 권리의 정당성은 금전채무의 채권자가 취득하는 이자는 채권자의 자산이라는 점에 있다. 채권자는 원본 그 자체의 지급이 지연되는 경우와 마찬가지로 이자의 지급이 지연됨으로써 그 얻어야 할 이익을 빼앗길 수 있다. 다시 말하면 채권자가 지급지연으로 인해 파산으로 몰리는 경우가 그러하다. 따라서 공동체 레벨에서 몇몇의 회원국에 있어서도 지급지연에 대하여 제재를 가하는 경향이 명백해졌다. 이자의 원본산입은 효과가 점차적으로 증대하는 것이기 때문에 제재로서 실효적이다.

3. 지급지연의 경우의 이자에 관한 당사자의 합의

PECL 17:101조는 당사자 사이에 지급이 지연된 경우의 이자에 대하여 명시 또는 묵시의 합의가 있는 경우에는 이자의 원본산입에 관한 일반준칙이 적용되지 않는다고 규정하고 있다. 당사자 사이에서 이자의 문제가 고려된 이상, 그 당사자들이 원본산입을 바란다면 그와 같이 정하는 것이 당연하기 때문이다.

☞ **사례 2** 당사자 간에 지불이 있을 때까지 연 7%의 이자가 합의되어 있었다. 이 조항은 신용에 대한 이자와 지연에 대한 이자의 쌍방에 대하여 정한 조항이다. 이

때, 지연에 대한 이자의 원본산입은 PECL 17:101조 2항[4]에 의해 배제된다.

4. 기간의 계산

원본산입 유예기간 12개월의 시기를 정하려면 이자의 변제기가 계약에서 어떻게 합의되어 있는지를 살펴볼 필요가 있다. 이자의 변제기에 관한 당사자의 합의가 없는 경우에는 이행기에 관한 PECL 7:102조(채무이행의 시기)에 따라서 판단되어야 한다. 이 경우에는 PECL 9:508조(금전지급의 지연)를 원용할 수 있다.

5. 손해배상과의 관계

금전지급을 지체하는 경우 이자를 지급할 채무는 기능적으로는 손해배상을 지급할 채무와 동일하다. 이자는 통상의 손해배상과는 다르지만 추상적인 손해배상으로 생각할 수 있다. 이자의 원본산입은 이 구제수단을 채권자에게 유리하게 확장하는 것이다. 따라서 PECL 9:508조 2항[5]의 적용범위는 좁아지게 된다. 왜냐하면 이자 지급에 의하여 이미 전보된 손실에 대하여 채권자가 손해배상을 청구할 필요도 없고 청구하는 것도 허용되지 않기 때문이다.

하지만 채권자는 여전히 전보되지 않은 추가적 손해의 배상을 청구할 권리가 있다. 그러나 일반적으로는 그러한 손해배상이 인정된다고 하더라도 증명의 어려움 등으로 해서 손해배상 총액은 제한적일 것이고 그 제한적 손해마저도 원본산입이 인정되는 범위 한도에서만 인정될 수 있을 것이다.

6. 소비자의 보호

당연한 것이지만 소비자보호, 특히 소비자 신용에 관한 국내법의 준칙(예를

---

4) **PECL 17:101조** (2) 본조 1항은 당사자들이 지급이 지체된 경우의 이자를 약정한 때에는 적용하지 아니한다.

5) 금전지급의 지연으로 인해 생긴 손실 중 이자에서는 전보되지 않는 추가적 손해의 배상.

들면 1986년의 EC 지침에 따른 준칙)이 우선한다. 상기의 지침 자체는 이자의 원본산입을 다루고 있지 않다.

 ## Ⅱ   입법례와 해석

1. 총론

이자의 지급지연에 관한 각국 국내법의 준칙은 종교나 사상의 차이 때문에 매우 다양하다. 원본산입의 정당화는 주로 배상의 합법적 형식으로서 법률에 의해서 마련된 구제수단, 일방적인 청구, 법적인 행위, 명시의 합의, 교호계산, 그리고 관습에 의하여 도모되고 있다.

2. 법정의 배상방법

네덜란드에서 이자의 원본산입은 이자의 지급지연에 대한 손해배상의 방법이며 법률이 정하는 유일한 방법이다.[6] 이 규정은 금전지급 지연에 대한 유일한 구제수단은 법정이자(단리)의 청구라는 규정[7]을 받아들여 이것을 확장하는 규정인 점에 주의를 요한다. 당사자들이 보다 높은 이율을 합의할 수 있다.[8] 따라서 네덜란드 법에서 채권자는 복리에 해당하는 것을 손해배상청구 할 수 없다.

핀란드[9] 및 스코틀랜드[10]에서 원본은 변제되고 이자만 미지급된 경우, 그 미지급된 이자에 대하여 이자가 발생한다.

---

6) 네덜란드 민법 6:119조 2항.

7) 네덜란드 민법 6:119조 1항.

8) 네덜란드 민법 6:119조 3항.

9) Wilhelmsson & Sevón 73.

10) Wilson 132.

잉글랜드 법에서 복리(또는 이자의 원본 포함)는 특별한 상황에서 인정된다. 예를 들면 채권자가 이자에 해당하는 금액을 일정한 목적으로 사용할 예정인 것을 양 당사자가 알고 있는 경우 또는 이자지급이 지연되면 채권자에게 차입의 필요가 생기는 것을 양 당사자가 알고 있는 경우이다. 이러한 경우 채권자는 복리가 포함되어 있을 수도 있는 금전의 차입에 필요한 비용을 회복할 필요가 있는 것이다.[11] 또한 금전을 사취당한 경우, 또는 수탁자가 금전을 착복 또는 횡령한 경우에도 형평법(equity)에 근거하여 법원의 재량에 따라서 복리계산에 의한 이자청구가 인정된다.[12]

3. 일방적인 요구

벨기에의 경우 이자의 원본산입은 채권자가 재판상 요구하도록 하고 있지만,[13] 최근에는 이를 확대 해석하여 재판 외에서도 요구할 수 있다고 본다. 그러나 이러한 채권자의 요구는 이자의 변제기 도래 후 1년을 경과할 때까지는 허용되지 않는다. 이것은 벨기에 민법 1154조의 규정대로이다.[14]

4. 법적인 행위

(1) 그 밖의 몇몇 국가에서 채권자는 일방적으로 이자를 원본에 산입할 수 있지만, 여기에는 일정한 형식이 요구된다. 이러한 일방적인 행위에 의해서 이자를 원본에 산입하는 권리는 그 기초가 되는 채무를 채무자가 묵시적으로 부담하고 있는 것에 따라야 하며, 따라서 이자의 원본산입을 이자 지급지연에 대한 법적 배상방법으로 하는 네덜란드의 제도와 관련성이 있는 것 같다. 하지만 이 권리를 행사하기 위한 구체적인 요건은 네덜란드 법이나 그 밖의 로마법계 국가들하고도 크게 다르다.

---

11) Hartle v. Laceys 28 Feberuary 1997 (C.A.). 미등재 판례이지만 LEXIS상에서 열람 가능.

12) President of India v. La Pintada Cia. Navigaion SA [1985] A.C. 104, 116 참조.

13) 벨기에 민법 1154조.

14) Cass. 28 Mach 1994, Pasicrisie 1994.I. 317 at 321-322.

(2) 네덜란드나 벨기에의 제도에 가장 가까운 것은 포르투갈 법이다. 채권자는 채무자에 대하여 변제기가 도래하였거나 또는 장래 변제기가 도래하는 이자를 원본에 산입한다는 내용을 법적으로 통지하는 것으로 충분하다.[15]

(3) 오스트리아, 프랑스, 룩셈부르크, 그리스, 이탈리아, 또 어쩌면 스코틀랜드에서도 채권자가 이자의 원본산입에 따른 이자 또는 복리의 지급을 요구하기 위해서는 채무자에 대해서 소송을 제기하여야 한다. 그러나 그 요건은 국가에 따라 매우 다양하다. 오스트리아[16] 및 스페인[17]에서는 원본산입에 따른 이자의 청구는 소제기 이후에 그리고 법정이율에 근거하여(다만 오스트리아에서는 약정이율이 법정이율에 우선한다) 청구할 수 있다.

(4) 대부분의 로마법계 국가에서는 이자의 변제기부터 최저1년을 경과할 것이 요구된다.[18] 이탈리아에서는 일반적으로 6개월, 그리스에서는 상인 간의 채무에 대하여 이 기간은 6개월로 되어 있다.[19]

(5) 하지만 프랑스 및 룩셈부르크에서는 각각의 법률의 규정이 다르게 해석되고 있다. 룩셈부르크 민법 1154조는 채권자는 매년 새로운 소송을 제기하는 것이 필요하다는 식으로 좁게 해석되고 있는데, 그 이유는 원본산입에 따른 이자를 사전에 요구할 수는 없기 때문이다.[20] 이와는 반대로 프랑스에서는 장래에 순차 도래하는 만기 이자에 대하여 소송을 제기할 수 있다고 되어 있다.[21]

---

15) 포르투갈 민법 560조 1항.

16) 1868년의 고리법의 폐지에 관한 법률 3조 1항 b호.

17) 스페인 민법 1109조 1항.

18) 프랑스, 벨기에 및 룩셈부르크 민법 1154조, 그리스 민법 296조 1항, 포르투갈 민법 560조 2항.

19) 이탈리아 민법 1283조와 2000년 2월 9일의 차입 및 예금에 관한 관계각료위원회의 결의 (Banca, Borsa e Titoli di Credito 2000 I 439) 5조, 그리스 민법 111조 2항.

20) Cass. 10 April 1908, Pas.Lux. VIII 148.

21) Cass. com. 20 October 1992, Bull.civ. 1992 IV no. 332; Cass.civ. 18 Feb. 1998, Bull.civ. 1998 III no. 42.

5. 당사자 간의 합의

(1) 다양한 제약이 있음에도 불구하고 이자의 원본산입에 관하여 당사자 간에 합의가 널리 인정되고 있다. 몇몇 국가에서 당사자는 이자의 원본산입에 대하여 자유롭게 합의할 수 있다.[22]

(2) 그 밖의 국가들도 이자의 원본산입을 인정하지만 이것은 변제기가 도래한 경우에만 인정되는 것이다. 독일[23] 및 스페인[24]에서는 이것이 유일한 제약이다. 프랑스와 룩셈부르크, 이탈리아 및 그리스에서는 이자의 변제기 도래 후 1년이 경과하지 않으면 원본산입의 합의는 인정되지 않는다. 이탈리아에서는 최근 분할변제를 조건으로 하는 융자계약과 관련하여 당좌예금구좌에 대한 변제인 경우를 제외하고는 이자의 원본산입에 관한 합의가 금지되었다. 이와는 반대로 선급금 지급 기간의 종기까지 변제기가 도래하는 이자를 원본에 산입하는 취지를 정할 수 있다.[25] 이탈리아에서는 또 차입계약 및 예금계약에 있어서의 원본산입 합의에 대하여 선진적인 투명화 준칙이 도입되어 이들 계약에서는 원본산입 유예기간 및 이율을 명시하지 않으면 안 되게 되었다. 원본산입 유예기간이 1년 미만인 경우는 원본산입의 영향을 고려한 실질이율이 명시되지 않으면 안 된다. 고객이 서면에 의해 특별히 승인한 것이 아니면 이자의 원본산입에 관한 합의는 무효이다.

---

22) 오스트리아의 경우 1868년의 고리법의 폐지에 관한 법률 3조 1항 a호, 덴마크의 경우 Gomard. Ⅱ 196, 핀란드의 경우 Wilhelmsson & Sevón, 74, 네덜란드의 경우 Asser-Hartkamp. Verbintenissenrecht Ⅰ, nr. 525, 스페인의 경우 Díez-Picazo Ⅱ, 4th edn 287, 잉글랜드의 경우 Chity para. 38-250; Mann 70 참조.

23) 독일 민법 248조 1항. 하지만 여신기관은 동조 2항에 의해 적용 제외.

24) 스페인 상법 317조.

25) 2000년 2월 9일의 차입 및 예금에 관한 관계각료위원회의 결의(Banca, Borsa e Titoli di Credito 2000 Ⅰ 439) 3조 및 4조.

6. 당좌계좌의 교호계산(상계)

모든 EU 회원국에서 합의에 의한 교호계산은 이자의 원본산입을 당연하게 정당화하는 논거로서 인정되고 있으며, 위에서 기술한 것 같은 제약도 부과되고 있지 않다. 교호계산이 이루어진 경우에는 빌려주는 쪽 이자이든 빌리는 쪽 이자이든 상관없이 교호계산의 대상이 되는 이자는 모든 원본과 함께 산입되어 이후는 거기서부터 이자가 발생한다. 독일, 오스트리아, 그리스, 이탈리아에서도 원본산입에 대하여 명문의 규정이 존재한다.[26] 그 밖의 많은 나라에서는 판례에 따라 교호계산의 특별한 처리가 확립되어 있다.[27]

특히 이탈리아에서는 교호계산마다 원본에 산입되는 빌려주는 쪽 이자와 산입유예기간이 동일하지 않으면 안 된다고 되어 있다. 또한 교호계산 폐쇄 후에도 합의에 따라 그 잔액에서 이자는 발생할 수 있지만 폐쇄 후에 발생한 이자는 원본에 산입될 수 없게 된다.

7. 관습

몇몇 국가에서는 법률의 규정에서 벗어나는 경우에도 관습을 근거로 이자의 원본산입이 인정되는 취지가 명문으로 정해져 있다.[28] 덴마크[29]와 스웨덴[30]에

---

26) 독일 상법 355조 1항, 그리스 민법시행법 112조 1항, 이탈리아의 경우 2000년 2월 9일의 차입 및 예금에 관한 관계각료위원회의 결의(Banca, Borsa e Titoli di Credito 2000 I 439) 2조.

27) 프랑스의 경우 Cass.com. 11 Jan. 1984, Bull.civ. 1984 Ⅳ no.15, 벨기에의 경우 Cass. 27 Feb. 1930,Pas. 1930 I 120(134), 룩셈부르크의 경우 Cour supérieure 13 March 1934, Pas. Lux. XⅢ 240(244), Cour d'appel 27 Feberuary 1986, Bulletin Droit et Banque 1986 no.9p. 76, 잉글랜드의 경우 National Bank of Greece v. Pinios Shipping Co. No. 1, [1990] 1 A.C. 637 (H.L.) at 683ff, 이탈리아의 경우 Cass. 30 May 1989, no. 2644, Folo. It. 1989 I3127, 또한 Cian-Trabucchi (-Zaccaria) art. 1283 no. Ⅳ, art.1825. no. Ⅱ도 참조하라.

28) 이탈리아 민법 1283조, 포르투갈 민법 560조 3항, 잉글랜드에 대하여 앞의 National Bank of Greece 판결 참조.

29) Gomard, Ⅱ,1995, 196.

30) Walin 255.

서도 관습에 따른 이자의 원본산입이 인정되고 있다.

　이탈리아 최고법원은 몇몇의 판결에서 여신기관과 고객의 관계에 있어서 이자의 원본산입에 관한 확립된 관습이 존재한다는 취지로 판시하고 있었다.[31] 1999년에 이탈리아 최고법원은 이러한 입장을 바꾸었는데, 이때는 이미 입법부가 개입하여 법률로 이자의 원본산입에 관한 계약조항들도 유효하다고 했다. 그 후, 이 법률은 헌법상 수권의 범위를 벗어난 위헌법률심판을 받았다.[32] 그 결과 최종적으로는 1999년 이후의 최고법원의 판례가 효력을 가지고 있지만 이 문제는 학설에서 현재 더욱 활발하게 논의되고 있다. 교호계산과 관련한 이러한 구체적인 실무관습은 일반적인 관습의 한 가지 예가 될 것이다.

---

31)　기본판례로 Cass. 15 December 1981, no. 6631, Riv.dir.comm.1982 II 89.

32)　Const. Court 17 October 2000, Giurisprudenza Commerciale 2001 II 179.

- Alpa-Bessone, I contratti in generale, IV (1991); Aggiomamento 1991-1998, vol. I, II, III (1999).
- Andersen & Madsen, Aftaler og Mellemmaend, 4th ed. (2001).
- Andrews, "Reform of Limitation of Actions: The Quest for Sound Legal Policy", (1998) 57 Camb. L.J. 589 ff.
- Asser-Hartkamp, Mr. C. Asser's Handleiding tot de Beoefening van het Nederlands burgerlijk recht, vol. IV Verbintenissenrecht, Part I, De verbintenis in het algemene, 11th ed. by Hartkamp (2000), Part II, Algemene leer de overeenkomsten, 11th ed. by Hartkamp (2001) [Verbintenissenrecht I or II].
- Aurejärvi & Hemmo, Velvoiteoikeuden oppikirja (1998).
- Aubert, Cession de dette, Rep. Civ. Dalloz.
- Aynès, La cession de contrat et les operations juridiques a trois personnes (1984) [Cession].
- Aynès, Cession de contrat: nouvelles precisions sur le role du cede, D. 1998, Chron 25 [Nouvelles precisions].
- Balls, Law of Obligations, 3rd ed. (1961) reprint (1969).
- Bar, von, Gemeineuropaisches Deliktsrecht, vol. I (1996) [von Bar I].
- Bar/Clive (ed), Principles, Definitions and Model Rules of European Private Law. Draft Common Frame of Reference Full Edition (2009) [von Bar].
- Barbero, Condizione, in Noviss. Dig. It. Ill, (1957).
- Bärlund, Nybergh and Petrell (Eds.), Finlands civil och handelsratt (2000).
- Bassi, "Factoring e cessione dei crediti d'impresa", in: Quaderni di Banca, borsa e titoli di credit. (1993).
- Bénabent, Le chaos du droit de la prescription extinctive, in: Melanges dedies

a Louis Boyer (1996) 123 ff.

- Berger, Der Aufrechnungsvertrag (1996).

- Bianca, Diritto Civile, vol. Ill, II contratto; vol. IV, L'obbligazione (1993).

- Björn, Factoring: A Comparative Analysis (1995).

- Boele-Woelki, "De verjaring van vorderingen uit internationale koopovereenkomsten", in: Europees Privaatrecht (1996) 99.

- Brady & Kerr, The Limitation of Actions, 2nd ed. (1994).

- Briand, Élements d'une theorie de la cotitularité des obligations, These, Nantes (2000).

- Bundesminister der Justiz (Ed.), Abschlußbericht der Kommission zur Überarbeitung des Schuldrechts (1992) [Abschlußbericht].

- Bydlinski, "Die Aufrechnung mit verjährten Forderungen: Wirklich kein Änderungsbedarf?" (1996) 196 AcP 276 ff.

- Bydlinski, Die Übertragung von Gestaltungsrechten (1986).

- Cashin-Ritaine, Les Cessions Contractuelles de Créances de Sommes d'Argent dans les Rélations Civiles et Commercials Franco-Allemands (2001).

- Chitty, Chitty on Contracts, vol. 1, General Principles, 28th ed. by Beale (1999).

- Cian-Trabucchi, Commentario breve al codice civile, 5th ed. (1997).

- Cian, Hundert Jahre BGB aus italienischer Sicht, (1998) 6 ZEuP 215.

- Claessens & Counye, "De repercussies van de Wet van 10 juni 1998 op de structuur van het gemeenrechtelijke verjaringsregime", in: Bocken, Boone, Claessens, Counye, de Kezel, de Smedt, De Herherziening van de bevrijdende verjaring door de Wet van 10 Juni 1998-De gelijkheid hersteld? (1999) 63 ff.

- Claeys, De nieuwe verjaringswet: een inleidende verkenning, 1998-99 R.W. 377 ff.

- Clark, Contract Law in Ireland, 3rd ed. (1992).

- Coing, Europäisches Privatrecht, vol. I (1985), vol. II (1989).

- Cordeiro, Tratado de Direito Civil, I (1999) [Tratado].

- Cordeiro, Da boa fé no direito civil (1984) [Boa fe].

- Cornells, Bestendig handboek verbintenissenrecht (2000) [Handboek].

- Cornells, Algemene theorie van de verbintenis (2000) [Algemene theorie].
- Dannemann, Karatzenis & Thomas, "Reform des Verjahrungsrechts aus rechtsver- gleichender Sicht" (1991) 55 RabelsZ 697 ff.
- Deale, Circuit Court Practice and Procedure, 2nd ed. (1994).
- De Nova, La cessione del contratto, in Trattato di diritto privato diretto da Pietro Rescigno, vol. X (1994).
- Derham, Set-Off, 2nd ed. (1996).
- Dernburg, Geschichte und Theorie der Kompensation, 2nd ed. (1868).
- Díez-Picazo, Fundamentos del derecho civil patrimonial, 3 vols, 5th ed., Madrid (1996).
- Díez-Picazo & Gullón Ballesteros, Sistema de Derecho Civil (2001).
- Di Prisco, La compensazione, in Trattato di diritto privato diretto da Pietro Rescigno, vol. IX/1, 2nd ed. (1999).
- Dirix, "De vormvrije cessie", in: Dirix, Peeters, van Haegenborgh & Verbeke, Overdracht en inpandgeving van schuldvorderingen, in Voorrechten en hypotheken. Grondige studies (1995).
- Dörner, "Anfechtung und Vertragsbeitritt", NJW 1986, 2916.
- Enonchong, Illegal Transactions (1998).
- Fabricius, "Vertragsubernahme und Vertragsbeitritt", JZ 1967, 144.
- Fenet, Recueil complet des travuax préparatoires du Code civil (1836).
- Ferid & Sonnenberger, Das Französische Zivilrecht, vol. 1/1, 2nd ed. (1994).
- Ferri, Ordine pubblico, buon costume e la teoria del contratto (1970).
- Furmston, (Ed.) Law of Contract (1999).
- Fusaro, La cessione del contratto, in Alpa-Bessone, I contratti in generale, vol. IV (1991).
- Galgano, Diritto civile e commerciale, vol II/l, Le obbligazioni e i contratti (1999).
- Garcia Amigo, La cesión de contratos en el derecho español (1964).
- Gazzoni, Manuale di diritto privato, 9th ed. (2001).
- Georgiadis, Law of Obligations, General Part (1999).
- Georgiadis & Stathopoulos, eds., Civil Code Commentary, vol. I (1978), vol. II

(1979).

- Gernhuber, Die Erfüllung und ihre Surrogate (1994).
- Ghestin, Traité de Droit Civil, Les Obligations: Les Effets du Contrat, 3rd ed. (2001) with Billiau and Jamin.
- Gloag, The Law of Contract, 2nd ed. (1929).
- Gloag and Henderson, Inroduction to the Law of Scotland, 10th ed. (1995).
- Gomard, Almindelig Kontraktsret, 2nd ed. (1996) [Kontraktsret].
- Gomard, Obligationsret (1991-19M).
- Goode, Commercial Law, 2nd ed. (1995) [Commercial Law].
- Goode, "Inalienable Rights?" (1979) 42 MLR 553 (Inalienable Rights?].
- Goode, Legal Problems of Credit and Security, 2nd ed. (1988) [Credit and Security].
- Grothe, Fremdwährungsverbindlichkeiten (1999).
- Haanappel & MacKay, Burgerlijk Wetboek, (English translation) (1990).
- Halila & Ylöstalo, Saamisen lakkaamisesta (1979).
- Hartlief, Verjaring, rechtszekerheid en billijkheid, 2001 NTBR 58 ff.
- Hemmo, Sopimusoikeus I (1997).
- Herbots, Contract Law in Belgium (1995).
- Hondius (Ed.), Extinctive Prescription: On the Limitation of Actions (1995).
- Hörster, A parte geral do Codigo Civil (1992).
- Jauernig (Ed.), Blirgerliches Gesetzbuch, 9th ed. (1999).
- Johnston, Prescription and Limitation (1999).
- Kegel, "Verwirkung, Vertrag und Vertrauen", in: Festschrift für Klemens Pleyer (1986) 513 [Fs Pleyer].
- Kegel, Probleme der Aufrechnung: Gegenseitigkeit und Liquidität rechtsver-gleichend dargestellt (1938) [Aufrechnung].
- Kerameus-Kozyris (Eds.), Introduction to Greek Law, 2nd revised ed. (1993).
- Kivimäki & Ylöstalo, Suomen siviilioikeuden oppikirja, 3rd ed. (1973).
- Koopmann, Bevrijdende verjaring (1993).
- Kötz, "Rights of Third Parties", in International Encyclopedia of Comparative Law, vol, VII, chap. 13 (1992) [IECL],

- Kötz and Flessner, European Contract Law, vol. 1 (1997).

- Koziol, Die Übertragung der Rechte aus Kreditvertragen, Fs Ostheim (1990).

- Koziol-Welser, Grundriß des bürgerlichen Rechts 11th ed. vol. I: Koziol (2000), vol II: Welser (2000).

- Krejci, Betriebsubergang und Arbeitsvertrag (1992).

- Kruithof, de Ly, Bocken & de Temmerman, "Verbintenissen: Overzicht van rechtspraak" (1981-1992), TPR 1994, 171.

- von Kübel, "Recht der Schuldverhältnisse", Part I, in: Schubert (Ed.), Die Vorlagen fur die erste Kommission zur Ausarbeitung des Entwurfs eines Blirgerlichen Gesetz-buches (1980).

- Lambert-Faivre, Droit du dommage corporel, 4th ed. (2000).

- Larenz, Lehrbuch des Schuldrechts, vol. I, 14th ed. (1987).

- Law Commission (England and Wales), Consultation Paper No. 151, Limitation of Actions (1998) [Limitation of Actions].

- Law Commission (England and Wales), Consultation Paper No. 154, Illegal Transactions: The Effect of Illegality on Contracts and Trusts (1998) [Illegal Transactions].

- Lima & Varela, Codigo Civil anotado, I 1987.

- Lindskog, Preskription (1990) [Preskription].

- Lindskog, Kvittning - Om avrakning mellan privaträttsliga fordringar (1984) [Kvittning].

- Lipstein, "Qualification", in: International Encyclopedia of Comparative Law, vol. Ill, chap. 5 (2000).

- Loubser, Extinctive Prescription (1996).

- Macgregor, "Illegal Contracts and Unjustified Enrichment" 4 ELR (2000) 19 ff.

- Macgregor, "Pacta Illicita", in: Reid & Zimmermann, below vol. II ch. 5.

- MacQueen & Thomson, Contract Law in Scotland (2000).

- Malaurie & Aynès, Obligations, vol. Ill, Regime general, 11th ed. (2001-2002).

- Malderen, van, "De overdracht van verbintenissen ut singuli" in Bestendig handboek verbintenissenrecht.

- Mancini, La delegazione, l'espromissione e l'accollo, in Trattato di diritto privato diretto da Pietro Rescigno, vol. IX/1, 2nd ed. (1999).
- Mann, The Legal Aspect of Money, 5th ed. (1992).
- Mariconda, Le cause di nullita, in Alpa-Bessone, I contratti in generale; Aggiornamento 1991-1998, III, (1999).
- Marty & Raynaud, Droit Civil: Les Obligations, vol. II, Les effets par Raynaud et Jestaz, 2nd ed. (1989) [Obligations II].
- McBryde, The Law of Contract in Scotland, 2nd ed. (2001).
- McCracken, The Banker's Remedy of Set-Off (1993).
- McGee, Limitation Periods, 3rd ed. (1998).
- McMahon & Binchy, The Law of Torts, 3rd ed. (2000).
- Meijers, Toelichting, Eerste & Gedeelte, Ontwerp voor een nieuw burgerlijk wetboek, (Boek 1-4) (1954).
- Mugdan, Die gesamten Materialien zum Burgerlichen Gesetzbuch fur das Deutsche Reich, vol. I (1899).
- Münchener Kommentar (Miinchener Kommentar zum Burgerlichen Gesetzbuch), 3rd ed., (1992 ff.) (Author's name in brackets after hyphen in references.).
- Murdoch's Dict., Murdoch's Dictionary of Irish Law, 3rd ed. (2000).
- Nörr, Scheying & Poggeler, Handbuch des Schuldrechts, vol. II, 2nd ed. (1999).
- Oetker, Die Verjährung (1994).
- Ole Lando/Eric Clive/André Prüm/Reinhard Zimmermann, Principles of European Contract Law III, (2003) [Ole Lando].
- Ole Lando/Eric Clive/André Prüm/Reinhard Zimmermann, Principles of European Contract Law I/II, (2000) [Ole Lando I/II].
- Pantcdéon, Prescripcion, in: Enciclopedia juridica basica, vol. Ill (1995) [Prescripcion].
- Pantcdeón, Cesión de Créditos, Anuario de Derecho civil, 1988, pp. 1033-1131 [Cesion].
- Papcmtoniou, Transfer of contractual relationships (1962).

- Parlementaire Geschiedenis, Parlementaire Geschiedenis van het Nieuwe Burgerlijk Wet- boek, Boek 6 (Van Zeben, Du Pon & Olthoff, eds) (1981).
- Perlingieri, Della cessione dei crediti, in Commentario del codice civile diretto da A. Scialoja e G. Branca (1982) [Cessione].
- Perlingieri, Dei modi di estinzione delle obbligazioni diversi dall'adempimento, in Commentario del codice civile Scialoja-Branca (1995) [Estinzione].
- Peters & Zimmermann, "Verjahrungsfristen", in: Bundesminister der Justiz, Gutachten und Vorschlage zur Uberarbeitung des Schuldrechts, vol. I (1981), 77.
- Pichonnaz, "The Retroactive Effect of Set-Off (Compensatio)" (2000) 68 TR 541.
- Pinto, Cessão da posição contractual (1970).
- Preston & Newsom on Limitation of Actions, 4th ed. by John Weeks (1989).
- Ramberg-Hultmark, Allman avtalsrätt (1999).
- Ranieri, "Bonne foi et exercice du droit dans la tradition du Civil Law", (1998) RIDC 1055.
- Reid & Zimmennann (Eds.), History of Private Law in Scotland (2000).
- Reiterer, Die Aufrechnung (1976).
- Rieg, Cession de contrat, Rep. Civ. Dalloz (1987) No. 1.
- Ripert/Roblot, Traite de droit commercial, vol. II, 16th ed. by Delebecque & Germain (2000).
- Rodhe, Obligationsrätt (reprint 1994).
- Rojo Ajuria, La compensacion como garantia (1992).
- Roselli-Vitucci, La prescrizione e la decadenza, in Trattato di diritto privato diretto da Pietro Rescigno, vol. 20/II (1998).
- Routamo & Ståhlberg, Vahingonkorvausoikeus (2000).
- Rubio Garcia-Mina, La declaración de quiebra y los créditos pendientes (1959).
- Rummel (Ed.), Kommentar zum ABGB, vol. I, 3rd ed. (2000), vol. II, 2nd ed. (1992) (Author's name in brackets after hyphen.).
- Sacco-De Nova, II contratto, in Trattato di diritto privato diretto da Pietro Rescigno, vol. X/2, 2nd ed. (1995).

- Sacco, Il contratto, vol. II, in Trattato di diritto civile diretto da Sacco (1993).
- von Savigny, System des heutigen Romischen Rechts, vol. V (1841).
- Schima, Betriebsübergang durch "Vertragsuachfolge" RdW (1996).
- Scot. Law Com. 15, the Scottish Law Commission's Report on Reform of the Law relating to Prescription and the Limitation of Actions (Scot. Law Com. No, 15, 1970).
- Smit, The Convention on the Limitation Period in the International Sale of Goods: UncitraFs First-Born (1975) 23 AJCL 337.
- Sourlas, Commentary to the Civil Code (ErmAK) vol. II (1954).
- Spiro, Die Begrenzung privater Rechte durch Verjährungs-, Verwirkungs- und Fatalfris- ten, vol. I (1975) [Begrenzung].
- Spiro, "Verjährung und Hausgemeinschaft", in: Festschrift für Friedrich Wilhelm Bosch (1976) 975 [Fs Bosch],
- Spiro, Zur neueren Geschichte des Satzes "Agere non valenti non currit praescriptio", in: Festschrift fiir Hans Lewald (1953) 585 [Fs Hans Lewald].
- Spiro, Zur Reform der Verjährungsbestimmungen, in: Festschrift fur Wolfram Müller-Freienfels (1986) 617 [Fs Müller-Freienfels].
- Stair, Institutions of the Law of Scotland (1693, new ed by D. M. Walker 1981).
- Stair Memorial Encyclopaedia, The Stair Memorial Encyclopaedia of the Laws of Scotland (Multiple volumes.).
- Starck, Roland & Boyer, Droit Civil, Obligations, vol. III, 5th ed. (1997).
- Stathopoulos, Law of Obligations, 3rd ed. (1999) [Obligations].
- Stathopoulos, Contract Law in Hellas (1995) [Contract Law].
- Staudinger, Kommentar zum Burgerlichen Gesetzbuch, 13th ed. (1993 ff) (Author's name in brackets after hyphen in references.).
- Storme, "Constitutional Review of Disproportionately Different Periods of Limitation of Actions (Prescription)" (1997) 5 ERPL 82 ff.
- Story, Commentaries on the Conflict of Laws, 8th ed. (1883).
- Taisne, Jurisclasseur civil, Arts. 2251-2259, n. 14.
- Telaranta, Sopimusoikeus (1990).

- Terré, Simler, Lequette, Droit Civil, Les Obligations, 7th ed. (1999).

- Trabucchi, Istituzioni di diritto civile, 38th ed. (1998).

- Treitel, The Law of Contract, 10th ed. (1999) [Contract].

- Treitel, Remedies for Breach of Contract (1988) [Remedies].

- Ussing, Dansk Obligationsret: Almindelig Del, 4th ed. (1967), by Vinding Kruse [Aim.Del.].

- Ussing, Aftaler paa Formuerettens Omrade, 3rd ed. (1950, reprinted 1962, 1974) [Aftaler].

- Vaquer Aloy, "Importing foreign doctrines: Yet another approach to the Unification of European Private Law? Incorporation of the Verwirkung doctrine into Spanish case law" (2000) 8 ZEuP 301 ff.

- Varela, Das obrigações em geral, II, 7th ed. (1997).

- Verhagen & Rongen, Cessie, Preadvies voor de Vereniging voor Burgerlijk Recht.

- Walin, Lagen om skuldebrev (1997).

- Wilhelmsson & Sevón, Rantelag och drojsmalsranta (1983).

- Wilson, The Scottish Law of Debt, 2nd ed. (1991).

- Windscheid & Kipp, Lehrbuch des Pandektenrechts, 9th ed. (1906).

- Wood, English and International Set-Off (1989).

- Zimmermann, "Die Aufrechnung: Eine rechtsvergleichende Skizze zum Europaischen Vertragsrecht", in: Festschrift fur Dieter Medicus (1999) 707 [Fs Medicus].

- Zimmermann, "Extinctive Prescription in German Law", in: Jayme (Ed.), German National Reports in Civil Law Matters for the XIVth Congress of Comparative Law in Athens, 1994 153 [Extinctive Prescription].

- Zimmermann, The Law of Obligations: Roman Foundations of the Civilian Tradition, paperback edition (1996) [Obligations].

- Zimmermann & Whittaker (Eds.), Good Faith in European Contract Law (2000).

- Zweigert & Kötz, An Introduction to Comparative Law, 3rd ed. (trans Weir) (1998).

지은이

조승현(曺承鉉)

고려대학교 법과대학 졸업
고려대학교 대학원(법학석사)
고려대학교 대학원(법학박사)

• 현재: 한국방송통신대학교 법학과 교수
• 논문:「보증채무에 대한 사법통제」,「근친자 호의보증에 관한 연구」,
　　　「이자제한법의 제문제」외 다수
• 저서:『민법총칙』,『물권법』,『채권법』,『부동산법제』,『친족상속법』,
　　　『소송과 강제집행』외 다수